U0555704

本书出版得到中央高校基本科研业务费专项资金（项目号24CXTD06）、中国政法大学钱端升杰出学者支持计划资助项目以及中央高校基本科研业务费专项资金资助。

转型与因应：刑事辩护的正义逻辑

TRANSFORMATION AND EVOLUTION
THE LOGIC OF JUSTICE IN CRIMINAL DEFENSE

王迎龙 ◎ 著

中国政法大学出版社

2024 · 北京

图书在版编目（CIP）数据

转型与因应：刑事辩护的正义逻辑 / 王迎龙著. -- 北京：中国政法大学出版社，2024.7. -- ISBN 978-7-5764-1612-1

Ⅰ. D925.210.4

中国国家版本馆 CIP 数据核字第 2024N587X2 号

书　名　转型与因应:刑事辩护的正义逻辑
ZHUANXING YU YINYING : XINGSHIBIANHU DE ZHENGYI LUO JI

出版者　中国政法大学出版社

地　址　北京市海淀区西土城路 25 号

邮　箱　bianjishi07public@163.com

网　址　http://www.cuplpress.com (网络实名：中国政法大学出版社)

电　话　010-58908466(第七编辑部) 010-58908334(邮购部)

承　印　北京中科印刷有限公司

开　本　720mm × 960mm　1/16

印　张　15.5

字　数　220 千字

版　次　2024 年 7 月第 1 版

印　次　2024 年 7 月第 1 次印刷

定　价　68.00 元

自序：转型中的刑事司法与刑事辩护

一

2023年冬的某日于北京市通州区看守所内，检察官举着记录仪高声询问坐在对面讯问室的犯罪嫌疑人："你是否自愿认罪认罚?"我作为这起盗窃案件的法律援助兼职律师，此刻正履行着值班律师的职责。在见证了犯罪嫌疑人自愿认罪认罚后，我在《认罪认罚具结书》上签了字，检察官在《认罪认罚具结书》上给出了拘役5个月的量刑建议。根据2018年修正后的《刑事诉讼法》[1]第201条第1款规定："对于认罪认罚案件，人民法院依法作出判决时，一般应当采纳人民检察院指控的罪名和量刑建议……"如无意外，法院最终会采纳检察院的量刑建议，判处被告人5个月的拘役。这是值班律师参与办理认罪认罚刑事案件的一个缩影。

根据最高人民检察院检察长应勇于2024年全国"两会"期间所作的《最高人民检察院工作报告》，2023年全年检察环节认罪认罚从宽制度的适用率已超过90%，一审服刑率96.8%。这在2018年之前的刑事诉讼中是难以想象的。此前，很多辩护律师将辩护的主战场置于审理阶段，但是自认罪认罚从宽制度实施以来，法庭审理虽然仍然是刑事诉讼的中心环节，但是刑事辩护的重心显然已经前移至审前阶段。可以说，以《刑事诉讼

〔1〕 为行文方便，本书中涉及的我国法律法规直接使用简称，如《中华人民共和国刑事诉讼法》简称《刑事诉讼法》，全书统一，不再一一说明。

法》于2018年的修正为代表，近年来我国推行的诸多司法体制改革举措，推动了刑事司法的持续转型，构建与发展了不同于传统刑事诉讼的程序机制与诉讼理论。典型如上述2018年修正的《刑事诉讼法》创设的认罪认罚从宽制度，一定程度上革新了我国传统的对抗性刑事诉讼程序，构建了一种具有中国特色的协商性刑事诉讼程序，提出了新的刑事诉讼理论与实务研究课题。此外，以审判为中心的诉讼制度改革、刑事辩护全覆盖改革、刑事速裁程序、值班律师制度等新程序与机制的创建，均丰富与发展了处于转型期的刑事诉讼程序。

刑事司法的转型为刑事辩护的发展创造了新的契机。2018年《刑事诉讼法》在构建认罪认罚从宽制度的同时，创设了值班律师制度，为处于刑事诉讼过程中的被追诉人提供初步性的法律咨询等法律帮助，也包括保障认罪认罚的自愿性等职能。值班律师制度的设立丰富了法律援助的形式，也扩展了刑事辩护的范围。与此同时，最高人民法院、司法部于2017年在部分省、市试点刑事辩护全覆盖，并于2019年扩展至全国。这一改革试点极大地扩展了刑事辩护覆盖率。传统的有律师辩护的刑事案件（包括法律援助的案件）占全部刑事案件比例两三成左右，在一些边远地区则更低。刑事辩护全覆盖改革推行以来，截至2022年年底审判阶段的辩护率已达到八成以上，且全覆盖试点工作已向前延伸至审查起诉阶段。2022年1月1日起开始实施的《法律援助法》，将刑事辩护全覆盖试点的有益经验予以吸收，以法律的形式正式确立，对刑事辩护的完善具有重要意义。另外，当前最高司法机关着力推行的企业刑事合规的改革试点，也扩展了刑事律师的业务领域。

然而，刑事司法与刑事辩护的同频共振，也为刑事辩护的理论与实务带来了诸多问题。在实务层面，由于认罪认罚从宽制度系在中央主导下强力推行，在融入传统刑事诉讼程序过程中出现诸多问题，典型如辩护律师与检察官之间缺乏协商机制，难以有效进行控辩协商，被追诉人合法权益无法得到有效保障，律师辩护的独立性与有效性也面临困境；值班律师在见证被追诉人认罪认罚时无法发挥实质作用，呈现“形式化”问题；刑事辩护全覆盖试点虽然提高了刑事辩护率，但是法律援助质量不高的问题依然存在，等等。在理论层面，实践层面辩护制度的快速发展，面临辩护理论供给滞后与匮乏的局面，一方面导致新的程序机制无法在理论上获得论证与自洽，另一方面一些实践难题也无法在理论层面得到回应与解决。例如，辩护律师在认罪认罚案件中是否能够独立行使辩护权，而不受被追诉人认罪认罚意愿的拘束？辩护律师应当忠实于当事人还是法律抑或公共利益？值班律师是否属于辩护律师，其履行的法律帮助职能是否属于辩护职能？律师进行辩护的有效性如何界定？是以辩护的结果还是辩护过程的履职情况为评定依据？律师是否能够在庭外如自媒体上发表辩护言论？其边界在哪里？等等。诸多因刑事司法转型所导致的刑事辩护理论与实务问题，亟待进行系统梳理与回应。

转型期间的刑事辩护制度问题纷繁复杂，既有理论层面的问题，也有实务层面的问题；既涉及刑事司法领域，也涉及行政管理等社会领域；既有立法问题，也有司法问题，囊括了刑事辩护、法律援助、值班律师、辩护权利等诸多主题与相关制度。因此，想要系统梳理与厘清转型期刑事辩护制度的理论与实务问题无疑是极为困难的。虽然刑事辩护制度内容一直处于变革之中，但是刑事辩护对于公平正义的促进作用这一基本正义逻辑主线是一成不变的。换言之，无论是在我国还是域外，刑事辩护对于公平正义的保障与促进作用已经形成共识，我国《宪法》与《刑事诉讼法》也将辩护制度与权利作为一项重要内容予以规定。因此，无论刑事辩护制度内容如何变化，我们都可以基于刑事辩护的正义逻辑这一主线，从刑事辩护如何更为有效地促进公平正义之实现的视角，较为系统地对转型期刑事辩护理论与实务问题进行体系性的讨论与分析。

因此，本书的框架建立在刑事辩护正义逻辑这一逻辑主线上，通过梳理转型期的刑事司法对刑事辩护提出的诸多挑战，分析刑事辩护如何因应体制转型所导致的问题，从而完成对传统刑事辩护理论与制度的突破与创新。本书的写作视角，既有我作为一名高校教学科研工作者的研究视角，也有我作为兼职律师参与刑事辩护的实务视角。可以说，本书是近年来我进行刑事辩护理论与实务研究相结合的学术作品。在研究方法上，本书采用较为传统的法学研究方法，主要是法教义学方法，对转型期刑事辩护制度与理论的发展进行规范分析，并对当前如何应对转型期存在的问题提出针对性的对策建议。当然，没有采用社科法学研究方法，并不代表诸如调查问卷、访谈座谈等定性与定量的实证研究方法对于我国目前转型期刑事辩护制度的研究与完善并不重要。相反，通过社科法学研究方法，对于刑事辩护制度的实践问题进行分析与阐述，有助于揭示转型期刑事辩护理论与实践存在的张力。只是，社科法学的研究方法与目的重在描述与阐释，而传统法学研究侧重于对策与变革。在中央通过强有力的手段推进刑事司法与刑事辩护转型背景下，刑事辩护的相关立法与制度未经充分实践检验就已成为法律事实，导致司法实践中问题重重。对于如何因应与解决转型期刑事辩护制度存在的诸多问题，社科法学研究方法显得捉襟见肘，采用法教义学方法更有助于推动制度的改革完善。然而，过多的对策性研究也并非本书的本意，阐释与分析转型期刑事司法与刑事辩护之间的影响与张力，是本书的一个重点。而且，在司法体制改革的经验相对成熟、有关辩护制度平稳运行后，采用社科法学的定量与定性的研究方法对刑事辩护进行经验研究，尤其是对辩护律师这一法律职业进行法社会学分析，阐述律师职业群体在刑事司法中的发展现状与相关问题，将是我下一阶段的研究重点。

二

这本书里收录的文字是我近些年撰写的关于刑事辩护领域的一点心得。尽管是跨越数年的一鳞片爪，但编写完这本专著后，我发现这些篇章的主题与逻辑相当的集中与贯通。本书前三章从相对宏观的理论层面关注转型期刑事司法对刑事辩护的影响，特别是刑事辩护的正义逻辑与辩护律师职业伦理的理论变迁；后五章则从相对微观的层面关注认罪认罚从宽制度中的刑事辩护、法律援助、值班律师及律师庭外言论这些具体问题。本书的撰写遵循一条主线与两个关键词：贯穿各个篇章的一条逻辑主线，即上述所谓刑事辩护的基本正义逻辑；两个关键词为“转型”与“因应”，试图呈现刑事辩护领域如何回应社会结构的变迁与刑事司法的转型。本部分主要就本书各个章节的基本内容做一点交代。

第一章以刑事司法的转型对刑事辩护产生的影响切入，强调我国刑事辩护制度的构建具有明显的国家主导色彩，在发展过程中越发受到市场、社会等多重因素的影响，呈现出国家、市场、社会等多元因素的结构性制约。本章作为第一章交代了本书的立意，即刑事司法转型对刑事辩护制度产生影响。刑事辩护制度作为刑事司法体系的组成部分，无疑受到后者变革的直接影响。但是，在国家强制力保障刑事司法转型变革的同时，刑事辩护制度又同时受到市场、社会等多重因素影响，因而与刑事司法体制改革之间呈现出理论与实践上的张力。明确刑事司法的转型对刑事辩护的影响，包括正面影响与负面影响，是完善刑事辩护制度与理论的首要前提。

第二章对本书的逻辑主线即对刑事辩护的正义逻辑进行理论归纳。刑事辩护对于司法公平正义的实现具有重要意义，其蕴含着三重基本正义逻辑：一是刑事辩护的实体正义逻辑。该逻辑以结果正义为导向，强调刑事辩护促进实体正义实现的功能，追求“不冤枉无辜者”的消极实体真实。二是刑事辩护的客观程序正义逻辑。该逻辑以过程正义为导向，关注刑事辩护程序本身是否具备正义要素，意在通过构建公正合理的诉讼程序实现实体正义，系一种“实质性程序正义”。三是刑事辩护的主观程序正义逻辑。该逻辑以诉讼参与者的主观感知为起点，强调刑事辩护对于个案正义感知度的提升作用，主张通过完善的刑事辩护程序增进参与者的正义感知，从而实现主观上的程序正义。只有系统厘清刑事辩护的正义逻辑这一基础理论“元问题”，才能有效回应我国刑事司法转型期间的实践需求，指引刑事辩护制度的发展完善。

第三章讨论了刑事辩护律师的职业伦理转型。刑事辩护制度的国家主导属性，使得辩护律师最初定位于“国家法律工作者”。在理论上，辩护律师职业伦理可以分为“忠诚义务”和“公益义务”两种模式。为了价值平衡，美国、德国、日本等域外国家采用一种调和模式来调整辩护律师、当事人、法庭三者间的关系。随着社会经济发展与刑事司法转型，我国的辩护律师职业伦理也趋向“二元化”，即兼顾公共利益与当事人利益，律师职业定位也逐渐发展为“社会法律工作者”与“当事人的法律服务者”。然而，处于转型期的刑事辩护与律师职业，愈加受到社会、市场等多重因素影响，辩护律师职业伦理如何转型，在借鉴域外经验的同时，应当重点结合中国实践，作出审慎的选择。

第四章阐述了认罪认罚从宽制度中的刑事辩护相关问题，重点探讨如何在认罪认罚案件中开展刑事辩护。2018年修正的《刑事诉讼法》创设的认罪认罚从宽制度，促进了传统刑事诉讼程的转型，具有重要的理论与实践分析价值。可以认为，在当前认罪认罚从宽制度适用率达到90%以上的现实背景下，刑事辩护的常态就是在认罪认罚从宽制度下展开，对于认罪认罚案件的刑事辩护相关问题研究具有必要性。因此，本章首先论述了认罪认罚从宽制度对刑事辩护的结构性影响。然后，具体从刑事辩护的重心、形态、独立性和有效性四个方面对认罪认罚案件中如何开展刑事辩护进行理论归纳与实务阐释。

第五章从《法律援助法》的出台引出法律帮助权这一基本诉讼权利，主张其应作为一项刑事诉讼基本权利予以确立。伴随2022年《法律援助法》的实施，刑事司法领域人权保障意识不断提高，在刑事辩护全覆盖的背景下，有必要将公民有权获得法律援助确立为刑事司法领域的一项基本原则。目前《刑事诉讼法》关于法律援助的规定与《法律援助法》并不匹配。虽然法律援助内容也在扩展，但范围覆盖仍然狭窄，至多是实现辩护权利的配套保障。在现有法律规范体系内，可以将“有权获得辩护”原则发展为“有权获得法律帮助”原则，为法律援助与刑事辩护提供统一理论证成。当前，无论是《法律援助法》的出台，还是刑事辩护全覆盖改革试点，都表明国家和政府大力保障被追诉人获得律师辩护的权利，将法律帮助权确定为一项基本诉讼权利具有必要性。

第六章从完善法律援助制度的角度探讨如何实现我国刑事辩护的全覆盖。刑事司法的转型发展要求法律援助制度与辩护制度衔接配套，但我国刑事法律援助制度面临法律援助范围狭窄、法律援助率低、法律援助经费不足等现实困境。刑事案件的委托辩护在一定程度上很难提高，刑事辩护全覆盖的实现必须依靠国家与政府加大对法律援助的投入。我国当前已经具备了推行刑事辩护全覆盖的制度基础，在实现路径上，可以从构建层次化的法律援助体系、多元化的法律援助供给机制与多样化的法律援助模式三个方面推动完善。

第七章主要讨论如何完善新设立的值班律师制度。由于值班律师制度是新设立的制度，存在诸多争议，主要集中于职能定位、制度功能与理论基础。在教义层面，应当明确值班律师属于法律援助律师，但不具有辩护律师的身份，而系“法律帮助者”；在制度层面，应当完善“法律援助值班律师”与“法律援助辩护律师”二元化的法律援助体系，即值班律师负责提供初步性、及时性的法律咨询等法律帮助，辩护律师则提供传统意义上的刑事辩护，两者之间能够相互衔接；在理论层面，应当明确值班律师制度理论来源于“有权获得法律帮助”。被追诉人获得辩护来源于辩护权，而获得法律帮助则源于国家有义务保障公民的法律援助权，后者是实现前者的重要保障。

第八章探讨自媒体时代律师庭外言论的规制与边界。律师庭外言论是律师法庭辩护的必要延伸，对于促进司法公正的实现具有重要意义。同时，因自媒体时代律师庭外言论的特点，也决定了规制律师庭外言论的必要性。关键在于，如何有效规范律师庭外言论，确立庭外言论的衡量标准。我国对于律师庭外言论的规制属于司法秩序模式，以司法秩序的维护为价值导向，应当由行政管控转向审理公正的规制逻辑，实现审理公正的模式转型。具体而言，如何衡量律师庭外言论正当与否，应确立实质危险与道德性相结合，即主客观相统一的评判标准：实质危险是指律师庭外言论可能或已经对司法公正造成实质损害，是非正当庭外言论的形式特征；

道德性与非道德性相对，律师基于法律职业伦理为当事人谋取合法利益，在相对意义上具有了道德性。当下，律师通过微博、微信公众号等自媒体发表庭外言论已经司空见惯，如何规范这种现象，在言论自由、司法秩序、公平正义等多维价值中实现平衡，是转型期刑事司法必须解决的重要课题。

在过去的几十年中，得益于国家对人权保障的重视与刑事司法体制改革的推进，我国刑事辩护制度得以迅速发展。但是，受制于刑事辩护制度发展的国家主导属性，刑事辩护在立法与司法中仍然存在着诸多问题。这些问题的产生受到国家、市场、社会等多重因素的影响，呈现了当下刑事司法转型与刑事辩护制度之间的张力。刑事辩护如何完善才能因应刑事司法转型所带来的挑战，不仅需要从法学视角对有关问题进行分析并针对性地提出对策、建议，也需要从社会视角对刑事辩护制度与律师职业群体进行分析与解释。本书仅仅是从法学研究视角对转型期的刑事辩护制度的理论与实务进行了初步分析，所涉及的也只是刑事司法转型期间刑事辩护问题领域的冰山一角。刑事司法体制改革的推动以及律师职业群体的发展，为进一步的刑事辩护与法律职业相关学术研究提供了丰富的土壤，但要产出更具理论深度与意义的理论解说需要更多学科的学术积累与长期的学术耐心。于我而言，本书是对于刑事辩护制度研究的一个起点而非终点，下一阶段希望结合多学科知识对辩护律师这一法律职业群体开展更富理论意义的法律职业研究。正如西原春夫先生所言："刑事诉讼制度发展的历史，就是被追诉人的辩护权不断扩充的历史。"[1]也如江平先生所言："律师兴则法治兴。"希望本书关于刑事辩护相关问题的研究，为我国法治建设添上一丝绵薄之力。

王迎龙

2024年1月于海南保亭

---

〔1〕［日］西原春夫主编：《日本刑事法的形成与特色》，李海东等译，法律出版社、成文堂联合出版1997年版，第49页。

目　录

第一章

刑事司法的转型与刑事辩护的发展

第一节　国家主导下的刑事辩护制度

改革开放以来，中国的法律体系经历了从国家单独主导到国家、市场与社会力量共同形成结构性制约的转变。[1]中国的律师职业在国家主导下建立起来，继而在市场经济等社会因素的影响下而持续蓬勃发展。可以说，无论是形成中的近现代律师职业，还是当代律师职业的重塑，其受国家、市场与其他因素的多重影响都是普遍现象。[2]刑事辩护是律师业务中非常重要的组成部分，也是本书重点研究的主题。我国的刑事辩护制度属于刑事司法体系的组成部分，一方面其发展与国家政治、经济、社会的发展保持同步，另一方面深受国家司法体制改革的重要影响。相较于民商经济等私法领域的业务，刑事辩护业务具有一定的特殊性。这突出表现在刑事辩护关涉国家权力与公民私权利之间的博弈，是为维护私权利而与公权力进行对抗的诉讼活动。因此，刑事辩护制度的构建，具有明显的国家主导色彩。具体体现在以下几个方面。

第一，《律师法》中关于律师的职能定位。在《律师法》出台前，1980年通过的《律师暂行条例》是关于规范律师执业行为的法律文件。该文件

〔1〕 参见程金华、李学尧：《法律变迁的结构性制约：国家、市场与社会互动中的中国律师职业》，载《中国社会科学》2012年第7期，第107页。

〔2〕 参见［英］杰拉尔德·汉隆：《律师、国家与市场：职业主义再探》，程朝阳译，北京大学出版社2009年版，第82-140页。

将律师定位为“国家法律工作者”，律师属于司法行政机关的事业编人员。彼时的律师是一种公职律师，类似于公务员，同时承担着维护当事人和国家与社会利益的双重职责，并且后者相对于前者更为重要。由于 20 世纪 80 年代改革开放刚刚开始，市场经济仍有待发展，市场化的律师业务环境并没有形成，律师被认为是维护国家、社会、公民法律利益的维护者。随着市场经济的发展与法治社会的构建，我国对于律师专门法律服务的需求越发旺盛。1986 年，我国设立了律师资格考试，因此为社会提供法律服务的律师与事务所的数量得以快速增加。〔1〕1996 年公布的《律师法》，将律师定位修改为“为社会提供法律服务的执业人员”，不再将律师视为国家法律工作者，而是面向社会提供法律服务的执业人员。这一时期，由于受到国家市场经济发展的影响，律师作为独立市场主体的地位凸显，律师对当事人合法利益的维护受到重视。2007 年修订的《律师法》，将律师职业定位修改为“为当事人提供法律服务的执业人员”。因此，我国律师的职业定位经历了从最初的“国家法律工作者”到“为社会提供法律服务的执业人员”，再到“为当事人提供法律服务的执业人员”的发展过程。律师身份的变更，是在国家主导下，社会与经济等多种因素共同影响的结果，不仅体现了律师在国家和社会中的作用，也体现了市场经济环境下律师执业理念的变化。

第二，《刑事诉讼法》及相关司法解释中辩护制度的完善。我国 1979 年《刑事诉讼法》第 8 条规定，“被告人有权获得辩护，人民法院有义务保证被告人获得辩护”。并且，在刑事诉讼中被告人既可以自行辩护，也可以委托辩护人进行辩护，但当时辩护人的辩护只限于法庭审理阶段，审

---

〔1〕 在 2021 年，全国律师总人数已达到 57.6 万，律师事务所超过 3.6 万家。参见《司法部：全国律师总人数达到 57.6 万》，载 https://view.inews.qq.com/a/20220214A058WS00，最后访问日期：2023 年 9 月 1 日；2022 年，全国执业律师已经高达 65 万人，参见《司法部：2022 年执业律师超过 65 万人》，载 https://baijiahao.baidu.com/s?id=1768667818244611257&wfr=spider&for=pc，最后访问日期：2023 年 10 月 1 日；到 2025 年，司法部称执业律师将达到 75 万人，参见何生廷：《司法部：到 2025 年全国执业律师要达到 75 万名》，载 https://www.sohu.com/a/542936069_121124287，最后访问日期：2023 年 10 月 1 日。

前阶段律师无法介入。同时，该法也规定了法律援助指定辩护的范围，仅限于被告人为聋、哑或者未成年人没有委托辩护人的情形。刑事辩护制度得到迅速发展的第一个时期，是在1982年《宪法》将被告人有权获得辩护确立为一项宪法原则之后，1982年《宪法》第125条明确规定，“人民法院审理案件，除法律规定的特别情况外，一律公开进行。被告人有权获得辩护”。在宪法原则的指导下，1996年《刑事诉讼法》在修正时规定犯罪嫌疑人在被侦查机关第一次讯问或者采取强制措施之日起，可以聘请律师提供法律帮助，从而将律师介入时间提前到审前阶段。但是，律师在侦查阶段并不是辩护人，只能提供有限的法律帮助，这也导致律师虽然可以在侦查阶段介入，但是因为不具有辩护人的身份，在履行辩护职能时会受到办案机关的阻碍，存在会见难、阅卷难、调查取证难的“三难”问题。2007年《律师法》对律师会见、阅卷及调查取证进行了专门规定，明确律师凭“三证”即可会见，侦查机关不得限制等内容。至2012年《刑事诉讼法》再次修正，将侦查阶段律师定位为“辩护人”，吸收了《律师法》关于律师会见、阅卷的相关规定，对律师会见、阅卷制度作出了全面的调整，司法实践中的“三难”问题才得以有效的解决。2014年，我国开启了新一轮的司法体制改革，涉及的刑事辩护内容有两项：一是进行值班律师制度试点工作，该制度于2018年《刑事诉讼法》修正时正式确立；二是推行刑事辩护全覆盖试点工作，扩大刑事案件法律援助的范围，该试点成熟经验被《法律援助法》吸纳，也有望体现在下一次《刑事诉讼法》的修正中。

从以上可知，刑事辩护制度是在国家主导之下自上而下建构起来的。一方面，在中央的推动下，我国历经了多轮司法体制改革试错，将其中的有益经验上升为法律规定。其中，有很多内容是关于刑事辩护制度的，如值班律师制度的设立、刑事辩护全覆盖等；另一方面，刑事辩护的实践问题也是通过国家主导的刑事立法予以解决的。例如，律师“三难”问题、侦查阶段的律师身份问题，均是通过在法律层面修正《刑事诉讼法》才得以根本解决。刑事辩护制度的发展完善与国家主导下的司法体制改革关系密切，刑事司法体制的改革对于刑事辩护制度的发展具有重大影响。

第三，《法律援助法》及《刑事诉讼法》关于刑事法律援助内容的发展。我国最先启用是在1996年《刑事诉讼法》中，第34条明确规定“公诉人出庭公诉的案件，被告人因经济困难或者其他原因没有委托辩护人的，人民法院可以指定承担法律援助义务的律师为其提供辩护”。但因为是首次规定，法律援助制度不甚完善，援助的范围也十分有限，仅限于盲、聋、哑或者未成年人、可能被判处死刑而没有委托辩护人的三种情形。同时，于1996年出台的《律师法》设“法律援助”专章对相关事项进行了规定。2003年7月，国务院出台的《法律援助条例》对我国法律援助制度进行了系统规定，该条例是国内第一部关于法律援助的单行法规，在很长一段时间内发挥着规范法律援助制度的具体实施的作用。2012年《刑事诉讼法》修正时扩大了法律援助的范围，在盲聋哑人、未成年人、可能被判处死刑的人这三类案件的基础上又增加了尚未完全丧失辨认或控制自己行为能力的精神病人与可能被判处无期徒刑的两类案件。同时，将提供法律援助的诉讼阶段从审判阶段提前到了侦查阶段以及审查起诉阶段。此外，还调整了提供法律援助的方式，分为强制指派和申请指派两种。2018年《刑事诉讼法》吸收了值班律师改革试点成功经验，规定法律援助机构在公检法派驻值班律师，为没有律师辩护的犯罪嫌疑人、被告人提供法律帮助。2021年8月20日，第十三届全国人大常委会第三十次会议表决通过《法律援助法》，自2022年1月1日起施行。《法律援助法》在刑事辩护全覆盖试点经验的基础上，对刑事法律援助制度作了进一步完善，扩展了刑事法律援助的范围，不仅增加了申请法律援助的死刑复核案件、缺席审判案件两种应当提供法律援助的情形，还规定适用普通程序的被告人只要没有委托辩护人的，法院就可以通知法律援助律师提供辩护；另外，丰富了刑事法律援助的形式。传统法律援助与委托辩护类似，只是律师参与诉讼的形式由当事人及其家属委托变成了法律援助机构指派。在本轮司法体制改革中，创设了值班律师提供法律帮助的全新形式，《法律援助法》也吸纳了值班律师制度，将值班律师法律帮助、刑事辩护与代理相并列，作为法律援助形式之一。

通过以上律师辩护内容的发展清晰地表明，我国刑事辩护制度是在国家主导下自上而下构建起来的，但同时受到政治、经济、社会发展等多种因素的影响。近年来，在中央主导下的司法体制改革，对刑事辩护制度产生了重大影响。刑事司法的转型塑造了刑事辩护运行的外部环境，在新的司法体制内刑事辩护又出现了新的发展。因此，为考察社会转型期间刑事辩护出现何种变化，必须首先考察刑事辩护制度运行的外部环境。

第二节　刑事司法的社会结构变迁

越来越多的研究已经认识到，无论是市场转型还是社会变迁都对法律改革乃至国家本身有着深刻的影响。[1]律师职业与辩护制度作为刑事司法体制中的重要组成部分，也同样受到社会环境结构变迁的影响。尤其是在改革开放以后，随着社会的多元化发展，辩护制度的发展发生了从国家单独主导到国家、社会、经济等多元力量共同形成结构性制约的演变。

一、刑事司法的转型发展

自党的十八届三中全会提出深化司法体制改革以来，在中央的主导与推动下，我国刑事司法领域历经了多轮司法体制改革。其中，有两项诉讼制度改革对刑事辩护制度的发展起到非常重要的形塑作用。

〔1〕参见梁治平编：《国家、市场、社会：当代中国的法律与发展》，中国政法大学出版社2006年版，第84-153页。

（一）以审判为中心的诉讼制度改革

党的十八届四中全会通过的《中共中央关于全面推进依法治国若干重大问题的决定》（以下简称《决定》），提出了推进“以审判为中心”的诉讼制度改革，从顶层设计的角度对我国诉讼制度改革作出了重大部署。为了深入贯彻四中全会精神，2016 年 6 月 27 日，中央全面深化改革领导小组第 25 次会议审议通过了《关于推进以审判为中心的刑事诉讼制度改革的意见》。同年 10 月 16 日，最高人民法院、最高人民检察院、公安部、国家安全部、司法部五部门联合发布并实施了《关于推进以审判为中心的刑事诉讼制度改革的意见》，对以审判为中心的诉讼制度改革作出了具体规定。2017 年 2 月，最高人民法院制定了《关于全面推进以审判为中心的刑事诉讼制度改革的实施意见》。

以审判为中心的诉讼制度的理论基础为“审判中心主义”，强调审判程序位于诉讼的中心地位，并发挥主导作用。审判中心主义以无罪推定为基本原则，强调控辩双方平等对抗，通过完善辩护制度、庭审机制、贯彻证据裁判原则、直接言词原则等予以实现。在某种意义上，以审判为中心的诉讼制度改革是以法院审判的标准来要求侦查和审查起诉工作，从而对侦查和审查起诉形成一种倒逼机制，并在审理阶段对前面两个阶段的工作进行审查把关，以维护法律的统一实施。以审判中心主义的诉讼制度的改革目的是清除长期存在于传统刑事诉讼程序中的沉疴弊病。我国传统刑事诉讼程序中存在着“流水作业式”与“侦查中心主义”诉讼构造的问题。“流水作业式”诉讼构造是指公、检、法三机关在各自的诉讼程序中具有权威裁判者的地位，并通过一种接力比赛的方式推动着刑事诉讼的进程。[1]这种诉讼模式类似于产品的生产加工线，每个工人都有各自负责的一段加工流程，相互之间共同合作完成产品，但是相互之间缺乏制约，无法进行

〔1〕 参见陈瑞华：《刑事诉讼的前沿问题》（上册），中国人民大学出版社 2016 年版，第 277 页。

有效制衡；“侦查中心主义”诉讼构造则是指在侦查、起诉、审判三个诉讼阶段中，侦查处于中心地位，侦查机关收集的证据以及对于案件事实的认定已经大致决定了诉讼的最终结果，起诉与审判程序只不过是对侦查结果的一种形式上的确认，使其具有最终的合法性，法庭审理成为“橡皮图章”。[1]这两种诉讼模式所导致的问题是，侦查阶段中发生的错误，由于三机关之间制约能力的不足是很难被发现的，导致实践中出现了很多冤假错案。近些年来，社会上出现的一系列冤假错案，在很大程度上是因为刑事诉讼构造关系的不合理而造成的。审理不占据主导与中心地位，在审查发生的错案，在审理中无法得到有效纠正。以审判为中心的诉讼制度改革正是为了还原诉讼理性，为了解决诉讼构造不合理所推行的，具有十分重要的意义。

以审判为中心的诉讼制度改革强调以审判为中心，而既然以审判为中心就必然要强化庭审的对抗性。尤其是推进庭审实质化，是以审判为中心诉讼制度改革的关键环节。而律师实质性地参与诉讼过程，与控方形成平等对抗，有助于法官兼听则明，促进审理的实质化。因此，有学者认为“以审判为中心的诉讼制度实质上是充分保障犯罪嫌疑人、被告人及其辩护律师辩护权的诉讼制度”。[2]2015 年 9 月，最高人民法院、最高人民检察院、公安部、国家安全部、司法部共同出台了《关于依法保障律师执业权利的规定》，对律师刑事辩护程序与内容作出了细致且具体的规定，正是为了保障律师作用的实质化。因此，以审判为中心的诉讼制度改革在推进公、检、法关系调整的同时，也必然推动与要求刑事辩护律师在刑事诉讼过程中发挥有效作用。

（二）认罪认罚从宽制度的构建

认罪认罚从宽制度改革是在本轮司法体制改革中，与以审判为中心的诉讼制度改革同时开展的另外一项重要内容。认罪认罚从宽制度于 2014 年

---

〔1〕 参见陈瑞华：《论侦查中心主义》，载《政法论坛》2017 年第 2 期，第 4 页。

〔2〕 顾永忠：《以审判为中心背景下的刑事辩护突出问题研究》，载《中国法学》2016 年第 2 期，第 66 页。

开始在全国部分城市试点，经过四年试点试错，2018 年修正后的《刑事诉讼法》中，将认罪认罚从宽制度作为一项正式法律制度予以规定。2018 年《刑事诉讼法》在第一章任务与基本原则中新增第 15 条作为认罪认罚的基本原则，规定“犯罪嫌疑人、被告人自愿如实供述自己的罪行，承认指控的犯罪事实，愿意接受处罚的，可以依法从宽处理”。并且，在强制措施、侦查、审查起诉、审判各个章节都进行了相应的规定。

认罪认罚从宽制度的确立，是充分贯彻宽严相济刑事政策，有效应对刑事案件数量攀升、提高司法效率的重要举措。我国刑事案件一审收案量在 2014 年就已经突破 100 万，并逐年攀升。而法官人数增长却有限，2013 年全国法院工作人员总人数为 33 万，法官人数约为 19.6 万，2014 年总人数为 36 万，法官人数为 19.88 万，近 20 年法官人数增幅仅约为 18.0%，远远跟不上收案数的增幅。[1]认罪认罚从宽制度的构建与完善，能够有效改善案多人少的实践困境，通过繁简分流实现司法资源优化配置。更为重要的是，当前我国犯罪结构正在发生深刻变化。为应对社会风险的升级，刑法修正案八、九、十、十一将醉驾等一系列行政违法行为入刑，使得犯罪圈大为扩张，犯罪结构轻刑化趋势也愈加明显。根据表 1-1，从 2014 年至 2021 年，被判处 3 年有期徒刑以下刑罚的罪犯占总获刑人数比例分别为 84.16%、84.40%、86.02%、76.42%、83.11%、83.82%、82.15%、84.60%。认罪认罚从宽制度顺应犯罪轻刑化的发展趋势，速裁程序的适用、减少审前羁押、强化审前分流等举措体现了程序从宽，不仅能够有效提高诉讼效率，节约司法资源，而且在程序法层面体现了“轻轻重重”的政策要义。

---

〔1〕 参见魏晓娜：《完善认罪认罚从宽制度：中国语境下的关键词展开》，载《法学研究》2016 年第 4 期，第 80 页。

表 1-1　2014—2021 年我国刑事一审收案量、判处 3 年有期徒刑以下刑罚人数与总获刑人数〔1〕

年份	刑事一审收案量（件）	获刑人数（人）	3 年有期徒刑以下刑罚人数（包含管制、拘役、缓刑及单处附加刑）	占比
2014	1 040 457	1 164 531	980 056	84.16%
2015	1 126 748	1 213 636	1 024 252	84.40%
2016	1 101 191	1 199 603	1 031 878	86.02%
2017	1 294 377	1 247 823	953 528	76.42%
2018	1 203 055	1 430 091	1 188 587	83.11%
2019	1 293 911	1 661 235	1 392 472	83.82%
2020	1 107 610	1 528 934	1 255 950	82.15%
2021	1 277 197	1 715 922	1 451 713	84.60%

可以说，以审判为中心的诉讼制度改革与认罪认罚从宽制度改革，是本轮司法体制改革的两项支柱内容。从两者关系来看，两项制度改革符合“简案快审、繁案精审”的繁简分流刑事政策。以审判为中心的诉讼制度强调庭审实质化，对于一些疑难重大的刑事案件通过精密的诉讼程序设计，最大限度地发现案件真实；而在案情简单、轻微、无争议的案件中，通过简化的简易、速裁程序予以审判，实现司法公正与诉讼效率的平衡。从这一角度而言，以审判中心主义的诉讼制度改革与认罪认罚从宽制度改革两者之间并不冲突，甚至是相辅相成的。从表 1-1 可知，我国被判处 3 年有期徒刑以下刑罚的罪犯总体占比在 80%以上，这意味着在刑事审判中，有 80%以上的被告人可采用速裁或者简易程序审理，而仅有不到 20%的被告人应采用普通程序审理。因此，通过对绝大多数轻罪案件适用速裁或简易程序，可以节约大量司法资源，保障普通程序庭审实质化的充分实现。〔2〕

〔1〕 数据来源于中国法学会在 2014—2021 年发布的《中国法律年鉴》。

〔2〕 美国之所以能够保持旷日持久的陪审团审理，其中一个重要原因是实践中 90%以上的案件通过辩诉交易解决，节省了大量司法资源。

最高人民法院、最高人民检察院、公安部、国家安全部、司法部《关于适用认罪认罚从宽制度的指导意见》（以下简称《认罪认罚指导意见》）中开宗明义地规定，“适用认罪认罚从宽制度，对准确及时惩罚犯罪、强化人权司法保障、推动刑事案件繁简分流、节约司法资源、化解社会矛盾、推动国家治理体系和治理能力现代化，具有重要意义”。

认罪认罚从宽制度的建立也对刑事辩护产生了重要影响。寻找正式审判的替代机制，由对抗性司法部分转型为协商性司法是刑事司法的世界性趋势。[1]我国构建与完善认罪认罚从宽制度，符合了世界性的发展趋势，是对传统刑事诉讼程序的突破与创新，在一定程度上代表着对抗性司法向协商性司法的转型。“刑事诉讼是一套有着严密的逻辑自洽的程序系统，任何部分的变动都将对其它部分产生或多或少的影响。更何况，刑事诉讼模式本就在刑事诉讼之中居于基础性的地位。”[2]传统对抗性司法向协商性司法转型，是刑事司法的结构性变迁，其辐射意义非常广泛，刑事辩护制度也深受刑事司法转型之影响。认罪认罚从宽制度下的刑事辩护制度形态与变迁，本书拟在第四章进行详细论述。

二、依法治国与人权保障意识提高

习近平总书记指出：“坚持依法治国、依法执政、依法行政共同推进，法治国家、法治政府、法治社会一体建设。全面依法治国是一个系统工程，要整体谋划，更加注重系统性、整体性、协同性。”“依法治国、依法执政、依法行政是一个有机整体，关键在于党要坚持依法执政、各级政府要坚持依法行政。法治国家、法治政府、法治社会相辅相成，法治国家是法治建设的目标，法治政府是建设法治国家的重点，法治社会是构筑法治国家的基础。”党的十八大以来，以习近平同志为核心的党中央顺应人民

〔1〕参见龙宗智：《完善认罪认罚从宽制度的关键是控辩平衡》，载《环球法律评论》2020年第2期，第5页。

〔2〕谭世贵：《论刑事诉讼中国模式及其转型》，载《法制与社会发展》2016年第3期，第118页。

对美好生活的向往，顺应时代发展和进步潮流，把法治建设提到了前所未有的战略高度。习近平总书记于2020年在中央全面依法治国工作会议上对司法为民提出了新要求："深化司法责任制综合配套改革，加强司法制约监督，健全社会公平正义法治保障制度，努力让人民群众在每一个司法案件中感受到公平正义。"在党的二十大报告中也强调"加快建设公正高效权威的社会主义司法制度，努力让人民群众在每一个司法案件中感受到公平正义"。可见，努力让人民群众在每一个司法案件中都感受到公平正义是习近平总书记提出的依法治国的具体目标，是各级司法机关都应当努力争取的办案效果。总之，我国法治国家建设目前已经取得了重大成就，法律规范健全，法律机制完善，各级司法机关能够依法办事、司法为民，可以说我国法治社会已经基本建成。当然，目前的成绩并不代表不存在问题，我国法治社会建设事业仍然任重道远，需要进一步地深入发展与完善。

随着我国依法治国基本方略的深入推进，人民群众的权利保障意识也不断提高。当群众合法权利受到侵害时，更愿意采取诉诸法律的方式解决问题，而非通过一些些非正式的手段如"找关系""走后门"来解决问题。在刑事诉讼领域，当公民涉嫌犯罪的行为受到国家机关刑事追诉时，也更希望通过专业的刑事辩护律师来维护自己的合法权益。目前，在中共中央主导下，我国正积极推进刑事辩护全覆盖试点工作，极大地提高了刑事辩护率，标志着我国法治社会的构建取得了显著成就，法治意识也已经深入人心，这为刑事辩护制度的发展奠定了扎实的社会基础条件。

三、犯罪结构的变化

随着我国社会与经济的迅速发展，犯罪结构也在发生转变，突出表现为犯罪内部构成呈现"双降"与"双升"的趋势。所谓"双降"是指严重暴力犯罪率与重刑率的下降，而"双升"是指轻微犯罪率与轻刑率的上升。[1]

---

〔1〕 参见卢建平：《轻罪时代的犯罪治理方略》，载《政治与法律》2022年第1期，第52-55页。

具体而言，以学界普遍公认的3年有期徒刑作为重罪与轻罪的划分标准，我国近些年来犯罪轻刑化发展趋势明显。根据表1-1，我国自2014年起，判处3年以下有期徒刑的被告人占总判决人数即轻刑率，就常年保持在80%以上（2017年例外）。与此同时，重罪与轻罪在犯罪率上也是此消彼长。以危险驾驶罪为典型，2011年《刑法修正案（八）》确立该罪的当年，全国法院审结的危险驾驶案件仅有5万余件，到2021年激增至34.8万件。[1]2021年，检察机关起诉最多的五个罪名分别是：危险驾驶罪35.1万人，盗窃罪20.2万人，帮助信息网络犯罪活动罪12.9万人，诈骗罪11.2万人，开设赌场罪8.4万人。[2]危险驾驶罪已经取代盗窃罪成为刑事审判中起诉最多的罪名。且法院审结的刑事案件中，八类主要刑事犯罪案件（故意杀人、故意伤害致人重伤或者死亡、强奸、抢劫、贩卖毒品、放火、爆炸、投毒罪）持续处于低位，在占全部刑事案件比重中稳步下降。[3]可见，“中国已经进入轻罪时代，正在慢慢告别重罪时代”。[4]

轻罪时代的到来是我国积极刑法观主导下的必然结果，是刑法积极参加社会治理的体现。我国采取“二元化”制裁模式，即违法行为与犯罪行为分开治理，分别由《行政处罚法》与《刑法》规制。《刑法》通过增加罪名来扩大介入社会治理的方式，导致犯罪和违法行为二者之间有时会出现此消彼长的现象。例如，自2011年《刑法修正案（八）》施行后，刑事案件稳中有升，而治安案件迅速下降，一定程度上取决于劳教制度被废

〔1〕参见周强：《最高人民法院工作报告——2022年3月8日在第十三届全国人民代表大会第五次会议上》，载https://www.court.gov.cn/zixun-xiangqing-349601.html，最后访问日期：2023年5月16日。

〔2〕参见《2021年全国检察机关主要办案数据》，载https://www.spp.gov.cn/spp/xwfbh/wsfbt/202203/t20220308_547904.shtml#1，最后访问日期：2023年5月16日。

〔3〕参见周强：《最高人民法院工作报告——2022年3月8日在第十三届全国人民代表大会第五次会议上》，载https://www.court.gov.cn/zixun-xiangqing-349601.html，最后访问日期：2023年5月16日。

〔4〕卢建平：《轻罪时代的犯罪治理方略》，载《政治与法律》2022年第1期，第52页。

除、犯罪门槛下调后吸纳了相当数量的治安案件。[1]在一定意义上，轻罪时代意味着刑事法对于行政法规制范围的蚕食。这种治理方式的优势在于，可以将行政处罚权的行使纳入法治轨道，尽量交由司法机关而非行政机关行使。而且，通过刑罚手段处置某些社会问题，相较于其他方法更能够起到立竿见影的效果。

但是，刑法的保障法属性和刑事制裁的生硬性、粗暴性决定了其天然不适合作为调整社会关系或者参与社会治理的手段。[2]刑法过度介入社会治理的弊端也是显而易见的。其中一个非常重要的问题是，随着犯罪圈的不断扩大，刑事案件总量在近年来迅速增加。从公安机关刑事立案数据来看，改革开放前的刑事案件总体是在低位运行，犯罪总量不超百万件，犯罪率没有过万分之十；而 1978 年以后，无论犯罪总量还是犯罪率都在迅速攀升，进入 21 世纪以后保持高位运行的态势，2011 年刑事案件总数首次突破 600 万件，2015 年达到 717.4 万件，之后开始走低。[3]根据图 1-1，[4]近十年来检察院提起公诉案件数量、法院一审受案案件数量以及生效判决人数呈逐年上升态势（2020 年略微下降），2019 年检察院公诉案件有 127.5 万件，相较于 2011 年的 82.4 万件，增长了 54.7%；法院刑事一审受案 129.4 万件，相较于 2011 年的 84.6 万件，增长了 53.0%,；生效判决人数为 166.1 万人，相较于 2011 年的 105.1 万人，增长了 58.0%。

---

〔1〕 参见卢建平：《犯罪统计与犯罪治理的优化》，载《中国社会科学》2021 年第 10 期，第 111 页。

〔2〕 参见［美］P. 诺内特、P. 塞尔兹尼克：《转变中的法律与社会：迈向回应型法》，张志铭译，中国政法大学出版社 2004 年版，第 100 页。

〔3〕 参见卢建平：《犯罪统计与犯罪治理的优化》，载《中国社会科学》2021 年第 10 期，第 108-109 页。

〔4〕 数据来源于中国法学会在 2011—2020 年发布的《中国法律年鉴》。

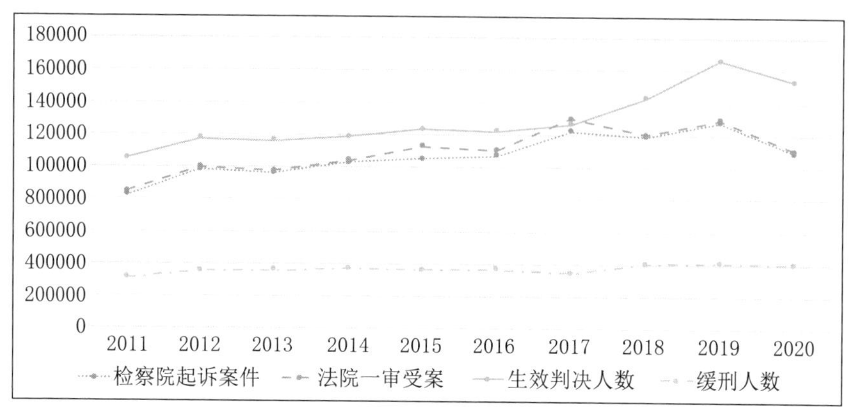

图 1-1　检察院起诉案件、法院一审受案案件、生效判决人数及缓刑人数

积极立法主导下的犯罪数量的迅速增加与犯罪结构的轻刑化，对刑事辩护制度的发展与运行产生了重要影响。犯罪数量的迅速增加扩展了刑事辩护的范围，一方面，为刑事辩护律师提供了更多的业务量，但另一方面，由于中央推行刑事辩护全覆盖的试点工作，刑事辩护完全覆盖需要国家提供大量法律援助。根据学者调研，目前全国刑事案件律师辩护率仍然不足 30%,〔1〕司法实践中，高达 70%左右的刑事案件没有律师参与。在委托律师辩护率要保持一定比例的现实情况下，刑事诉讼辩护的缺口理应由国家在法律援助供给侧予以弥补。这就意味着，绝大多数刑事案件的刑事辩护的工作在未来将由国家提供的法律援助律师提供。并且，由于我国犯罪结构的轻刑化发展，很多犯罪属于 3 年以下的轻罪，刑事辩护业务也主要围绕着轻罪进行。当然，这并不意味着一些重大疑难案件中刑事辩护律师就不重要了。相反，随着认罪认罚从宽制度等的推行，很多轻罪案件适用认罪认罚从宽制度予以解决，由于该类案件本身案件鉴定并不复杂，律师参与其中发挥作用的空间较小。而剩余的犯罪嫌疑人、被告人不认罪认

---

〔1〕关于我国的刑事案件律师辩护率，尽管调查的结果各地有所差异，但大致均在 20%～30%。可参见马静华：《指定辩护律师作用之实证研究——以委托辩护为参照》，载《现代法学》2010 年第 6 期，第 168-181 页；顾永忠、陈效：《中国刑事法律援助制度发展研究报告（上）》，载《中国司法》2013 年第 1 期，第 24-32 页。

罚的重大、疑难、复杂的案件，则应成为刑事辩护律师发挥作用的主战场。

第三节　刑事辩护制度的新发展

随着社会环境的结构性变迁，刑事辩护制度在新的时代背景下也获得了长足的进步。尤其是随着我国法治社会的全面构建，刑事辩护制度与律师群体在我国刑事司法体制中的作用也越加凸显。习近平总书记提出的努力让人民群众在每一个司法案件中感受到公平正义的目标的实现，不仅需要刑事辩护制度的发展完善，也离不开辩护律师在刑事案件中的积极辩护。在新时代背景下，刑事辩护制度在以下几个方面具有新的发展。

一、从“有权获得辩护”到“有权获得律师辩护”

我国《宪法》第130条规定：“人民法院审理案件，除法律规定的特别情况外，一律公开进行。被告人有权获得辩护。”虽然辩护权的基本权利属性尚存有一定争议，但在宪法规定指引下，“有权获得辩护”成了刑事诉讼的一项基本原则，辩护权成为被追诉人享有的一项基本诉讼权利。我国1979年首部《刑事诉讼法》第8条规定：“人民法院审判案件，除本法另有规定的以外，一律公开进行。被告人有权获得辩护，人民法院有义务保证被告人获得辩护。”该规定一直未作修订，并沿用至2018年《刑事诉讼法》中。在“有权获得辩护”原则的指引下，我国刑事辩护制度取得了长足的发展。实践中，长期困扰律师辩护的“三难”问题，已经得到了有效解决。然而，根据有关数据显示，我国刑事辩护率一直保持在20%~30%，在有些偏远地区，刑事案件辩护率更低。[1]这其中，还包括了刑事

〔1〕 中国政法大学顾永忠教授曾就刑事辩护问题组织课题组到上海、浙江、四川、广东、河南、陕西、湖南、广西等下辖的九个基层法院进行实地调研，发现平均律师辩护率为20.8%，其中辩护率最高的是34%，最低的是9%。参见顾永忠、陈效：《中国刑事法律援助制度发展研究报告（1949—2011）》，载顾永忠主编：《刑事法律援助的中国实践与国际视野　刑事法律援助国际研讨会论文集》，北京大学出版社2013年版，第15-17页。

法律援助的案件。根据有关数据，法律援助案件占全国一审审结刑事案件的平均比例为15%~20%。[1]可见，虽然我国刑事辩护制度在辩护权利的保障方面取得了重大进展，但是总体上刑事案件的辩护率包括法律援助率还是处于低位水平，不仅不利于被追诉人合法权益的保障，也无法彰显我国刑事司法对于人权的保障水平。可以认为，我国刑事辩护制度长期致力于辩护权利运行机制保障的完善，即对于辩护“质”的保障，但是对于辩护“量”的提升确有不足。

在刑事诉讼中，虽然犯罪嫌疑人、被告人享有自行辩护的权利，但由于被追诉人自我保护条件及能力的不足，获得律师的帮助因而成为刑事辩护制度中的关键内容。[2]因此，“有权获得辩护”只能被视为一种法律宣示，而“获得律师的法律帮助”才是被告人辩护权的基本保障。[3]但是，从刑事辩护率一直处于较低的水平，而且被追诉人委托刑事辩护律师的比例在一定社会时期内又不会波动太大的情况来看，凸显了国家为刑事诉讼中的犯罪嫌疑人、被告人提供法律援助的重要性。我国刑事法律援助制度中，在2021年《法律援助法》公布之前，法律援助的范围一直较为狭窄，仅限于盲、聋、哑人以及未成年人等几种法定情形。虽然《刑事诉讼法》的几次修正一直也在扩展法律援助的范围，并且丰富了法律援助的形式与种类，但是法律援助范围仍然较为狭窄，而且刑事法律援助率在实践中也不高。

随着认罪认罚从宽制度的深入推动，2017年最高人民法院和司法部开始在全国部分地区进行了“刑事辩护律师全覆盖”的改革试点。[4]经过一年的试点，最高人民法院和司法部将此试点在全国范围内予以推动。[5]刑

〔1〕参见胡铭、王廷婷：《法律援助的中国模式及其改革》，载《浙江大学学报（人文社会科学版）》2017年第2期，第85页。

〔2〕参见熊秋红：《刑事辩护的规范体系及其运行环境》，载《政法论坛》2012年第5期，第51页。

〔3〕参见陈瑞华：《刑事辩护制度四十年来的回顾与展望》，载《政法论坛》2019年第6期，第10页。

〔4〕参见最高人民法院、司法部《关于开展刑事案件律师辩护全覆盖试点工作的办法》。

〔5〕参见最高人民法院、司法部《关于扩大刑事案件律师辩护全覆盖试点范围的通知》。

事辩护律师全覆盖旨在保障刑事诉讼中的所有刑事案件都有律师提供法律帮助，主要包含两项内容：一是对于适用普通审判程序的一审案件、二审案件以及按照审判监督程序审理的再审案件，凡是被告人没有委托辩护人的，法院都应当承担指定法律援助律师提供法律援助。从刑事辩护全覆盖试点内容可以看出，法律援助的适用范围可以说得到极大扩张，几乎涵盖了所有的刑事案件，包括适用普通程序、简易程序、速裁程序的一审、二审以及再审案件。2022 年 1 月 1 日起施行的《法律援助法》吸收了刑事辩护全覆盖试点的成熟经验，对刑事法律援助制度做了进一步完善。二是扩展了刑事法律援助的范围，不仅增加了申请法律援助的死刑复核案件、缺席审判案件两种应当提供法律援助的情形，还规定了对没有委托辩护人的普通程序案件的被告人，法院可以通知法律援助机构提供法律援助律师，此外，与传统的法律援助律师不同，将值班律师的法律帮助与刑事辩护与代理相并列，作为法律援助形式之一。可见，立法者对于刑事诉讼中的律师参与，逐渐由只注重辩护的质量，发展到既注重质量同时又注重数量，追求实现诉讼过程中律师提供法律帮助的普遍化与常态化。

目前，根据《刑事诉讼法》与《法律援助法》有关规定，法律援助领域确立了两种法律援助类型：法律援助律师与值班律师。前者法律援助律师属于传统的法律援助律师，由法律援助中心在符合条件的刑事案件中指派，同委托律师一样享有辩护律师的各种权利，可以进行会见、阅卷、调查取证，并出庭为被告人进行辩护。而后者值班律师是司法体制改革试点后刑事诉讼法新设立的一种法律援助律师。值班律师与传统的法律援助律师不同，值班律师并不出庭辩护，仅在咨询、程序选择建议等环节提供一些较为初步的法律帮助。值班律师的法律帮助具有初步性与及时性，类似于医院的“急诊科医生”。

立法者设立值班律师的初衷无疑是有助于维护犯罪嫌疑人、被告人的合法权益的。立法初衷是美好的，但司法实践中该制度功能出现异化。目前，值班律师制度已经沦为了认罪认罚从宽制度的配套制度，且值班律师在实践中呈现“见证人化”，无法有效发挥法律帮助作用。具体而言，法律规定犯罪嫌疑人、被告人认罪认罚必须有律师进行见证，但是如上文所述，我国刑事案件中律师参与的比例长期处于低位，那么如何在刑事案件中保障犯罪嫌疑人、被告人认罪认罚的自愿性呢？实践中这一职责主要由值班律师来履行了。但是，值班律师作为犯罪嫌疑人、被告人认罪认罚的见证人，实践中存在无法有效提供法律帮助的问题。[1]这就导致值班律师立法初衷的落空。一方面，值班律师制度本身目的在于提供初步性、及时性的法律帮助，但是实践中却将其作为认罪认罚从宽制度实施的一个配套制度，结果造成该制度功能不仅无法有效实现，认罪认罚从宽制度实施过程中犯罪嫌疑人、被告人认罪认罚的自愿性和真实性也无法有效得到保障。对此，本书在第七章进行详细论述。

二、从“获得律师帮助”到“获得有效辩护”

毫无疑问，在刑事诉讼中由具有专业知识的律师为犯罪嫌疑人、被告人提供法律服务，对于其权利保障具有重要意义。目前犯罪嫌疑人、被告人获得律师的法律帮助方面，随着刑事辩护全覆盖试点推动以及《法律援助法》的出台取得了长足的发展，但是仅仅有律师还不足以保障犯罪嫌疑人、被告人的合法权益，关键还在于律师是否能够在刑事诉讼过程中提供有效的辩护。如果刑事辩护律师消极履行辩护职责，不仅无法有效维护犯罪嫌疑人、被告人的合法权益，而且会妨碍刑事辩护权的行使，使律师辩护与法律援助沦为“面子工程”，严重侵犯罪嫌疑人、被告人的合法权益。随着我国刑事司法体制的不断发展，辩护的有效性问题逐渐引起重视。“有效辩护”在联合国刑事司法准则中表述为“保障被指控人获得律师帮助的平等、及时和有效”的原则。我国学者对有效辩护的内容作了四个方面的归纳：一是适格而称职的律师；二是充分而有针对性的辩护准

[1] 参见姚莉：《认罪认罚程序中值班律师的角色与功能》，载《法商研究》2017 年第 6 期，第 42-49 页。

备；三是经与委托人协商形成的适当辩护思路和辩护策略；四是富有成效的辩护手段和操作方式。[1]有效辩护并非以结果为导向，要求必须帮助犯罪嫌疑人、被告人获得罪轻或者无罪的实体结果，而是要求律师为犯罪嫌疑人、被告人提供勤勉尽责的辩护，使其合法权益得到切实有效的维护。

有效辩护目前在我国仅是一种刑事司法的理念，尚无相关法律制度予以规范。有效辩护概念与理论最初是由我国学者借鉴美国的经验而提出的。有效辩护的概念发源于美国，但在美国有效辩护仅仅是一种理念，真正在实践中发挥作用的是无效辩护制度。具言之，如果一个律师在刑事诉讼中的辩护行为被认定为无效，那么审判结果可能被推翻。这种无效辩护制度起源于《美国宪法第六修正案》所规定的被告人享有的获得律师帮助的权利。美国最高法院在多个案例中明确表明，被告人的律师帮助辩护权即有效辩护权。例如，在1970年的一个判决中，美国最高法院认为，《美国宪法第六修正案》如果要实现它的目的，就不能将被告人留给一个不称职的律师。1985年，美国最高法院再次重申，律师无论是被委托的还是被指定的，在初审或上诉程序中都应为其委托人提供有效的帮助。“对于一个无法获得律师有效帮助的被告人来说，其境况与根本没有律师帮助的当事人一样糟糕。”[2]但是，由于美国最高法院并未阐释有效辩护的具体标准，造成上诉法院存在不同的关于有效辩护的适用标准。[3]标准的不明确导致各州判例的不一致。直到1984年在斯特里克诉华盛顿州（Strickland v. Washington）案中，美国最高法院确立了认定无效辩护的双重标准：一是律师的辩护行为低于合理的专业客观标准；二是如果律师不犯非专业性

[1] 参见熊秋红：《有效辩护、无效辩护的国际标准和本土化思考》，载《中国刑事法杂志》2014年第6期，第134页。

[2] 陈瑞华：《刑事诉讼中的有效辩护问题》，载《苏州大学学报（哲学社会科学版）》2014年第5期，第95页。

[3] 主要有“正义的嘲笑（mockery of justice）”标准与“勤勉合格的辩护人（reasonable competency）”标准。参见熊秋红：《有效辩护、无效辩护的国际标准和本土化思考》，载《中国刑事法杂志》2014年第6期，第134页。

错误，将会有诉讼结果不同的合理可能性。虽然美国最高法院通过一系列案例确立了有效辩护的要求及其标准，但是在司法实践中却很少有案件能够成功以无效辩护推翻原判决。这是因为证明上述无效辩护的双重标准存在很大难度，被告人一般提不出充分的证据，除非案件中律师辩护质量极其低劣。即便如此，美国有效辩护理念与无效辩护制度的经验，对于我国刑事辩护制度的完善也具有借鉴与参考意义。

在我国刑事辩护制度的构建初期，主要围绕着辩护权运行的保障机制展开，对于辩护的结果与质量并没有过多的关注。但是，随着我国法治建设的进步与人民群众人权保障意识的提高，刑事辩护的质量越来越受到重视。特别是我国刑事司法体制改革不断深入，在刑事诉讼程序中越来越强调刑事辩护的重要性。

一方面，实现有效辩护是推进以审判为中心的诉讼制度改革与实现庭审实质化的应然要求。党的十八届四中全会在《决定》中首次提出“推进以审判为中心的诉讼制度改革”。“以审判为中心”甫经提出，即在学界及实务界引起热议，“各部门以及社会各界，对以审判为中心的认识、理解众说纷纭”。〔1〕但公认的是，推进以审判为中心诉讼制度改革必须强化庭审实质化。“庭审实质化”是相对庭审虚化或形式化而言的，庭审虚化是指案件事实和被告人刑事责任不是通过庭审方式认定，甚至不在审判阶段决定，庭审只是一个形式。〔2〕所以“庭审实质化”是指应通过庭审的方式认

〔1〕 樊崇义：《“以审判为中心”的概念、目标和实现路径》，载《人民法院报》2015年1月14日，第5版。对于“以审判为中心”的解读与分析，可参见陈卫东：《以审判为中心：解读、实现与展望》，载《当代法学》2016年第4期，第14-21页；魏晓娜：《以审判为中心的刑事诉讼制度改革》，载《法学研究》2015年第4期，第86-104页；陈国庆、周颖：《“以审判为中心”与检察工作》，载胡卫列、韩大元主编：《以审判为中心的诉讼制度改革与检察工作发展——第十一届国家高级检察官论坛论文集》，中国检察出版社2015年版，第3-27页；樊传明：《审判中心论的话语体系分歧及其解决》，载《法学研究》2017年第5期，第192-208页。

〔2〕 何家弘教授在经实证调研后发现庭审虚化在刑事诉讼中具有相当的普遍性，主要表现在举证的虚化、质证的虚化、认证的虚化、裁判的虚化四个方面。参见何家弘：《亡者归来——刑事司法十大误区》，北京大学出版社2014年版，第181-191页。

定案件事实并在此基础上决定被告人的定罪量刑。[1]“庭审实质化”必然要求法庭上诉讼双方在互相辩论、举证质证等方面进行充分的抗辩，为了实现“庭审实质化”，必然会完善控辩双方抗辩机制，保障辩护权的充分行使，包括贯彻直接言词原则、实行严格非法证据排除规则、完善举证质证等辩论机制，等等。所以，以审判为中心的诉讼制度在一定意义上是以充分保障犯罪嫌疑人、被告人及其辩护律师辩护权实现的诉讼制度改革，必然强化刑事诉讼中形成控辩平等实质对抗之诉讼格局。辩护职能作为控辩审中的重要一环，在刑事诉讼程序中实现有效的辩护，能够促进“庭审实质化”，从而推动以审判为中心的诉讼制度改革。

另一方面，有效辩护也是认罪认罚从宽制度改革的制度需求。刑事速裁程序的设立，构成了我国刑事诉讼“普通程序—简易程序—速裁程序”的三级格局。[2]根据犯罪嫌疑人、被告人的认罪态度、可能判处的刑期、疑难复杂程度等因素，可以适用不同诉讼程序。目前，根据法律规定，对可能判处 3 年以下有期刑罚的案件，可以适用刑事速裁程序。在认罪认罚案件中，由控辩双方进行协商后决定被告人是否选择认罪认罚，这种情况下涉及被告人是否理解认罪认罚的法律后果、程序选择以及量刑建议等专业性极强的法律问题，必须由律师提供辩护以保障认罪认罚的合法性与正当性。根据美国辩诉交易制度的实施经验，即使被告人作了有罪答辩，但是可能是由于被强迫、利诱、威逼、欺骗等非自愿的情形下作出的，因而可能构成无辜者认罪的冤假错案。无辜者接受辩诉交易而产生的错案在美国并不鲜见，根据美国洗冤工程（Innocent Project）的数据显示，截至 2022 年 1 月，该工程收集了 375 件基于 DNA 检测的冤假错案，其中竟有 25%的案件被告人作了有罪自白，并且有 11%的案件被告人接受了辩诉交易。[3]因

〔1〕 参见汪海燕：《论刑事庭审实质化》，载《中国社会科学》2015 年第 2 期，第 103-122 页。

〔2〕 参见魏晓娜：《完善认罪认罚从宽制度：中国语境下的关键词展开》，载《法学研究》2016 年第 4 期，第 79-98 页。

〔3〕 参见王迎龙：《认罪认罚案件坚持律师独立辩护、法律恪守实质审查》，载郭烁主编：《刑事诉讼法案例进阶》，法律出版社 2023 年版，第 277 页。

此，在类似的协商性司法程序中，犯罪嫌疑人、被告人认罪认罚的自愿性的保障至关重要，关系着协商性司法的正当性与否。根据《刑事诉讼法》及有关规定，犯罪嫌疑人、被告人在与检察机关达成认罪认罚具结时，必须有律师进行在场见证并履行签字义务。司法实践中这一重要职责一般由新设立的值班律师履行，法律规定值班律师的重要职能之一也是为认罪认罚的犯罪嫌疑人、被告人提供法律帮助。《认罪认罚指导意见》第 10 条首次出现“有效法律帮助”，是“有效”概念首次写入法律规范文件，具有重要意义。认罪认罚从宽制度中对于犯罪嫌疑人、被告人提供有效法律帮助的制度需求，为我国有效辩护从理念到制度的发展提供了重大契机。如何促进认罪认罚从宽制度中有效辩护的实现，本书将在第四章中进行专门论述。

三、刑事辩护形态从对抗到协商

自 2018 年认罪认罚从宽制度确立后，刑事诉讼的基本形态根据犯罪嫌疑人、被告人是否认罪认罚可以分为两种形态：不认罪认罚案件刑事诉讼程序与认罪认罚案件刑事诉讼程序。不认罪认罚案件刑事诉讼程序是传统的诉讼程序，以被追诉人无罪推定为基本原则，通过赋予被追诉人一系列诉讼权利，架设了控辩双方平等对抗的诉讼机制。在传统诉讼程序中，控辩双方以对抗为常态，刑事辩护律师往往基于犯罪嫌疑人、被告人无罪或轻罪为基本策略同控诉方开展实质对抗。而在认罪认罚案件的诉讼程序中，被追诉方与控诉方关于被追诉人是否构成犯罪已经达成合意，对是否构成犯罪并不存在争议，控辩双方之间并不是对抗关系，而就被追诉人的量刑处遇进行沟通协商。陈瑞华教授将此种量刑协商模式称为“刑事诉讼的公力合作模式”。[1]德国学者罗科信曾言：“我们将来可能需要两种刑事诉讼法，即对审形式的刑事诉讼法和合意形式的刑事诉讼法。”[2]张军同

---

〔1〕 参见陈瑞华：《刑事诉讼的公力合作模式——量刑协商制度在中国的兴起》，载《法学论坛》2019 年第 4 期，第 5-19 页。

〔2〕［日］田口守一：《刑事诉讼的目的》，张凌、于秀峰译，中国政法大学出版 2011 年版，第 16 页。

志于2023年3月7日在第十四届全国人民代表大会第一次会议上作的最高人民检察院工作报告中提到，2022年全年的认罪认罚从宽制度在检察环节的适用率已经超过90%。可见，认罪认罚案件的诉讼程序已经成为我国刑事诉讼的常态。因此，刑事辩护律师转变传统的对抗形态与意识，与控诉方进行有效沟通协商，将是未来刑事辩护的主要形态。

目前学界对于认罪认罚从宽制度的性质存在争论。大致有两派观点：一是协商从宽，即控辩双方在平等协商的基础上进行“讨价还价”而获取刑罚的从宽处遇。持该观点的学者普遍认为，“控辩协商是认罪认罚从宽程序的本质内核”。〔1〕在认罪认罚从宽制度中，国家开始以相对平等的姿态与被告人协商，以某种特定的实体上或程序上的利益来换取被告人的认罪，从宽是协商的结果。〔2〕实务界专家认为，虽然无论是《刑事诉讼法》还是有关司法解释中，都没有使用“控辩协商”或者“量刑协商”之类的表述，这主要是考虑到诸如“协商”“交易”“妥协”等表述容易引起社会各界的误会，有失刑事诉讼制度的严肃性。〔3〕还有学者进一步指出，有别于美国辩诉交易制度，认罪认罚从宽制度中控辩双方不能对事实与罪名进行交易，是一种量刑协商制度。〔4〕二是法定从宽，即被追诉人认罪所带来的从宽处遇是基于明确而刚性的法律规定。《刑事诉讼法》关于认罪认罚从宽制度的规范中，未出现“协商”“协议”“交易”等字眼，并且强调认罪认罚具结书内容的合法性，有学者基于此认为认罪认罚从宽在制度定

〔1〕樊崇义：《认罪认罚从宽协商程序的独立地位与制度保障机制》，载《国家检察官学院学报》2018年第1期，第121页。

〔2〕参见魏晓娜：《完善认罪认罚从宽制度：中国语境下的关键词展开》，载《法学研究》2016年第4期，第85页。

〔3〕参见杨立新：《认罪认罚从宽制度理解与适用》，载《国家检察官学院学报》，2019年第1期，第52页。

〔4〕参见陈瑞华：《刑事诉讼的公力合作模式——量刑协商制度在中国的兴起》，载《法学论坛》2019年第4期，第5-19页；万毅：《认罪认罚从宽程序解释和适用中的若干问题》，《中国刑事法杂志》2019年第3期，第90-104页。

位上属于法定从宽模式。[1]也有学者基于罪刑法定、罪责刑相适应的刑事实体法原则以及权力主导的职权主义模式，认为认罪认罚从宽制度仅是将被追诉人的案后表现作为法定影响因素予以“硬性”考量，并在刑事实体法关于具体案件的定罪、量刑和行刑的既有框架范围内进行更加宽缓化的处理，因此适用的是法定从宽模式。[2]应当明确，认罪认罚从宽制度虽是职权主义融合当事人主义的产物，但在我国传统职权主义诉讼构造统摄下，被追诉人显然不具有与检察机关“讨价还价”的筹码与条件，存在严重的控审失衡问题。[3]因此，无论法律规范中是否存在“协商”“交易”等用语，均不能反映认罪认罚从宽制度的根本属性。虽然关于认罪认罚从宽制度的性质目前在学界还存在一定争议，但是我国法律规范的规定已经包含了认罪认罚沟通协商的含义。例如，我国2018年《刑事诉讼法》第173条第2款规定：“犯罪嫌疑人认罪认罚的，人民检察院应当告知其享有的诉讼权利和认罪认罚的法律规定，听取犯罪嫌疑人、辩护人或者值班律师、被害人及其诉讼代理人对下列事项的意见……”该条规定中的人民检察院告知义务、听取被告方关于认罪认罚从宽的实质性问题的意见等，实际上已经包含了沟通协商的含义。

四、刑事辩护空间的不断扩展

从我国刑事辩护制度的历史发展可以总结，刑事辩护制度经历了从不完善到相对完善的发展过程。律师介入时间从仅限于审判阶段到全流程均可介入，辩护权得以不断扩充，辩护权运行机制也不断得到完善，法律援助的适用范围也逐渐扩大。2018年修正后的《刑事诉讼法》虽然没有涉及

---

〔1〕参见左卫民：《认罪认罚何以从宽：误区与正解——反思效率优先的改革主张》，载《法学研究》2017年第3期，第170页。

〔2〕参见陈卫东：《认罪认罚从宽制度的理论问题再探讨》，载《环球法律评论》2020年第2期，第29页。

〔3〕参见龙宗智：《完善认罪认罚从宽制度的关键是控辩平衡》，载《环球法律评论》2020年第2期，第9-13页。

律师辩护的问题，但是对法律援助制度进行了改革，扩大了法律援助的范围，增加了值班律师制度。而且，《法律援助法》在 2022 年已经颁布实施，可以预见在下一次《刑事诉讼法》修正时，《法律援助法》关于刑事法律援助的相关稳定与刑事辩护全覆盖的成熟经验，将有望被吸纳进《刑事诉讼法》。

随着刑事司法体制改革的推进，一些新的诉讼程序的构建，在刑事诉讼程序中还出现了一些新兴的刑事辩护领域，如刑事合规业务。在总体上，刑事辩护空间的扩展体现在两个方面：

一是传统刑事辩护领域的继续深挖。例如，在刑事二审上诉案件中，法院绝大多数案件中都采取不开庭的方式进行审理，即采取书面审，变相地剥夺了被告人和辩护律师的辩护机会。这与法律规定对二审开庭审理设置严格的条件有关，只有在控辩双方对一审判决认定事实和证据存在异议，并且可能影响定罪量刑的，法院才会举行开庭审理。实践中，诸多刑事辩护律师通过递交申请，阐明开庭的必要性，争取二审法院能够开庭审理，并呼吁二审法院应当以开庭审理为原则，不开庭审理为例外，实际上是为刑事辩护争取更大的空间。还如，在死刑复核程序当中，法律规范虽然规定律师可以向负责死刑复核的法官提交书面意见，但是死刑复核程序更类似于一个封闭的行政审查，是一种书面的审查程序。2021 年 12 月 30 日，最高人民法院、司法部公布了《关于为死刑复核案件被告人依法提供法律援助的规定（试行）》，对死刑复核案件中法律援助律师如何为罪犯提供法律援助进行了规定。其中，第 10 条规定，“辩护律师应当在接受指派之日起一个半月内提交书面辩护意见或者当面反映辩护意见。辩护律师要求当面反映意见的，最高人民法院应当听取辩护律师的意见”。在刑事辩护全覆盖的要求背景下，如何在死刑复核程序中发挥有效的辩护效果，也是需要持续推进的一项制度改革。

二是新兴刑事辩护业务的开拓。在最高人民检察院的推动与部署下，两批刑事合规试点工作于 2020 年与 2021 年先后开展。在试点中，检察机关通过将企业合规激励机制引入公诉制度，在单位构成犯罪的前提下，责令其针对违法犯罪事实，提出专项合规计划，督促其推进企业合规管理体系的建设，之后通过“检察建议模式”或“附条件不起诉模式”对涉案企业进行不起诉处理。〔1〕虽然刑事合规目前还处于试点阶段，但是作为最高人民检察院力推的试点项目，有望体现在下一次《刑事诉讼法》的修正中。在企业刑事合规业务中，需要精通刑事法律知识的辩护律师参与，为涉案企业量身打造合规计划并监督实施。还如，刑事诉讼中的涉案财物如何处置，一直是实践中存在问题较多的领域。司法实践随意处置涉案财物的现象经常发生：有关部门没有经过立案程序，就非法查封、扣押、冻结财物；超范围查封、扣押、冻结与案件无关的合法财物，且拒不返还；随意冻结企业账户，影响正常经营活动等，这种随意处置涉案财物的行为，还带来了“保管不规范”“移送不顺畅”“信息不透明”“处置不及时”“救济不到位”等方面的问题，既损害了当事人的合法财产权益，也严重影响了司法的公信力。在一定程度上，对刑事涉案财物的随意处置，被社会各界视为司法不公的主要标志之一。〔2〕为了促进刑事诉讼涉案财物处理的规范化，2012 年《刑事诉讼法》修正新增了“犯罪嫌疑人被告人逃匿、死亡案件违法所得的没收程序”。在此基础上，最高人民法院进行反复补充和完善，逐步确立了一种适用于被告人缺席案件的“特别没收程序”，这标志着我国法律确立了一种特殊的刑事对物之诉机制。〔3〕这表明，在刑事诉讼程序中涉案财物的处置，正在成为刑事辩护的重要领域，需要辩护律师在对物之诉中发挥有效作用。

---

〔1〕 参见陈瑞华：《企业合规不起诉制度研究》，载《中国刑事法杂志》2021 年第 1 期，第 79 页。

〔2〕 参见张先明：《切实规范刑事诉讼涉案财物处置工作——中央司改办负责人就〈关于进一步规范刑事诉讼涉案财物处置工作的意见〉答记者问》，载《人民法院报》2015 年 3 月 5 日，第 4 版。

〔3〕 参见陈瑞华：《刑事对物之诉的初步研究》，载《中国法学》2019 年第 1 期，第 206 页。

第二章
刑事辩护的正义逻辑

第一节 刑事辩护理论的元问题

习近平总书记在党的二十大报告里谈到“严格公正司法”问题时，再次强调“公正司法是维护社会公平正义的最后一道防线”，“努力让人民群众在每一个司法案件中感受到公平正义”。刑事辩护制度对于保障被追诉人的诉讼权利，促进公平正义的实现具有重要价值与意义。近几年在“推进以审判为中心的诉讼制度改革”和“完善认罪认罚从宽制度”的司法体制改革进程中，我国积极推动刑事辩护制度的发展，完善法律援助与值班律师相关制度。2017 年 10 月，最高人民法院、司法部联合公布了《关于开展刑事案件律师辩护全覆盖试点工作的办法》（以下简称《刑事辩护全覆盖办法》），在审判阶段开展刑事辩护全覆盖试点工作。2022 年 10 月，最高人民法院、最高人民检察院、公安部、司法部联合出台了《关于进一步深化刑事案件律师辩护全覆盖试点工作的意见》，将刑事辩护全覆盖试点工作延伸至审查起诉阶段。截至 2022 年年底，全国超过 90%的县（市、区）开展了审判阶段刑事案件律师辩护全覆盖试点工作，审判阶段刑事案件律师辩护率和值班律师帮助率达 81.5%。[1]2022 年 1 月 1 日，《法律援助法》正式实施，吸收了刑事辩护全覆盖的成熟经验，标志着我国刑事司

〔1〕 参见熊选国：《提高站位深化认识　进一步推动刑事案件律师辩护全覆盖向纵深发展》，载《中国司法》2022 年第 12 期，第 12 页。

法人权保障迈入了一个新的阶段。

刑事辩护制度取得长足发展的同时，也存在着一些问题。其中一个关键问题是，刑事辩护率的提高表明了辩护“量”的增加，但“质”是否也随之提升呢？刑事辩护全覆盖是在中央主导下自上而下推行的，辩护率的提高得益于国家提供的法律援助，而司法实践中法律援助的质量堪忧，有学者甚至认为，法律援助律师的辩护在一定程度上已成为“无效辩护”的代名词。[1]特别是，2018 年修正的《刑事诉讼法》新设立的值班律师制度，在司法实践中的法律帮助效果受到质疑，被认为存在“见证人化”的问题。[2]针对这些问题，学界提出了“有效辩护”的概念，认为律师在为当事人所提供的应是有效的辩护，否则可能因无效辩护而导致无效审判。有效辩护系学界基于美国“无效辩护制度”经验而提出的一种辩护理念，在我国尚未达成统一概念。[3]总体而言，可以将我国关于“有效辩护”的界定归纳为“过程说”与“结果说”两种观点：“过程说”从辩护过程的有效性出发，认为“有效辩护”就是尽职尽责的辩护，主张律师在刑事辩护过程中忠诚、尽职地履行辩护职责，即达到有效辩护要求，而不论结果是否对当事人有利。[4]该观点从律师执业的过程视角对有效辩护进行界定，强调律师接受委托后，应认真负责进行辩护，执业行为应符合通常的执业标准，而非从案件结果实体视角进行评价；“结果说”则认为有效辩

〔1〕 参见陈瑞华：《有效辩护问题的再思考》，载《当代法学》2017 年第 6 期，第 13 页。

〔2〕 参见汪海燕：《三重悖离：认罪认罚从宽程序中值班律师制度的困境》，载《法学杂志》2019 年第 12 期，第 13 页。

〔3〕 有学者总结了广义与狭义两个层面的有效辩护含义：广义有效辩护以实现被指控人的公正审判权为目标，探讨辩护权及其保障体系，而狭义有效辩护则强调律师提供辩护的质量评估与控制，侧重于确立无效辩护的认定标准。参见熊秋红：《有效辩护、无效辩护的国际标准和本土化思考》，载《中国刑事法杂志》2014 年第 6 期，第 129-131 页。坚持广义层面的有效辩护，在宏观上有助于完善我国刑事辩护制度体系，尤其是辩护权运行保障机制。而强调微观层面的狭义有效辩护则更加有助于当事人的权益保障，但对于狭义“有效辩护”如何界定，学界尚未形成共识。

〔4〕 参见陈瑞华：《有效辩护问题的再思考》，载《当代法学》2017 年第 6 期，第 6 页。类似观点参见马明亮：《论值班律师的勤勉尽责义务》，载《华东政法大学学报》2020 年第 3 期，第 35-48 页。

护系有效果辩护，主张在结果意义上为当事人在程序或实体上获得切实利益。[1]该观点从刑事裁判的结果视角对有效辩护进行界定，强调律师在程序或实体上为当事人获得切实的合法利益。有学者经实证研究认为，法律援助律师的辩护效果显著弱于委托律师，在量刑上并没有显著改善被告人的处遇，便是在刑事辩护的结果导向下展开。[2]

上述两种观点从不同视角对“有效辩护”进行了界定，均有一定道理。本章无意对“有效辩护”如何界定进行评判，也不针对如何实现“有效辩护”展开对策性研究。本章拟将研究视角扩展至上述争议背后更为深层次的基础理论问题，即刑事辩护从哪些方面能够促进正义的实现。上述争议反映了对于刑事辩护的正义逻辑这一理论“元问题”尚未系统厘清。具言之，刑事辩护的正义逻辑究竟是基于程序的，还是基于实体的，抑或二者兼而有之，目前理论认识仍然模糊不清。尤其是，随着我国传统“重实体、轻程序”理念的转变，程序公正的重要性逐渐获得认可。在此背景下，如若无法在实体结果上为被追诉人获得利益，那么刑事辩护制度存在的正当性与意义何在？新设立的值班律师是否必须在案件实体结果上帮助被追诉人获得从宽处理，才能称之为有效的法律帮助？这些问题都直接关涉刑事辩护的正义逻辑这一基本问题，在刑事辩护制度迅速发展以及辩护全覆盖的背景下，有必要在司法体制改革语境下对该问题进一步厘清与明确。基于此，本章聚焦于“刑事辩护的正义逻辑”这一辩护理论的“元问题”，系统梳理刑事辩护促进刑事司法公平正义的价值基础，以期能够为处于刑事司法转型时期的刑事辩护制度理论与实践发展正本清源。因为，只有系统性地完善这一理论体系，才能够妥善回答诸如何谓有效辩护、辩护律师须忠诚于当事人抑或社会以及我们为什么要为“坏人”辩护这样一些基本问题。

---

〔1〕 参见左卫民：《有效辩护还是有效果辩护?》，载《法学评论》2019年第1期，第91页。

〔2〕 参见吴雨豪：《指定辩护范围扩张之实效性考察——基于试点城市抢劫罪的实证研究》，载《法学家》2023年第1期，第139页。

第二节　刑事辩护的实体正义逻辑

一、刑事诉讼的实体正义追求

古今中外的思想家对何谓“正义”进行了不同界定，但仍未形成统一概念。如博登海默所言：“正义有着一张普洛透斯似的脸（a protean face），变幻无常，随时间呈现不同形状并且有极不相同的面貌。”〔1〕虽然关于正义的理论学说可谓学派林立，但人类对于正义观念的关注首先是从实体正义开始的。例如，柏拉图在《理想国》中借苏格拉底之口对“正义”作了界定，认为“正义就是给每个人以适如其分的报答”。〔2〕这里，柏拉图从实体正义的角度对正义进行界定，他重视各种活动结果的正义性，而不是活动过程的正当性。之后的西方学者所提出的诸如“分配的正义”（distributive justice）、“矫正的正义”（rectificatory justice）或者“报应或惩罚的正义”（retributive justice）基本上都强调“给予每个人以其所应得的对待”，侵害者得到公平惩罚而受害者受到平等补偿，义务与责任得以公正合理地履行与分配。〔3〕这些概念在实质上均基于结果的正当性而提出，体现了对于实体正义的追求。对于程序正义的系统关注与研究，是在20世纪60年代以后一些学者开始研究过程与程序本身的正当性。如约翰·罗尔斯于1971年出版的《正义论》一书，对程序正义作了较为系统的研究与分类。〔4〕可以认为，在人类思想史，对于实体正义的认识与追求要早于程序正义。

---

〔1〕［美］E·博登海默：《法理学：法律哲学与法律方法》，邓正来译，中国政法大学出版社1999年版，第251-252页。

〔2〕［古希腊］柏拉图：《理想国》，郭斌和、张竹明，商务印书馆1986年版，第6页。

〔3〕参见陈瑞华：《程序正义理论》，商务印书馆2022年版，第18页。

〔4〕罗尔斯将程序正义划分为了三种形态：纯粹的程序正义、完善的程序正义与不完善的程序正义。参见［美］约翰·罗尔斯：《正义论》，何怀宏、何包钢、廖申白译，中国社会科学出版社1988年版，第84-90页。

实体正义是任何刑事诉讼模式中均欲实现的一个重要价值追求。无论是在古代纠问式与弹劾式诉讼模式中，还是在现代职权主义与当事人主义诉讼模式中，抑或在不同学者所划分的不同刑事诉讼模式中，如美国学者帕克主张的“正当程序模式”与“犯罪控制模式”、〔1〕格里菲斯主张的“争斗模式”与“家庭模式”、〔2〕戈德斯坦主张的“弹劾模式”与“纠问模式”、〔3〕达马什卡主张的“纠纷解决型程序”与“政策实施型程序”〔4〕等，实体正义都被视为刑事诉讼的基本目的与价值之一，只是在不同的诉讼模式中价值位阶各异。而这一观点也在学界形成共识。例如，陈卫东教授认为：“刑事诉讼法的首要任务，就是保证准确、及时地查明犯罪事实。”〔5〕陈光中教授也认为：“程序的价值首先在于保证实体价值的实现。”〔6〕我国台湾地区学者蔡墩铭教授亦指出：“刑事诉讼既在于决定国家刑罚权是否存在，则应以真实之事实为裁判之依据，俾对犯罪者科以应得之刑罚，并避免罚及无辜，是以实质真实之发现，向被认为刑事诉讼之目的。”〔7〕学界主张也反映在我国刑事诉讼立法中。我国现行《刑事诉讼法》第1条规定了刑事诉讼的基本任务是“为了保证刑法的正确实施，惩罚犯罪，保护人民，保障国家安全和社会公共安全，维护社会主义社会秩序”。其中，保证刑法的正确实施与惩罚犯罪均体现了程序法对于实体法的工具价值，强调的是对实体真实的追求。该条规定系1996年《刑事诉讼法》在1979年《刑事诉讼法》的基础上予以修正而来，且一直沿用至

〔1〕 See Herbert L. Packer, “Two Models of the Criminal Process”, *113 University of Pennsylvania Law Review*, 1 (1964).

〔2〕 See John Griffith, “Ideology in Criminal Procedure or a Third ‘Model’ of the Criminal Process”, *79 Yale Law Journal*, 359 (1970).

〔3〕 See Abraham S. Goldstein, “Reflection on Two Models: Inquisitorial Themes in American Criminal Procedure”, *26 Stanford Law Review*, 1009 (1974).

〔4〕 参见［美］米尔伊安·R. 达玛什卡：《司法和国家权力的多种面孔》，郑戈译，中国政法大学出版社2015年版，第127-234页。

〔5〕《刑事诉讼法学》编写组编：《刑事诉讼法学》，高等教育出版社2019年版，第9页。

〔6〕 陈光中主编：《刑事诉讼法学》，北京大学出版社2021年版，第13页。

〔7〕 蔡墩铭：《刑事诉讼法论》，五南图书出版公司1993年版，第22页。

今。[1]

当然，随着我国近些年来法治建设不断发展，传统“重实体、轻程序”的错误理念得以不断修正，程序正义的独立价值愈加受到重视，与实体正义一同被视为公平正义的两个重要组成部分，且并无孰前孰后之分。并且，强调程序正义在一定程度上还有助于实现实体正义，因为“公正的程序比不公正的程序更有可能产生公正的裁判结果”。[2]但无论如何，在刑事案件中正确地认定案件事实与适用法律是刑事司法所欲实现的一个永恒价值主题，也符合一般社会公众朴素的正义感知。刑事辩护制度的发展与完善，则能够有效促进实体正义的实现。

二、刑事辩护促进实体正义的实现

被追诉人在刑事诉讼中面临强大公权力的追诉，倚靠刑事辩护制度才能获得“平等武装”，其目的不仅在于从程序上保障被追诉人的合法权利，也在于通过刑事辩护防范公权力的滥用，从而在实体上实现公平正义。刑事辩护对于实体正义的促进作用主要通过以下两个层面实现。

（一）通过刑事辩护促进证据确实、充分

证据裁判原则是现代刑事诉讼所遵循的一项基本证据原则。对于犯罪以及行为人的指控与裁判，必须依据证据且达到确实、充分的证明标准。被追诉方通过刑事辩护可以有效促进证据的全面收集，保障裁判者客观中立地对案件进行裁判，体现在以下两个方面：一方面，刑事辩护有助于证据的全面收集。虽然法律规定追诉方不仅要收集有罪证据还要收集无罪与罪轻证据，但不可否认的是，侦查机关与检察机关作为追诉一方，基于其诉讼角色与诉讼职能，会更倾向于收集有罪与罪重证据，而可能忽视无罪与罪轻证据的收集。而辩护方从防御的角度，针对控诉方的指控以及不利

---

〔1〕 参见董坤：《〈刑事诉讼法〉第一条评注》，载《求是学刊》2023年第5期，第88-89页。

〔2〕 陈瑞华：《程序正义理论》，商务印书馆2022年版，第162页。

证据，收集有利于己方的证据，能够促进证据的全面收集。另一方面，刑事辩护有助于合法收集证据。证据的收集必须符合法律规定的程序，即证据收集须具有合法性。但在司法实践中，侦查机关基于破案时限、命案必破等因素，违背法定程序收集证据的现象时有发生，最为典型者即刑讯逼供。事实已经表明，诸多冤假错案的产生，系因刑讯逼供而产生。而辩护律师介入侦查、审查起诉等诉讼程序，被赋予提起申诉、控告、申请排除非法证据等辩护权利，能够对上述违法现象起到监督与纠正作用。例如，辩护律师申请排除办案机关采用刑讯、引诱、欺骗等非法手段所收集的证据，能够排除以上非法手段获取的证据，有效保障证据的合法性与真实性。因此，刑事辩护制度的完善能够保障作为刑事诉讼基石的证据收集的全面性以及证据本身的合法性与真实性，从而有助于实体真实的实现。

（二）通过刑事辩护促进诉讼结构合理

古谚有云，“兼听则明”。控辩双方能够平等对抗，独立发表各自意见，法官在聆听双方意见的基础上自由裁量，才能形成合理的诉讼结构，促进案件实体真实的发现。我国古代审理刑事案件即强调“两造具备，师听五辞”，[1]要求官员在断案时，讼辩双方都要到场，通过听取双方的陈述，观察陈述时的语气和神态来判断双方所述是否真实。在现代刑事诉讼程序中，我国学者对传统的流水作业式的诉讼结构进行了批判，认为在此诉讼结构中公、检、法只有配合而无制约，辩方无法对控方形成有效制衡。在此基础上，学界提出了合理完善诉讼结构，构建诸如等腰三角形的诉讼结构，强化对辩方的权利保障，以实现控辩双方的平等对抗。但是，面对强大的国家追诉权力，如何构建与完善刑事辩护制度，保障辩护权利行使，始终是理论界与实务界面临的一个重大问题。司法实践已经表明，在诸多刑事冤假错案中，辩护律师在诉讼过程中都提出过诸多重要意见，

---

〔1〕出自《尚书·吕刑》。

但均未受到办案机关的重视与采纳。[1]随着我国刑事司法体制的改革与发展，刑事辩护制度也在逐步得以改善。在1979年《刑事诉讼法》的基础上，我国历次《刑事诉讼法》修正均涉及刑事辩护制度的重要修正，强化与完善了对于辩护权利的保障机制。尤其是，近些年来推行的以审判为中心的诉讼制度改革、庭审实质化改革、刑事辩护全覆盖等制度改革，进一步推动了刑事辩护制度的完善。过去所谓的辩护"三难"问题如今已经得到妥善解决，辩护律师进行会见、阅卷和调查取证据等不存在制度性难题。而刑事辩护各项制度的完善，有利于促进控辩之间平等有效的对抗，塑造合理的控辩审三方构造，从而在结构层面保障法官正确认定案件事实与适用法律。

三、刑事辩护对实体正义的消极影响

在多数情况下，公正的程序有助于实现实体正义。然而，有时两者也会产生冲突。极端的程序本位主义者主张，只要遵循公正的程序，某种活动的结果就应当被视为正当的、合理的。在此种情形下，公正的程序并不一定会实现公正的结果，因为结果被"视为"正当的，并不意味着结果在客观上符合实体真实。正如学者所指出："公正的法律程序与正确的裁判结果之间并不是一一对应，因果相承的关系。"[2]刑事辩护对实现实体正义这一价值目标也具有两面性，在促进实体正义实现的同时，也对其具有一定的消极影响，体现在以下两个方面。

一是辩护程序设置对实体真实的阻碍。刑事辩护制度中很多内容都是程序性的，诸如会见、阅卷、取证、质证等，这些程序设置在保障辩护权利的同时，很可能对控诉方的侦查、控诉等产生不利影响。例如，域外国家赋予被追诉人沉默权，在一定程度上就对侦查机关的侦查行为设置了障

〔1〕 参见陈永生：《我国刑事误判问题透视——以20起震惊全国的刑事冤案为样本的分析》，载《中国法学》2007年第3期，第54页。

〔2〕 陈瑞华：《程序正义理论》，商务印书馆2022年版，第183页。

碍。还如，我国赋予了辩护方申请非法证据排除的权利，可能将本身具有真实性但系非法取证的证据予排除，实际上对实体真实的发现造成了妨碍。因此，可以认为，程序正义仅仅是实体正义的一项必要但非充分的条件，程序正义在某些情境下还会与实体正义产生冲突。

二是律师忠诚义务与真实义务的扞格。律师是行使辩护权利的重要主体，其职业伦理在理论上可划归为忠实义务与真实义务两大类，前者是指在尊重当事人意志的基础上，始终维护当事人的利益，〔1〕后者则是指辩护律师除了维护当事人利益，还具有协助法院发现真实的义务。〔2〕我国《律师法》第3条规定了律师三个职责，包括维护当事人合法权益、维护法律正确实施与维护社会公平和正义，也分别体现了忠诚与真实两种义务。然而，忠诚义务强调律师忠诚于当事人的利益，与强调发现案件实体真实的真实义务之间可能产生冲突。例如，1973年发生在美国的著名纽约快乐湖谋杀案中，两名辩护律师根据被告人的陈述发现了被害人的尸体，但是基于律师的法律职业伦理，两名律师拒绝向警方透露尸体的下落。虽然被害人的尸体最终被警方找到，但是两名律师却受到社会大众的口诛笔伐。形成鲜明对比的是，两名律师却得到了律师界的高度评价，甚至被认为是律师界的英雄。〔3〕正如艾伦·德肖维茨所指出："被告辩护律师，特别是在为确实有罪的被告辩护时，他的工作就是用一切合法手段来隐藏'全部事实'。对被告辩护律师来说，如果证据是用非法手段取得的，或该证据带有偏见，损害委托人的利益，那么他不仅应当反对而且必须反对法庭认可该证据，尽管该证据是完全真实的。"〔4〕可见，在律师职业伦理的两种义务

〔1〕 参见刘译矾：《辩护律师忠诚义务的三种模式》，载《当代法学》2021年第3期，第121页。

〔2〕 参见蔡元培：《当事人中心主义与法庭中心主义的调和：论我国辩护律师职业伦理》，载《法制与社会发展》2020年第4期，第200页。

〔3〕 参见《他拒绝透露当事人杀人抛尸信息，却成为律师界英雄》，载 https://www.sohu.com/a/223055903_809024https://www.sohu.com/a/223055903_809024，最后访问日期：2023年11月3日。

〔4〕 [美] 艾伦·德肖维茨：《最好的辩护》，唐交东译，法律出版社2014年版，第6页。

之间，过于强调律师的忠诚义务则会对实体正义造成消极影响。

四、刑事辩护以消极性实体真实为理论指引

如上所述，刑事辩护对于实体正义具有积极与消极的两面影响，我们应当如何看待刑事辩护的消极影响？抑或说，是否应基于对于实体正义的消极影响而对刑事辩护制度加以限制？这涉及刑事诉讼实体真实观这一更为深入的理论问题。目前，实体真实主义在理论上可以分为积极实体真实主义与消极实体真实主义，如日本学者平野龙一博士指出，“实体真实也分成积极的和消极的两种倾向。积极的实体真实主义主张，既然实施了犯罪，就必须发现它、认识它，毫无遗漏地给予处罚；消极的实体真实主义主张不处罚无辜者”。〔1〕积极实体真实主义认为犯罪必定能够被发现并处罚，追求毫无遗漏的处罚犯罪，所欲实现的是一种客观真实。而消极实体真实主义则更注重程序规则的保障作用，以确保无辜者不受刑事追究为实体正义的边界，追求一种法律真实。所谓“与其杀不辜，宁失不经”，就是消极实体真实主义理念的体现。

在古代的纠问式诉讼模式中，基于实体真实的追求对刑事辩护制度全面否定，虽然能够做到有效惩罚犯罪，但存在权力滥用与冤枉无辜等严重问题。在现代刑事诉讼中，无论是积极实体真实主义还是消极实体真实主义，在实现实体正义这一价值目标上并无迥异，关键区别在于实现实体正义的过程。消极实体真实主义注重发现真实的“方法”，始终将人权保障与程序公正作为实现实体正义的前提与基础。恰如松尾浩也教授所言：“如果在理念上过分向解明真相倾斜的话，在实际运用上就会出现下列不足：（1）侦查过于严酷，侵害相关人员的权利；（2）审判追随侦查的结果，或者法官过于积极作为反倒会产生误判的危险。”〔2〕可以说，刑事辩

〔1〕 转引自樊崇义：《证明标准：相对实体真实——〈刑事诉讼法〉第53条的理解和适用》，载《国家检察官学院学报》2013年第5期，第7页。

〔2〕 转引自夏红：《实体真实与人权保障》，载《国家检察官学院学报》2013年5期，第12页。

护制度对于实体正义的消极影响，是保障程序正义而付出的必要代价。不可否认，刑事辩护制度有可能对实体正义产生妨碍，造成放纵罪犯的后果，但也防范了无辜者遭受不必要的刑事惩罚，这正是消极实体真实主义所要求的。因此，应当以消极实体真实主义引领刑事辩护制度，作为其发展完善的重要理论依据。

第三节　刑事辩护的客观程序正义逻辑

法谚有云："正义不仅要实现，还要以看得见的方式实现。"除实体正义外，程序正义被认为是正义的另一重要内容。程序正义理论肇始于英美法系，受法律传统的影响，英美法学者重视诉讼程序，主张"正义先于真实"，认为依照公正程序即可得出公正合理的判决。例如，英国大法官基尔穆尔认为："必须遵守关于审判活动的程序，即使——在一些例外的场合下——有损于事实真相，也在所不惜。"[1]刑事辩护制度的完善无疑能够促进程序正义的实现。在理论上，学者对程序正义做了不同的分类。例如，上文提到罗尔斯将程序正义分为纯粹的程序正义、完善的程序正义与不完善的程序正义三类；陈瑞华教授将程序正义归纳为绝对工具主义、相对工具主义、程序本位主义与经济效益主义四种程序理论；[2]美国学者林德与泰勒根据正义的感知状态，将程序正义区分为客观程序正义与主观程序正义，前者指程序符合正义的规范标准的能力，如减少某些明显无法接受的歧视或偏见，从而使得结果本身或者得出结果的过程更加公平，后者则涉及程序增强当事人正义感的能力。[3]本章在讨论刑事辩护的程序正义逻辑时，采用程序正义客观与主观相区分的理论，以重点讨论刑事辩护对

---

〔1〕［法］勒内·达维德：《当代主要法律体系》，漆竹生译，上海译文出版社 1984 年版，第 337 页。

〔2〕参见陈瑞华：《程序价值理论的四个模式》，载《中外法学》1996 年第 2 期，第 1-7 页。

〔3〕参见［美］艾伦·林德、汤姆·泰勒：《程序正义的社会心理学》，冯健鹏译，法律出版社 2017 年版，第 3 页。

于完善促进实体正义的程序本身与增强当事人正义感知的积极作用。

一、"无知之幕"下的刑事辩护制度

客观程序正义关注客观状态下的程序是否公正，追求得出实体结果的过程更加正义。对于程序如何才能符合正义的标准，罗尔斯提出了一种"无知之幕"（Veil of ignorance）理论。"无知之幕"是指在人们商量给予一个社会或一个组织里的不同角色的成员的正当对待时，最理想的方式是把大家聚集到一个幕布下，约定好每一个人都不知道自己在走出这个幕布后将会在社会或组织里处于什么样的角色。〔1〕该理论以纯粹的程序正义作为理论基础，假定在制定（程序）规则时所有人都处于原始状态，而不论其阶级出身、社会地位、经济状况等因素。换言之，"一切会引起人们陷入争纭不已的特殊信息都被排除，无知之幕的假设就是为了达到一种全体一致的契约"。〔2〕只有在"无知之幕"下制定的（程序）规则，才能确保每个人都受到无社会差异的对待，正义才会出现。

在刑事司法领域，发展与完善刑事辩护制度能够促进"无知之幕"下程序正义的实现。一方面，立法者在制定法律规范，包括刑事辩护相关制度时，不能因被追诉人涉嫌犯罪就对其享有的权利进行限制。在"无知之幕"下，涉嫌犯罪的被追诉人与普通人并无区别，应当受到公平公正的对待，而辩护权则是普通公民在遭受指控时天然享有的一项权利。如学者所言："司法正义——不管是社会主义、资本主义或是其他任何种类的，都不仅仅是目的，而且还是一种程序；为了使这一程序公正地实行，所有被指控犯罪的人都必须有为自己辩护的权利。"〔3〕目前，辩护权已是国际公认的追诉人享有的一项基本的权利。如联合国《公民权利及政治权利国际

---

〔1〕 参见［美］约翰·罗尔斯：《正义论》，何怀宏、何包钢、廖申白译，中国社会科学出版社 1988 年版，第 136-137 页。

〔2〕［美］约翰·罗尔斯：《正义论》，何怀宏、何包钢、廖申白译，中国社会科学出版社 1988 年版，第 12 页。

〔3〕 熊秋红：《刑事辩护制度之诉讼价值分析》，载《法学研究》1997 年第 6 期，第 126 页。

公约》第 14 条第 3 款规定："审判被控刑事罪时，被告一律有权平等享受下列最低限度之保障：……（卯）到庭受审，及亲自答辩或由其选任辩护人答辩……"另一方面，刑事辩护制度是为任何可能成为刑事追诉对象的普通人而设立的，其适用对象在"无知之幕"下没有任何区分，只有这样才能保证程序正义。无论处于哪个社会阶层的公民，都有可能涉嫌犯罪而进入诉讼程序，在对适用对象不加区分的基础上，刑事辩护制度所给予的系一般性权利保障，这对于实现程序正义意义重大。

具体而言，刑事辩护对于程序正义的促进作用在诉讼过程中体现在以下两个方面：一是被追诉人通过刑事辩护能够实质性参与判决形成的过程。"参与性"是程序正义的基本构成要素之一，其核心要义是那些可能受到刑事裁判直接影响的主体应有充分的机会并富有意义地参与法庭裁判的制作过程，从而对裁判结果的形成发挥有效的影响作用。[1]日本学者谷口平安也认为："有利害关系或者可能因该结果而蒙受不利影响的人，都有权参加该程序并得到提出有利于自己的主张和证据以及反驳对方提出之主张和证据的机会。这就是正当程序原则最基本的内容或要求，也是满足程序正义的最重要条件。"[2]刑事诉讼结局事关被追诉人的财产、人身自由甚至生命等切身利益的限制与剥夺，被追诉人如果无法向有权作出裁判的人或机构提出辩护意见，开展有意义的论证与说服工作，而是被动地接受裁判，即使最终判决是公正的，被追诉人也会产生强烈的不公正感。域外已有学者经实证研究发现，"程序正义评价会因为观念和观点的表达机会的增多而增强，无论这种表达对于获得有利结果是否有帮助"。[3]可见，刑事辩护制度通过设置会见、阅卷、调查取证等各项辩护机制，赋予被追诉人及辩护律师各项诉讼权利，保障辩护方的辩护意见能顺利反馈到公安司

---

〔1〕 参见陈瑞华:《刑事程序的法理》(上卷)，商务印书馆 2021 年版，第 228 页。

〔2〕［日］谷口安平:《程序的正义与诉讼》，王亚新、刘荣军译，中国政法大学出版社 1992 年版，第 230 页。

〔3〕［美］艾伦·林德、汤姆·泰勒:《程序正义的社会心理学》，冯健鹏译，法律出版社 2017 年版，第 94 页。

法机关，在实质上可以增强诉讼的公平正义感，促进程序正义的实现。二是对权力进行制衡。孟德斯鸠曾言："一切有权力的人都容易滥用权力，这是万古不易的一条经验。"在刑事诉讼中，控诉方掌握着强大的公权力，在发现犯罪事实与指控被追诉人的过程中，基于其控诉的角色与职能，易产生滥用权力而侵害合法权益的现象，如司法实践中出现的刑讯逼供、限制律师会见、阅卷等问题。针对这些问题，辩护方可以通过申请排除非法证据、对权力滥用者进行控告、对侵犯辩护权利的行为进行申诉等措施维护合法权益。更为重要的是，辩护方能够与办案机关形成一种制衡关系，在侦查阶段、审查起诉阶段向办案机关提交法律意见，在审理阶段向法庭表达辩护意见，实质上均有助于公权力的规范运行。正如德肖维茨所指出："认真负责、积极热心的辩护律师是自由的最后堡垒——是抵抗气势汹汹的政府欺负它的子民的最后一道防线。辩护律师的任务正是对政府的行为进行监督和挑战，要使这些权势在握的尊者对无权无势的小民百姓做出格行动前三思而后行，想想可能引起的法律后果；去呼吁，去保护那些孤立无援、无权无势的民众的正当权利。"〔1〕因此，刑事辩护制度存在的重要意义之一，便是对刑事诉讼中的公权力运行进行监督与制约，这也是程序正义所要求的必备要件。

二、刑事辩护系"实质性程序正义"

虽然林德和泰勒将程序正义区分为主观程序正义和客观程序正义，但主要从法社会学视角对主观程序正义进行了系统论述，对客观程序正义仅仅作了界定而未展开。其实，客观程序正义与传统的程序价值理论一脉相承，系关于程序和实体相互关系的价值理论。然而，即使在程序价值理论体系内部，也存在不同的理论观点与流派。总体来看，程序价值理论可以分为程序工具主义理论和程序本位主义理论两类。程序工具主义理论主张法律程序并非作为自治和独立的实体而存在，而是为了达到实体法目标的

〔1〕［美］艾伦·德肖维茨：《最好的辩护》，唐交东译，法律出版社2014年版，第335页。

手段与工具。该理论以功利主义学派边沁为代表，其认为“实体法的唯一正当目标，是最大限度地增加最大多数社会成员的幸福”，“程序法的唯一正当目的，则为最大限度地实现实体法”；“程序法的最终有用性要取决于实体法的有用性……除非实体法能够实现社会的最大幸福，否则程序法就无法实现同一目标”。[1]程序本位主义理论主张评价法律程序的唯一价值标准为程序是否具备一些独立品质，而非程序作为实现实体目的手段的有效性。程序本位主义理论认为程序本身应当具有公正性，这与实体正义具有同样的价值，否则极有可能导致通过不公正的程序达到公正结果的荒唐结论。应当说，程序本位主义抛弃了工具主义的见解，认为程序不仅是实现实体目的的工具与手段，还应当是目的本身，这对于提升法律程序的重要性，尤其是扭转我国“重实体、轻程序”的错误理念具有极其重要的理论指导意义。然而，程序本位主义理论自身也存在一定缺陷。极端的程序本位主义将得出与罗尔斯纯粹的程序正义极为相似的结论：确保法律程序自身价值的实现是法律实施的关键所在，只要遵循了公正、合理的程序，结果就被视为是正当的，乃至是正义的。其中关键问题在于，程序本位主义理论完全割裂了程序与实体间的关联，认为程序的正当性与程序所要形成的结果没有关系。

本章提出刑事辩护的客观程序正义逻辑意在表明刑事辩护程序本身首先应当符合正义标准，其所蕴含的民主、人道、文明等因素，具有独立于实体正义的价值，因此并非属于程序工具主义理论。例如，刑事辩护制度赋予辩护方申请排除非法证据的权利，这在程序工具主义论者看来，实质上已构成了对于实体正义的妨害，因而是不可取的。同时，本章所指的客观程序正义也并非如程序本位主义那样，完全割裂程序与实体的关联，认为只要程序是公正的，结果即可被“视为”公正的（即使可能是不公正的）。因此，本章所谓的客观程序正义，除重视程序本身的公正性外，还强调程序正义能够促进实体正义的能力与作用，即还关注程序正义促进实

---

〔1〕 转引自陈瑞华：《程序正义理论》，商务印书馆2022年版，第32页。

体正义实现之间的有机联系。陈瑞华教授在反思传统程序本位主义理论的基础上，从庭审实质化改革所带来的程序自治效应、审判程序改革导致的结果选择功能、量刑规范化改革引发的裁量限制作用以及涉案财物追缴程序改革所促成的程序阻隔效果四个方面论述了程序正义对于实体正义的塑造作用，并将程序正义对裁判结果的这种积极塑造作用归纳为实质的程序正义。[1]本章所谓的刑事辩护的客观程序正义，正是一种实质意义上的程序正义，同样强调刑事辩护对于实体正义的积极塑造作用。

当然，正如前文所述，刑事辩护的实体正义逻辑系一种消极实体正义，因此刑事辩护对于实体正义的塑造作用仅限于消极实体正义层面。基于辩护律师的法律职业伦理，我们无法期待与苛求律师揭露与指控不利于当事人但有助于实体真实实现的证据与事实，当然也排除一些特定情形，如当事人正在实施的危害社会的犯罪行为。对于此种结果意义上的消极实体正义而言，刑事辩护的积极塑造作用体现在以下两个方面：一是避免无辜者被定罪。与放纵有罪者相比，惩罚无辜者将对公平正义造成更大的伤害。培根曾经说过："一次不公正的审判，其恶果甚至超过十次犯罪。因为犯罪虽是无视法律——好比污染了水流，而不公正的审判则毁坏法律——好比污染了水源。"可见，若经不公正的程序酿成冤案，其恶果比犯罪尤甚。不可否认，律师通过高超的辩护技艺有可能帮助事实上有罪的罪犯逃脱法律的制裁，但正如上文所述，这是律师基于法律职业伦理应尽的职责。与此同时，辩护律师基于对当事人的忠诚义务，在诉讼过程中积极取证、质证、发表意见，能够最大限度地避免无辜者被错误定罪。经验表明，刑事辩护对于防范冤案的产生具有重要作用，诸多冤假错案的产生都与办案机关不重视律师意见不无关系。二是保障有罪者罚当其罪。刑事辩护对于实体正义的另一个保障作用在于，能够防范错案的产生。基于指控者的角色定位，控诉机关天然具有从重处罚的倾向，易将轻罪指控为重罪、罪轻指

---

〔1〕 参见陈瑞华：《论程序正义的自主性价值——程序正义对裁判结果的塑造作用》，载《江淮论坛》2022年第1期，第5-16页。

控为罪重、一罪指控为数罪。此时，刑事辩护的意义在于让裁判者听取不同于控诉机关的意见，从而能够综合考量双方意见对定罪量刑作出裁判。总之，刑事辩护制度的发展与完善，不仅是实现程序正义的应有之义，而且在一定程度上提升了促进实现实体正义的能力。

第四节　刑事辩护的主观程序正义逻辑

与客观程序正义关注实现实体正义的过程正义相比，主观程序正义侧重于当事人对程序是否公正的主观感受，即在程序过程中当事人对于是否受到公正对待的感知。主观程序正义理论是法社会学者通过社会科学研究方法论证后提出的一种理论。1975年，美国学者蒂伯特和沃克出版了《程序正义——一个心理学研究》，开创了从社会心理学视角研究程序正义问题的先河。[1]1988年，美国学者林德和泰勒出版了《程序正义的社会心理学》，对程序正义的社会心理学研究成果加以分析、总结与归纳，系统地提出了主观程序正义理论。[2]法社会学者通过田野调查、访谈、问卷调查等研究方法，从社会心理学的角度对程序正义的标准进行检验，发现遵循公正合理的程序，能够提升人们主观的公平正义感受。刑事辩护蕴含的程序正义要素，如参与性、对抗性等，不论实体结果是否公正，都能够发挥提升当事人参与感与公正感的作用，这与主观程序正义理论逻辑不谋而合。

一、主观程序正义与司法公信力的耦合

司法公信力是司法机关通过职权活动在整个社会当中建立起来的一种公共信用，集中表现为人民群众对司法的信任、信赖、尊重和维护，其有

〔1〕 See John Thibaut and Laurens Walker, *Procedural Justice: A Psychological Analysis*, Hillsdale, N. J.: Lawrence Erlbaum Associates, 1975.

〔2〕 参见［美］艾伦·林德、汤姆·泰勒:《程序正义的社会心理学》，冯健鹏译，法律出版社2017年版，第190-226页。

以下几个衡量指标：一是社会公众是否信赖诉讼救济渠道；二是司法的权威性；三是当事人对裁判结果的认同度；四是社会公众对法院和法官的口碑；五是法院的工作报告在人民代表大会上的赞成率。[1]可见，人民群众对司法裁判所体现公平正义的感受与认知，是衡量司法公信力的重要因素。自党的十八大以来，习近平总书记特别重视人民群众对公平正义的感受，专门强调要健全社会公平正义法治保障制度，努力让人民群众在每一个司法案件中感受到公平正义。这一内容也体现在党的二十大报告中，要求“加快建设公正高效权威的社会主义司法制度，努力让人民群众在每一个司法案件中感受到公平正义”。可以认为，以习近平同志为核心的党中央十分强调中国特色社会主义法治体系的建设，并将“努力让人民群众在每一个司法案件中感受到公平正义”作为新时代法治建设的重要目标。这一目标将正义的主客观目标相结合，既要求正义不仅要在客观上得到维护与实现，还注重让人民群众在主观上清晰地感受到，从而将公平正义这一相对模糊的抽象理念具化为个案中当事人的具体主观感受，具有重要的理论意义。在这一点上，主观程序正义理论与司法公信力实现了耦合，即提高公民在个案中的正义感受与满意度，不仅是提高司法公信力的具体要求，也是主观程序正义理论的核心要义所在。

刑事辩护制度的发展与完善，不论对于提高司法公信力而言，还是实现当事人的主观程序正义感知，均具有重要价值意义。林德与泰勒在主观程序正义理论中总结了三个重要的影响主观程序正义的评价标准：(1) 对过程的控制。实证研究表明，即使在获得不利结果的情况下，当事人拥有较高控制权的程序（如对抗制诉讼），相对于较低控制权的程序（如纠问式诉讼），能够提高当事人对公平正义的感受。(2) 观点表达以及被倾听。在纠纷解决面前，“人们有机会表达自己并且其看法为当局者所考虑”这一观念在公平性评价中起着关键作用。实证研究表明，“程序正义评价会

〔1〕 参见张文显、孙妍：《中国特色社会主义司法理论体系初论》，载《法制与社会发展》2012年第6期，第14页。

因为观念和观点的表达机会的增多而增强，无论这种表达对于获得有利结果是否有帮助”。(3) 实体结果的影响。无论程序是否公正，实体结果都是当事人评价公正与否的重要标准。研究普遍发现，相对于不利的结果，有利的结果会带来更高的程序公平评价。〔1〕对应上述三个标准，通过刑事辩护可以从以下三个方面提高当事人对诉讼的满意度与认可度：一是当事人能够借助刑事辩护实现控辩对抗，从而加强对程序的掌控。古代纠问式诉讼当中，被追诉人并非诉讼的主体，仅是被刑讯的对象，不享有任何的诉讼权利，包括进行辩护的权利。随着诉讼文明的发展，被追诉人在现代刑事诉讼中被赋予主体地位，享有与代表国家的控诉方进行平等对抗的权利，此即“平等武装”原则。然而，面对强大的国家公权力，被追诉人必须凭借刑事辩护制度才能够与之抗衡，否则平等对抗就成为无本之木。因此，现代刑事诉讼中赋予被追诉人所享有的沉默权、律师在场权、法律帮助权等诉讼权利，能够让被追诉人实质上与控诉方抗衡，从而增强对于诉讼程序的掌控力。二是当事人通过刑事辩护充分表达己方观点，促使裁判者“兼听则明”。前文已述，实质参与性是程序正义的重要因素。但是在刑事诉讼过程中，侦查、起诉等公权力的运行具有一定的封闭性，单凭被追诉人个人很难实质参与，更遑论实践中被追诉人大多身陷囹圄。因此，被追诉人只能通过辩护权的行使，依靠辩护律师以及完善的辩护制度去影响裁判的形成。例如，我国有关法律规范明确了辩护方享有发表意见的权利，并规定公安司法机关要认真听取辩护方的辩护意见。〔2〕所以，刑事辩护制度能够保障辩护方辩护意见的表达以及被倾听的权利。三是当事人通过刑事辩护实现有利于己的实体结果。前文已述，刑事辩护有助于实现实

---

〔1〕 参见［美］艾伦·林德、汤姆·泰勒：《程序正义的社会心理学》，冯健鹏译，法律出版社 2017 年版，第 86-102 页。

〔2〕 例如，《公安机关办理刑事案件程序规定》第 58 条第 1 款规定，“案件侦查终结前，辩护律师提出要求的，公安机关应当听取辩护律师的意见，根据情况进行核实，并记录在案。辩护律师提出书面意见的，应当附卷”；《刑事诉讼法》第 173 条第 1 款规定，“人民检察院审查案件，应当讯问犯罪嫌疑人，听取辩护人或者值班律师、被害人及其诉讼代理人的意见，并记录在案。辩护人或者值班律师、被害人及其诉讼代理人提出书面意见的，应当附卷”。

体正义，但此种实体正义是一种消极的实体正义。对当事人而言，此种消极实体正义，无疑有助于其合法权益的保障，从而提升当事人对程序正义的感知。

总而言之，刑事辩护于个案中能够提升被追诉人对于公平正义的主观感受与认可。尤其是在实体结果并不理想的情形下，公正的程序能够在一定程度上吸收当事人的不满，提高诉讼参与人对于诉讼结果的认可度，进而促进“努力让人民群众在每一个司法案件中感受到公平正义”目标的实现。

二、转型期刑事辩护制度发展的理论需求

主观程序正义理论作为刑事辩护正义逻辑的另一重要原因在于，基于当前刑事司法转型期新的辩护需求，辩护制度由传统的单一化向多元化发展，形成了多种辩护形式并存的制度格局，倒逼理论层面的发展完善。

（一）国家主导下的刑事辩护全覆盖

近些年，在中央主导的司法体制改革进程中，国家和政府越来越重视刑事辩护的作用，不断完善刑事辩护制度。首先，扩展了辩护范围。经学者调研，我国刑事案件在审判阶段的辩护率大约在20%~30%，侦查、起诉阶段辩护率则更低。[1]为改善这一状况，最高人民法院、司法部于2017年10月联合出台《刑事辩护全覆盖办法》，并于2019年1月将试点扩大至全国31个省份。在试点中，所有刑事案件的一审、二审以及再审，均要求律师介入提供法律援助，截至2022年年底，审判阶段的辩护率已达到81.5%，且全覆盖试点工作已向前延伸至审查起诉阶段。[2]其次，增加了辩护形式。在中央推进刑事辩护全覆盖试点工作过程中，值班律师提供法

〔1〕参见顾永忠：《刑事辩护制度改革实证研究》，载《中国刑事法杂志》2019年第5期，第139-141页。

〔2〕参见熊选国：《提高站位　深化认识　进一步推动刑事案件律师辩护全覆盖向纵深发展》，载《中国司法》2022年第12期，第12、13页。

律帮助作为一种新的辩护形式，在认罪认罚案件中发挥了重要作用，并于2018年《刑事诉讼法》修正时被确立为一项正式法律制度。而且，基于普通程序中传统法律援助律师的实践需求增量有限，所谓刑事辩护全覆盖，实质上主要通过值班律师提供法律帮助予以实现。[1]最后，提高了规范层级。2022年1月1日，《法律援助法》正式实施，吸收了刑事辩护全覆盖的成熟经验，规定了审判阶段的法律援助工作以及值班律师的相关职责。因此，在我国当前刑事司法转型期间，刑事司法实践产生了刑事辩护新的需求，国家为此推动试点刑事辩护全覆盖工作，改革创新刑事辩护制度与实践。

国家主导下的刑事辩护全覆盖试点改革，于宏观层面能够为社会公众释放国家尊重和保障人权的讯号，提高人民群众对于刑事司法的信任度与满意度；于微观层面的个案中，被追诉人享受国家无偿提供的法律援助，通过律师帮助其行使辩护权利，无疑能够提高对于公平正义的感知。然而，如上文所指出，刑事案件法律援助的质量与效果普遍堪忧，尤其是法律援助值班律师，学界普遍认为在认罪认罚案件中存在形式化与“见证人化”的问题。笔者认为，对于刑事辩护全覆盖改革试点，首先应当肯定上述其对公平正义的积极促进作用，以及国家和政府在刑事司法领域对于尊重与保障人权所做的努力。同时，也不可否认司法实践中确实存在一些援助律师责任心不强、履行法律援助敷衍塞责、法律援助效果不甚理想等问题。关于法律援助质量效果的问题、原因以及对策分析，学界已经进行了较为丰富的研究，不再赘述。[2]本章着重强调的是，对于刑事辩护包括法律援助的评价，不能单纯依据实体结果如何，还应当综合考量律师诉讼过程中的尽职情况。如上文所述，有效辩护的界定在学界存在有效果辩护还

〔1〕 参见王迎龙：《值班律师制度的结构性分析——以“有权获得法律帮助”为理论线索》，载《内蒙古社会科学（汉文版）》2020年第5期，第101页。

〔2〕 具体可参见刘仁琦：《回顾、问题与展望：我国刑事法律援助制度发展四十年》，载《人权研究（辑刊）》2020年第1期，第486-503页；王迎龙：《论刑事法律援助的中国模式——刑事辩护“全覆盖”之实现径路》，载《中国刑事法杂志》2018年第2期，第116-133页。

是尽职辩护两种观点的争议，但是笔者认为，单纯依据案件结果抑或辩护过程来评价刑事辩护是否有效都是失之偏颇的，因为实体正义与程序正义均是刑事辩护所欲追求的价值目标，因此应当结合实体与程序两个层面对刑事辩护效果进行综合考量。具体而言，在评价刑事辩护的效果时，不能仅因为没有实现有利于当事人的实体结果，就片面认定刑事辩护是无效或者无意义的，还应当考察辩护律师是否审慎尽职地履行了辩护职责；辩护律师在认真履行应尽的辩护职责过程中，也应当努力为当事人争取实体上的合法利益，而不能仅仅做“形象工程”或所谓“表演性辩护”，毕竟实体正义也是刑事辩护的价值逻辑之一，同样是当事人评价公平正义的重要标准。

就刑事法律援助而言，的确存在辩护质量不高的现实问题，但是委托辩护也同样存在这一问题。需要明确区分的是，究竟系因律师在实体与程序上没有尽职辩护，导致法律援助失去效果，还是由于案件本身并无辩护空间，律师在尽责履职后依旧无法改变实体结果。前者是由刑事司法领域的制度性问题所导致，需要针对诸如法律援助补贴低、质量监督刚性差等问题予以重点解决，后者则是刑事辩护中的正常情形，无须过多置喙。在当前刑事辩护全覆盖改革背景下，对于法律援助领域的制度性问题应当予以重视，但是也要对症下药，在法律援助案件中，不能仅依据未取得有利的实体结果，而不论律师是否审慎尽职，就武断倒推法律援助的形式化。毕竟，刑事案件中刑事辩护之所以发挥着重要作用，不仅体现在能够维护当事人的合法利益，取得有利的实体结果，还体现在诉讼过程中尽职尽责地提供法律服务，提高当事人对公平正义的感受和对裁判的满意度。

（二）我国轻罪案件治理的结构性变化

当前，理论界与实务界已经形成一种共识：我国犯罪结构中轻罪案件比重逐渐升高，轻刑化发展趋势明显。[1]根据有关数据，在 2011—2020

〔1〕 参见卢建平：《轻罪时代的犯罪治理方略》，载《政治与法律》2022 年第 1 期，第 51-66 页；何荣功：《我国轻罪立法的体系思考》，载《中外法学》2018 年第 5 期，第 1202-1221 页。

年判处3年以下有期徒刑的被告人占总判决人数的比重即轻刑率分别为76.67%、78.28%、82.28%、84.36%、86.17%、76.70%、84.28%、83.84%、82.99%。〔1〕为了应对轻罪案件的不断攀升，有效治理轻罪案件，我国在2018年《刑事诉讼法》修正时设立了认罪认罚从宽制度，并配套了值班律师制度，在没有委托律师的认罪认罚案件中为被追诉人提供法律帮助。2022年，认罪认罚从宽制度在检察环节的适用率已经达到全部刑事案件的90%以上，量刑采纳率为98.3%。〔2〕结合上述犯罪结构的轻刑化可知，绝大多数的认罪认罚案件为判处3年有期徒刑以下刑罚的轻罪案件。例如，2019年全国法院审结的以醉酒型危险驾驶罪为主的案件数量达到31.9万件，超过盗窃罪成为刑事犯罪之首，占全部审结刑事案件的24.6%，2020年该类犯罪案件总数为28.9万件，占全部审结刑事案件的25.9%，〔3〕2021年审结危险驾驶罪34.8万件，占全部审结刑事案件的27.7%。〔4〕此类认罪认罚的轻罪案件，即便经过有效的刑事辩护，在实体结果上获得优惠的空间也较小：一是由于轻罪案件本身定罪量刑争议较小。法定刑在3年有期徒刑以下刑罚的轻罪案件，大部分案件事实较为清楚，定罪量刑上并无太大争议。例如，危险驾驶罪法定刑为拘役，最高刑期仅6个月，司法实践中此类案件的被追诉人基本上认罪认罚，对定罪量刑提出异议的并不多见；二是认罪认罚案件量刑建议采纳率高企。2018年《刑事诉讼法》在修正时为了促进认罪认罚从宽制度的顺利施行，在新增的201条中原则性规定，“对于认罪认罚案件，人民法院依法作出判决时，一般应当采纳人民检察院指控的罪名和量刑建议”。虽然学界对于该条款之规定存在一

---

〔1〕　根据中国法学会在2011—2020年发布的《中国法律年鉴》中的数据测算而得。

〔2〕　参见张军：《最高人民检察院工作报告——2023年3月7日在第十四届全国人民代表大会第一次会议》，载 https://www.spp.gov.cn/gzbg/202303/t20230317_608767.shtml，最后访问日期：2023年12月20日。

〔3〕　参见周光权：《论刑事一体化视角的危险驾驶罪》，载《政治与法律》2022年第1期，第15页。

〔4〕　2021年审结的危险驾驶罪比例经中国法学会在2021年发布的《中国法律年鉴》的数据测算而得。

定争议，但司法实践中法院对于检察机关在认罪认罚案件中提出的精确型量刑建议采纳率已达到98%以上，这也在客观上导致了辩护律师在审判阶段很难为当事人争取更大的实体利益。如学者所言，“在适用认罪认罚从宽制度的案件中，在检察机关的指控罪名和量刑建议被采纳率超过 98%的情况下，律师在定罪和量刑方面显然无太大的辩护空间”。[1]

可见，在轻刑化结构背景下，辩护律师总体而言比较难以为当事人争取较多的实体利益。因此，单纯从实体层面是否能够为当事人争取利益的角度对刑事辩护的有效性进行评价既不全面也不合理。需特别指出的是，在刑事辩护全覆盖试点改革中，法律援助值班律师发挥了重要作用，在大多数认罪认罚的案件中充当辩护人的角色，为犯罪嫌疑人、被告人提供法律帮助。的确，值班律师在认罪认罚实践中存在“见证人化”问题，无法有效为认罪认罚的被追诉人争取合法利益。然而，值班律师制度的功能定位并非仅是认罪认罚从宽制度的配套机制，而是为刑事诉讼中的被追诉人提供初步性、及时性的法律帮助。2018 年《刑事诉讼法》第 36 条第 1 款明确规定：“……犯罪嫌疑人、被告人没有委托辩护人，法律援助机构没有指派律师为其提供辩护的，由值班律师为犯罪嫌疑人、被告人提供法律咨询、程序选择建议、申请变更强制措施、对案件处理提出意见等法律帮助。”《法律援助法》第 30 条也规定：“值班律师应当依法为没有辩护人的犯罪嫌疑人、被告人提供法律咨询、程序选择建议、申请变更强制措施、对案件处理提出意见等法律帮助。”可见，值班律师的功能是为犯罪嫌疑人、被告人提供法律咨询等初步性的法律帮助，见证认罪认罚案件只是其法律帮助职能之一。笔者曾对值班律师实践运行进行调研，面向值班律师群体收回了 976 份调查问卷。其中，认为值班律师能够在实体结果上影响认罪认罚案件的有 374 份，仅占比 38. 32%，但认为能够在法律咨询等层面（不限于实体结果）帮助到被追诉人的有 814 份，占比 83. 41%。所以，不能因值班律师制度在认罪认罚案件未能有效发挥作用而否认值班律师制

---

〔1〕 熊秋红：《审判中心视野下的律师有效辩护》，载《当代法学》2017 年第 6 期，第 17 页。

度本身的价值，因为值班律师制度的设计初衷在于在所有刑事案件中提供初步性、及时性的法律帮助，注重在诉讼过程中保障被追诉人的合法权益。[1]

总之，在轻罪治理结构背景下，应当更加强调辩护律师，尤其是值班律师的尽职勤勉义务，注重规范刑事辩护的过程性义务，而非一味苛求在实体上获取实体从宽利益。当然，为当事人获取实体从宽利益，也是辩护律师的职责所在，同时也是刑事辩护的价值逻辑之一。只是，在刑事辩护全覆盖以及犯罪结构轻刑化制度背景下，在实体层面获取从宽利益的空间越来越小，除刑事辩护的实体正义这一基本价值逻辑外，坚持程序公正有助于使被告人、被害人从心理上接受和承认判决结果的公正性和合理性，使社会公众对程序及裁判结果产生信服和满意。[2]因此，亟待将主观程序正义这一逻辑上升为刑事辩护的价值理论基础，为刑事辩护制度实践的新发展与新要求提供理论指引。

在法治社会，刑事辩护的重要性已经毋庸置疑。然而，对于刑事辩护价值理论的重要内容——刑事辩护的正义逻辑这一基本命题，理论界尚缺乏系统论证。尤其是在刑事司法转型期的当下，司法实践需求不断倒逼刑事辩护理论作出发展完善。本章归纳论证了刑事辩护的三重正义逻辑：一是刑事辩护的实体正义逻辑。该逻辑以结果正义为导向，强调刑事辩护促进实体正义实现的功能，追求“不冤枉无辜者”的消极实体正义。二是刑事辩护的客观程序正义逻辑。该逻辑以过程正义为导向，关注刑事辩护程序本身是否具备正义要素，意在通过构建公正合理的诉讼程序实现实体正义，系一种“实质性程序正义”。三是刑事辩护的主观程序正义逻辑。该逻辑以程序参与者的主观感知为起点，强调刑事辩护对于个案正义感知度的提升作用，主张通过完善的刑事辩护程序增进参与者的正义感知度，从

[1] 参见王迎龙：《值班律师制度研究：实然分析与应然发展》，载《法学杂志》2018年第7期，第114页。

[2] 参见陈瑞华：《程序正义理论》，商务印书馆2022年版，第149页。

而实现主观上的程序正义。在轻罪治理的结构背景下，刑事辩护全覆盖以及值班律师制度的推行使得主观程序正义理论的构建极为必要，亟须通过规范刑事辩护的过程性履职机制，促进诉讼参与者公平正义感的提升。

只有在理论上系统厘清刑事辩护的正义价值逻辑，才能有效解决实践中关于刑事辩护的一些理论争议。例如，回应上述有效辩护标准的争议，基于刑事辩护的正义逻辑，有效辩护必须是在诉讼过程中尽职履责的刑事辩护，在实体上获得从宽效果仅是评价指标之一而非唯一；还如，辩护律师职业伦理中面临忠实义务与真实义务的冲突，刑事辩护应以消极的实体正义逻辑为理论指引，以解决或平衡这一伦理冲突；甚至于，厘清刑事辩护的正义逻辑这一理论“元问题”，也有助于消除社会公众对于为何要为“坏人”辩护的疑惑，等等。总之，刑事辩护制度是否完善，是检验一个法治社会法治水平的重要标杆，而辩护基础理论的夯实，则是完善刑事辩护制度的重中之重。

第三章

刑事辩护律师的职业伦理转型

随着社会的发展与刑事司法的转型，我国律师制度与刑事辩护制度也处于不断发展的状态。其中，刑事辩护律师的职业伦理也在不断转型发展。辩护律师的职业伦理对于律师在刑事诉讼中的执业行为起到规范引领的作用，形塑着整个辩护律师群体的道德伦理与行为规范，其作用不可谓不重大。所谓伦理，是指人与人之间的行为准则，律师伦理就是律师在执业行为当中应当遵守的行为规范。〔1〕辩护律师的职业伦理是调整辩护律师同当事人、公检法等办案机关之间关系的一套行为规范准则。其中，调整辩护律师与当事人之间关系的职业规范，是辩护律师职业伦理的重中之重。目前，虽然《刑事诉讼法》《律师法》等相关法律对辩护律师职业伦理作了相关规定，但在司法实践中仍然出现了与律师职业伦理相悖的一些现象。例如，在“浙江莫焕晶纵火案”的审理过程中，辩护律师因提出申请证人出庭、改变管辖等诉讼请求没有得到合议庭批准，在未经与被告人商议的情况下，擅自退庭拒绝继续从事辩护活动。这一案件引发社会各界热议。有人认为律师为了维护当事人利益才出此下策，值得肯定；也有人认为律师未经当事人同意擅自退庭，而且是在法庭审理的关键环节，应当受到谴责。还如，近年来作为辩护律师群体内的“死磕派”律师引起人们对律师执业行为的反思，律师可否通过“死磕”的极端方式，来维护当事人的合法利益？等等。在司法实践中出现的关于刑事辩护的诸多新问题表

〔1〕 参见［日］佐藤博史:《刑事辩护的技术与伦理——刑事辩护的心境、技巧和体魄》，于秀峰、张凌译，法律出版社 2012 年版，第 5-7 页。

明，我国刑事辩护律师的职业伦理亟待进行整合转型。本章在厘清辩护律师的职业伦理的历史发展脉络的基础上，通过对域外法治国家关于刑事辩护律师职业伦理的经验借鉴，对我国刑事辩护律师职业伦理的转型发展提出建议。

第一节　我国辩护律师的职业定位与历史发展

目前，关于我国的辩护律师职业伦理主要包含在以下两个层面的规范文件中：一是《律师法》和《刑事诉讼法》等法律规范中对律师权利、义务、责任的规定；二是中华全国律师协会和各地律师协会出台的律师执业行为规范。辩护律师职业伦理作为指引律师执业行为的理念与规范，与刑事辩护制度的发展是息息相关的。结合我国刑事辩护制度的整体发展，可以将我国辩护律师职业定位与伦理发展划分为以下四个阶段。

第一阶段：辩护律师定位为“国家法律工作者”。随着 1979 年我国《刑事诉讼法》的出台，刑事辩护制度也得以恢复。1980 年，全国人大常委会通过了《律师暂行条例》，是我国首部关于律师执业的规范性文件。该条例第 1 条规定：“律师是国家的法律工作者，其任务是对国家机关、企业事业单位、社会团体、人民公社和公民提供法律帮助，以维护法律的正确实施，维护国家、集体的利益和公民的合法权益。”根据该条规定，律师被定位于“国家的法律工作者”。并且，第 3 条还规定：“律师进行业务活动，必须以事实为根据，以法律为准绳，忠实于社会主义事业和人民的利益。”可见，律师作为国家的法律工作者，第一要务是要维护国家、社会与人民的利益，至于犯罪嫌疑人、被告人的利益，则要置于国家和集体之后。此外，当时的律师管理体制也类似于公务员的行政管理体制，实行司法部领导下的单一行政管理体制，律师具有正式的国家编制，属于公职律师，经费也由国家财政统一调配。在此背景下，律师类似于国家公务人员，由国家统一管理，其执业行为也应当是为了国家与集体的利益而进行，目的在于维护法律的正确实施，保障司法公正，而非出于维护犯罪嫌疑人、被告人的合法利益。

第二阶段：辩护律师定位为“为社会提供法律服务的执业人员”。随着我国改革开放的启动，市场经济迅速发展，带动了刑事司法体制的改革，辩护律师作为“国家法律工作者”的职业定位越来越不符合司法实践的需求。尤其是，1996 年修正的《刑事诉讼法》引入了控辩之间的“对抗式”内容，强调控辩之间平等对抗，以发现案件的真实。在此背景下，辩护律师作为国家的法律工作人员，因为承担了过多的国家义务，而无法客观公正地与被追诉人一起与控诉方进行平等对抗，不符合司法实践的现实需求。因此，1996 年《律师法》正式通过，成为规范律师执业行为的正式法律文件，《律师暂行条例》失去效力。1996 年《律师法》第 2 条明确规定，“本法所称的律师，是指依法取得律师执业证书，为社会提供法律服务的执业人员”。在此期间，律师维护当事人合法权益的执业行为开始受到重视。律师的执业要求中，“维护当事人的合法权益”排到了“维护法律的正确实施”之前，[1]并且律师的保守职业秘密规则、利益冲突规则、随意拒绝辩护禁止规则等执业规则得到初步确立。[2]与此同时，律师的维护国家与集体利益的要求也有所降低，不再以维护国家与集体利益为首要任务，律师宣传社会主义法制的任务也被删除。律师从“国家法律工作者”的职业定位发展为“为社会提供法律服务的执业人员”表明，律师的职业伦理开始转型，不再强调律师对于国家与社会利益的维护，而强调是当事人的服务者，与公安司法机关工作人员的身份属性相互区分。

第三阶段：辩护律师定位为“为当事人提供法律服务的执业人员”。随着刑事司法体制改革的深化与律师法律服务市场的发展，《律师法》在 2007 年进行了修订。此次修订对于律师职业定位进行了调整，由之前的“为社会提供法律服务的执业人员”改为“为当事人提供法律服务的执业

〔1〕 参见 1996 年《律师法》第 1 条。

〔2〕 参见 1996 年《律师法》第 29 条第 2 款、第 33 条、第 34 条。

人员”，至此律师职业定位基本摆脱了具有行政彩色的国家干预，明确了当事人才是律师提供法律服务的对象，维护当事人的合法利益是律师的第一职责。此外，在律师的管理体制上，自律性的律师管理机构即律师协会承担了主要职责。一方面，除保留的少数公职律师以外，律师不再占用国家编制，国家财政也不予支持，成为完全自负盈亏的市场主体；另一方面，对律师行业以行业自治为主，司法行政机关只进行宏观指导，各律协的领导也都由执业律师担任。〔1〕

第四阶段：辩护律师职业伦理的最新发展。随着市场经济的飞速发展与司法体制改革的进一步深入，在刑事辩护制度改革的带动下，辩护律师职业伦理也产生了新的变化。2000 年《律师办理刑事案件规范》第 5 条规定：“律师担任辩护人或为犯罪嫌疑人提供法律帮助，依法独立进行诉讼活动，不受委托人的意志限制。”根据该条规定，律师享有完全独立于当事人的辩护权，不受犯罪嫌疑人、被告人的意志限制。此种律师独立辩护理论源于当时的律师职业伦理，律师不仅维护当事人合法权益，同时还要维护法律正确实施与司法公正，因此并不受当事人意志所左右。2017 年通过的《律师办理刑事案件规范》删除了该条，并在第 5 条第 3 款中规定“律师在辩护活动中，应当在法律和事实的基础上尊重当事人意见，按照有利于当事人的原则开展工作，不得违背当事人的意愿提出不利于当事人的辩护意见”。这表明辩护律师在刑事诉讼中不仅要维护当事人的合法利益，更要尊重当事人的意志，不得违背当事人的意愿作出对其不利的辩护。辩护律师职业伦理趋向以当事人的利益和意志为中心，这是我国辩护律师职业伦理的重大进展。

通过上述梳理可以看出，我国辩护律师职业伦理正在经历国家影响逐渐减弱，当事人利益逐渐成为律师工作中心的发展过程。当然，国家影响的减弱并不意味着消失，我国 2017 年《律师法》第 2 条仍然规定律师应

〔1〕 参见熊秋红：《新中国律师制度的发展历程及展望》，载《中国法学》1999 年第 5 期，第 19 页。

当维护当事人合法权益，同时还要维护法律正确实施与社会公平和正义。但是，法律规范并没有明确律师对于当事人忠诚义务的边界，导致辩护律师在维护当事人利益与上述义务发生冲突时，无法有效引导执业行为。而且，有关规定也不尽合理。例如，《律师办理刑事案件规范》规定律师“不得违背当事人的意愿提出不利于当事人的辩护意见”，是否表明当提出有利于当事人的辩护意见时，律师可以违背当事人的意愿？近年来，司法实践中也经常出现辩护律师因违反职业规范受到惩戒的案例。例如，北京律师周某在“安徽吕某某案”中，因通过微博披露了侦查人员对犯罪嫌疑人实施的刑讯逼供行为，最终被北京市朝阳区司法局给予停止执业一年的行政处罚。〔1〕该案例中，辩护律师向社会揭露办案人员采取的刑讯逼供行为，根本目的在于维护当事人的合法权益，从根本上也是维护社会的公平与正义。但是该行为最终被定性为违反律师执业规范的行为。因此，随着我国刑事司法体制的改革与进步，我国辩护律师职业伦理的建构仍然有待完善。

第二节　律师职业伦理的两种模式与域外经验

一、律师职业伦理的两种模式

放眼世界范围内各个法治国家的刑事辩护制度，可以将律师法律职业伦理大体划分为两种模式：忠诚义务模式与公益义务模式。忠诚义务在绝大多数国家都被看作是辩护律师职业伦理的首要义务。所谓忠诚义务模式，是指将律师定位为当事人的代理人，律师从事任何辩护活动须以维护当事人的利益为首要宗旨。在忠诚义务模式下，律师是当事人的诉讼代理人，必须完全听从当事人的意志，以维护当事人的利益为核心任务，类似

〔1〕 参见何香奕：《被指“不正当”影响案件办理，知名刑辩律师周泽拟被停业一年》，载 http://finance. sina. com. cn/tech/2021-01-06/doc-iiznezxt0907981. shtml，最后访问日期：2023 年 5 月 1 日。

于民事诉讼中的诉讼代理人。美国主流的辩护律师伦理可以归为此种模式。该模式具有以下特点：

一是在诉讼地位上，辩护律师附属于当事人，作为当事人代理人参与诉讼，不得违背当事人的意志发表辩护意见。如在美国，辩护律师职业伦理包含党派性和中立性两项内容。所谓党派性是指律师应当对其客户的利益给予排他性的专注，即使律师的做法侵害了公共利益，律师此时的选择在道德上依然是正确的。所谓中立性原则，是指律师不就客户的目标作道德评估，而只是衡量在法律上是否具有充足的机会来实现它。[1]因此，在诉讼地位上，律师从属于当事人，必须以当事人的意志为主，以维护当事人的利益为首要任务。

二是在权利来源上，辩护律师享有的诉讼权利来源于当事人的委托与授权，而非法律直接授予的。由于权利直接来源于当事人而非法律规定，辩护律师应当始终围绕当事人为中心，遵循当事人的意志开展辩护。在美国，一切涉及当事人本人的基本权利，如将对诉讼结果产生重要或决定性影响的事项，都由当事人本人决定，除非授权辩护律师发表意见。辩护律师只能自主决定一些诉讼策略性或技术性的事项。

三是在利益冲突上，辩护律师应当优先维护当事人的利益。辩护律师在刑事诉讼过程中，可能面临多种利益冲突。最常见的利益冲突是当事人利益与公共利益的冲突。在此情形下，美国奉行完全的忠实义务模式中，律师应当以当事人利益为重，为当事人负责而无须对公共利益负责。因此，美国刑事辩护律师往往更加注重当事人利益的保障，而不惜以牺牲公共利益为代价。

四是在退出辩护上，辩护律师解除委托辩护的自由受到严格限制。虽然辩护律师同当事人签订委托辩护合同形成委托关系，但是在解除或终止委托关系时却受到法律严格限制。只有在特定以及较为紧迫的情况下，律

〔1〕 参见蔡元培：《当事人中心主义与法庭中心主义的调和：论我国辩护律师职业伦理》，载《法制与社会发展》2020年第4期，第197页。

师才可以退出案件；必要时，律师退出案件还需要法官同意。对律师退出辩护的严格限制，意味着即使当事人的要求不尽合理甚至不合法，律师也不能把工作擅自交给他人，或者随意退出辩护。[1]严格限制律师随意退出辩护，可以最大限度地保障当事人的利益，避免因律师退出辩护而损害当事人的合法利益。

以美国为典型的忠诚义务模式突出了以当事人利益为核心的价值理念，强调律师作为当事人的代理人，以当事人的利益和意志为行动准则，甚至不惜牺牲公共利益为代价。这种模式的优势在于能够在最大程度上保障当事人的合法利益。并且，在此基础上建立起来的律师行业的商业化程度较高，有利于创造健全的法律服务市场，在律师行业内形成优胜劣汰的良性竞争。但是物极必反，律师职业伦理的忠诚义务模式也存在一些弊端，长期受到社会各界的诟病。在美国，“有关辩护人在刑事诉讼中的角色定位以及由此所引发的职责争论的历史，就如同辩护人的历史一样悠久”。[2]该模式之弊端主要体现在以下三个方面：

一是律师职业伦理与大众伦理发生冲突。忠诚义务模式过于强调当事人的利益，使得律师职业伦理与大众伦理处于紧张状态，时常发生扞格。以 1973 年发生在美国的著名纽约快乐湖谋杀案为例。在本案中，两名辩护律师根据被告人的陈述发现了被害人的尸体，但是基于律师的法律职业伦理，两名律师拒绝向警方透露尸体的下落。虽然被害人的尸体最终被警方找到，但是两名律师却受到了社会大众的口诛笔伐。形成鲜明对比的是，两名律师却得到律师界的高度评价，甚至被认为是律师界的英雄。[3]此案集中反映出律师在过于注重维护当事人利益时，其职业伦理可能与大众伦

[1] 参见刘译矾：《辩护律师忠诚义务的三种模式》，载《当代法学》2021 年第 3 期，第 114 页。

[2] 林钰雄：《刑事诉讼法》（上册　总论编），中国人民大学出版社 2005 年版，第 160 页。

[3] 参见《他拒绝透露当事人杀人抛尸信息，却成为律师界英雄》，载 https://www. sohu. com/a/223 055903_ 809024https://www. sohu. com/a/223055903_ 809024，最后访问日期：2023 年 5 月 3 日。

理之间形成矛盾。我国学者将忠诚义务模式下律师的法律职业伦理特指归结为一种“非道德性”，认为律师“职业伦理逐渐脱离大众道德评价和个体道德体验的轨道，变得与道德的差距越来越大，甚至成为与大众道德评价与个体道德体验毫无关联的执业行为规范”。[1]“非道德性”的概括本身就表明了一种价值判断，即忠诚义务模式下律师职业伦理脱离了大众的道德评判，具有一种非道德性。这种非道德性在法律领域来看并非不正当的，但是从社会领域来说很难与社会大众的一般伦理相一致，因此具有非正当性。

二是无益于刑事诉讼程序目的的实现。刑事诉讼为了解决已经发生的刑事纠纷，对实施犯罪行为的人进行惩罚，但同时也对参与刑事诉讼的当事人进行权利保障。辩护律师在此过程中不仅应当维护当事人的利益，还应当对于法庭具有一定的帮助作用，即帮助发现案件真实，促进公平正义之实现。然而，辩护律师热衷于对当事人利益的过度维护，无论利益是否正当，甚至通过制造虚假证据试图干扰司法公正，此种情况下律师不仅无助于实现司法公正，还会颠倒黑白，丧失最起码的公平正义的精神。

三是律师丧失独立性，辩护制度滑向工具主义。在忠诚义务模式下，律师依附于当事人而存在，沦为实现当事人利益的一种工具。律师还要完全遵从当事人的意志，无法依据专业的法律知识进行独立辩护，其专业判断与自主性仅体现在一些技术性的诉讼决策上，使得辩护制度丧失了专业性与独立性。同时，律师对待法律也趋向于一种工具性的态度，即工具性地操作法律法规，采取任何可以实施的手段，直到明显违法或者规避法律惩罚。[2]律师辩护制度的工具化，也将导致社会对律师行业整体评价的下降和律师社会地位的下降，进而引起律师法律职业的危机。

---

〔1〕 参见李学尧：《非道德性：现代法律职业伦理的困境》，载《中国法学》2010 年第 1 期，第 31 页。

〔2〕 参见刘译矾：《辩护律师忠诚义务的三种模式》，载《当代法学》2021 年第 3 期，第 116 页。

公益义务模式与忠诚义务模式相对，是指律师执业行为并未仅仅维护当事人的利益，还要维护社会公共利益，帮助法庭正确地发现真实情况与适用法律。德国是公益义务模式的典型代表，律师被视为“独立的司法机关”，〔1〕同时忠诚于当事人与法官。该模式具有以下几个特点：

一是在诉讼地位上，辩护律师具有独立于当事人的诉讼地位。辩护律师被作为“独立的司法机关”，并非当事人的代理人，而具有法庭辅助人的性质，以帮助法庭发现案件真实。在刑事诉讼中，辩护律师并非对当事人唯命是从，其可以自己的名义参与诉讼活动，独立作出认为有利于当事人的诉讼行为，即使该行为违背了当事人的意志。例如，被告人不希望某个证人曝光，辩护律师可以申请该证人出庭；被告人认为自己精神正常，辩护律师也可以申请对其进行心理调查。〔2〕然而，德国辩护律师的独立性常常使得律师与当事人之间关系紧张，当事人有权随时与委托律师解除委托关系。因此，当辩护律师与当事人观点不一致时，虽然辩护律师具有独立性，不必遵循当事人的意志，但是为了辩护的顺利进行，一般都要和当事人进行协商，说服当事人听从自己的意见，或者改变观点遵循当事人的意志。

二是在权利来源上，辩护律师的权利直接由法律赋予，而非当事人赋予。在德国，辩护律师“以在自己的名义参与诉讼，行使辩护人的权利，并对自己的辩护行为承担责任”。〔3〕法律规范将律师视为司法制度的组成部分，而不仅仅是当事人的代理人。辩护律师可以独立地开展辩护活动，而不受当事人意志的约束，并且有义务帮助法庭发现案件事实真相。

三是在执业行为中，受到更多公益义务的限制。在德国刑事诉讼中，只要不损害当事人利益和社会公正，辩护律师就有权进行辩护。德国学者

〔1〕 参见［德］托马斯·魏根特：《德国刑事诉讼程序》，岳礼玲、温小洁译，中国政法大学出版社2004年版，第61页。

〔2〕 参见［德］克劳思·罗科信：《刑事诉讼法》，吴丽琪译，法律出版社2003年版，第150页。

〔3〕 邵建东主编：《德国司法制度》，厦门大学出版社2010年版，第238页。

笼统地指出："律师工作的内容及界限依相关私人及公众利益的权衡而定。"[1]相较于美国的律师同行，德国律师要承担更多的公益义务。例如，律师不得作虚假供述，不得阻碍法庭发现案件客观真相。还如，如果辩护律师知道事实上当事人实施了犯罪行为，就不能提出证明无罪的意见，而只能主张证据不足的无罪意见。[2]总之，辩护律师同时受到忠诚义务与公益义务的约束，并且后者总体上占据优势。

四是在利益冲突上，要求辩护律师同时兼顾公共利益与当事人利益。在德国，辩护律师既要努力维护当事人的利益，同时又不能因执业行为损害公共利益。当两者出现无法调和的冲突时，辩护律师应当优先保障公共利益。在接受可能存在利益冲突的代理时，哪怕已经征得了客户的同意，律师也会因损害司法程序适当性的外观而受到处罚。[3]可见，德国辩护律师须同时承担忠诚义务模式与公共利益模式，当面临利益冲突时，对于后者的保障要优于前者。

由于忠诚义务模式相对，公益义务模式并不以当事人的利益为核心，而注重公共利益的维护，在一定程度上克服了上述忠诚义务模式的缺陷。公益义务模式强调辩护律师的独立性，并不完全为了当事人的利益行事，也不完全遵循当事人的意志。相较于忠诚义务模式，公益义务模式更加有利于法庭发现案件真实，因为律师已经不仅仅是单纯的当事人的代理人，而是作为司法机关的有机组成部分，负有维系司法公正之实现的职责。公益义务模式具有以下三方面优势：一是辩护律师承担了维护公共利益的职责，帮助法庭发现案件真实，可以最大限度地实现司法公正，维护社会公平正义；二是律师作为"独立的司法机关"，能够获得司法机关的重视与认可，如允许律师充分阅卷与调查取证，有利于律师辩护活动的开展，在

[1] [德] 克劳思·罗科信：《刑事诉讼法》，吴丽琪译，法律出版社2003年版，第149页。

[2] 参见[美]迪特里希·鲁施迈耶：《律师与社会：美德两国法律职业比较研究》，于霄译，上海三联书店2014年版，第127页。

[3] 参见刘译矾：《辩护律师忠诚义务的三种模式》，载《当代法学》2021年第3期，第117页。

一定程度上也有利于当事人；三是有助于规范辩护律师的执业行为。公益义务模式对辩护律师科加了较高的道德标准，要求律师必须遵循一定的标准行为，这为律师形成规范的职业伦理划定了标准。如果单纯强调律师的忠诚义务，使律师沦为当事人的利益代理人，则律师有可能为了当事人的利益而不择手段，扰乱法律服务市场甚至司法的公正。

然而，绝对的公益义务模式多强调辩护律师对公益义务的保障，可能导致对当事人利益保障的忽视，而存在以下问题：一是削弱当事人对辩护律师的信任。由于公益义务模式下辩护律师对法庭负有“真实义务”，[1] 要帮助法庭发现客观真实。而且辩护律师基于公益义务可以无须遵循当事人的意志，这在一定程度上削弱了两者之间的信任与联系。二是辩护律师受到公益义务的严格限制，可能无法充分发挥辩护职能，导致当事人利益受损。辩护律师享有独立的辩护地位，辩护意见可能与当事人意志相悖，从而无法发挥辩护合力，影响辩护的作用与效果。三是不利于律师行业的长远发展。公益义务模式对律师科加了过多的客观义务，而忽视了律师作为商业主体的特质，违背了资本市场的运作规律，在一定意义上属于国家对资本的行政干预，从长远来看不利于律师行业的发展。

二、辩护律师职业伦理模式分野的制度基础

在分析了世界范围内辩护律师两种不同的职业伦理模式的内容及各自优缺点的基础上，有必要进一步思考为何会出现如此不同的律师职业伦理，即两种不同辩护律师职业伦理模式各自产生发展的制度基础。从深层次发掘辩护律师职业伦理发展的制度因素，能够为我国辩护律师职业伦理的完善提供参考。

第一，律师制度发展传统的区别。律师制度的历史发展传统对于本国

〔1〕“职权主义的诉讼制度要求被告人有义务协助法院发现真实，即被告人有供述义务或者真实义务，在这种体制下，辩护人当然也有真实义务。”［日］佐藤博史：《刑事辩护的技术与伦理——刑事辩护的心境、技巧和体魄》，于秀峰、张凌译，法律出版社 2012 年版，第 37 页。

律师职业伦理的形塑至关重要。美国社会的现代化过程中，资本主义力量在其中起到主导作用。在资本的主导下，美国较早形成了规模化的商业性市场，各行各业都参与到良性的市场竞争之中，通过优胜劣汰而形成高度的职业化。律师作为专门为当事人提供法律服务的商业主体，在这一过程中也逐渐地职业化。在法律服务市场的竞争中，律师执业行为的规范并非依靠政府，而是主要依靠律师的自我规范以及律师协会的管理。公共行政发展的滞后使得律师在发展的过程中较少受到公共力量的影响，也使其在公共义务的承担上与其他职业没有太大的区别。[1]律师作为一项服务行业，与其他服务行业并无本质区别，都树立了顾客利益至上的职业伦理。只是后来基于律师法律服务行业的特殊性，在忠诚义务为原则的基础上设置了若干的例外，以缓解当事人利益与公共利益之间的冲突。

在律师职业的发展传统上，德国与美国存在不同。在德国，公共行政力量主导并控制着法律职业包括法官、检察官以及律师的发展，并通过科层式的行政管控方式管理法律职业。所以，在德国早期，律师一开始就被视为政府工作人员，承担一定的司法职能。虽然后期再经过社会化，律师不再具有公务人员的身份，但是科层式的发展传统仍然深刻地影响了律师法律职业传统。辩护律师仍然具有辅助法庭的功能，同时维护着当事人利益与公共利益。

第二，刑事诉讼模式的差异。在刑事诉讼中辩护律师同法官与检察官具有紧密的联系，他们之间不同的关系构成了不同的诉讼模式。而辩护律师的职业伦理是调整律师执业行为的规范准则。因此，不同的诉讼模式也决定了不同辩护律师职业伦理。美国奉行当事人主义诉讼模式，由控辩双方主导诉讼进程，遵循“平等武装”原则，通过实质平等对抗帮助法庭发现案件真实。当事人主义诉讼模式下，辩护律师作为具有专门法律知识的人，被赋予了帮助当事人与控方进行实质对抗的重要任务。因此，辩护律

〔1〕 参见刘译矾：《辩护律师忠诚义务的三种模式》，载《当代法学》2021年第3期，第115页。

师在职业伦理上要求以当事人的利益为核心，帮助当事人充分实现辩护权，为控辩双方的平等对抗创造条件。并且，高度的当事人主义对客观真实的追究并不强烈，反而更加关注诉讼真实，更加强调在保障当事人辩护权实现的基础上推进案件真实的发现。

德国则是职权主义诉讼模式的典型代表，法官在刑事诉讼中占据主导地位，推动诉讼的进程，辩护方对诉讼进程与事实发现的影响力较低。职权主义诉讼模式通过法官等司法官员职权的积极发挥去探明案件真相，辩护律师在一定程度上也被视为这一机制的组成部分，而非通过与控方的对抗去探明真相。而且，职权主义诉讼模式侧重于实质真实的发现，辩护律师也被要求承担一定的真实义务，以促进实质真实的发现。〔1〕

第三，律师培养方式的不同。律师的培养方式对律师法律职业伦理的养成也产生了重要影响。在美国，律师的自治组织律师协会主导了律师的培养。如律师协会制定的职业伦理规范被所有法律执业者所接受；又如律师协会带头推动法律职业伦理教育标准文本的起草、倡导法学院开设法律职业伦理课程。〔2〕美国律师培养的律协主导方式，以律师职业道德培养为主要内容，而如何处理律师与当事人之间的委托关系，又是职业伦理的主要内容。并且，同样受到此种职业伦理教育成长起来的检察官、法官，也充分理解并认同此种职业伦理，因此在诉讼过程中也会认可律师基于职业伦理而对当事人利益进行维护。

在德国，法律职业的培养并非以律师为中心，而是以法官为中心的。法学教育的各项制度都是以培养公正的法官为主要目的。即使检察官、律师以及高级公务员也需要接受与法官相同的法学职业教育。〔3〕虽然德国高

---

〔1〕 See Michele Taruffo, “The Lawyer's Role and the Models of Civil Process”, *16 Israel Law Review* 5, 6 (1981).

〔2〕 参见刘坤轮：《法律职业伦理教育必要性之比较研究——以美国、澳大利亚、加拿大和韩国为比较》，载《中国法学教育研究》2014年第4期，第22-24页。

〔3〕 参见郑永流：《知行合一　经世致用——德国法学教育再述》，载《比较法研究》2007年第1期，第89页。

校法学院自2003年改革后突破了只培养法官的传统做法，但长期以来以培养法官为中心的法律职业教育仍然有着深刻的影响，对公共利益的维护仍然在法律职业伦理中占据重要地位。

三、忠诚义务与公益义务的调和

基于上述分析，忠诚义务模式与公益义务模式各有利弊。总体上看，忠诚义务模式以美国为代表，而公益义务模式以德国为代表。但是，极端地强调辩护律师只维护当事人的利益或只维护公共利益的律师职业伦理在任何国家都是不存在的。无论是在美国抑或德国，均强调律师同时具有维护当事人利益与公共利益的义务，只不过是有所侧重，当存在利益冲突时，更加强调维护哪一方的利益而已。尤其是，当前世界范围内，当事人主义诉讼模式与职权主义诉讼模式相互融合已经发展为一种趋势，在此影响下，辩护律师职业伦理的两种模式也随之有相互融合的发展迹象。以美国为例，辩护律师职业伦理中有一种“法庭职员理论”。根据这一理论，律师是法庭的职员（officer of the court），律师与司法制度有着紧密的联系并且承担着重要的职责。[1]该理论类似于德国关于律师是“独立司法机关”的观点，强调律师对于法庭负有职责。在该理论的影响下，美国法律界开始逐渐强调律师在司法系统中的角色，而非仅仅关注其在对抗制中的角色。[2]辩护律师不仅要忠实于当事人，对于法庭也负有一定的真实义务。同样，在公益义务模式的德国，过于强调公共利益的辩护律师职业伦理也受到反思，出现了律师作为“限制的机关”理论、“一方利益代理人”理论以及“契约理论”。[3]这些理论的共同点在于一致强调辩护律师应当

---

〔1〕 参见蔡元培：《当事人中心主义与法庭中心主义的调和：论我国辩护律师职业伦理》，载《法制与社会发展》2020年第4期，第201页。

〔2〕 See Thomas Ehrlich, Charles H. Miller, “Lecture-Lawyers and Their Public Responsibilities”, *46 Tennessee Law Review* 4, 717 (1979).

〔3〕 参见刘译矾：《辩护律师忠诚义务的三种模式》，载《当代法学》2021年第3期，第118-119页。

加强当事人的利益维护，在公共利益方面有所限制。

日本是忠诚义务与公益义务相互融合的典型代表。在二战之前，日本无论是在诉讼模式上还是辩护律师职业伦理上，都与德国相似，强调辩护律师对公共利益的维护。在二战后，日本当局引入美国当事人主义诉讼模式，诉讼程序的制度性改革，也对辩护律师职业伦理产生影响。辩护律师不仅要对法庭承担真实义务，同时还要维护当事人的合法利益，对当事人履行忠诚义务。日本学者基于混合的辩护律师职业伦理提出了一种“椭圆”理论，即辩护律师同时具有对委托人的忠诚义务和对法庭的真实义务，就像椭圆具有两个中心一样，辩护律师的任何职业行为应当在这两者之间进行选择和平衡。〔1〕辩护律师需要在两点之间保持平衡，既要忠于事实，也不能背叛当事人。相较于德国的公益义务模式，日本强调辩护律师对当事人利益的保障，在延续职权主义诉讼模式传统的同时，加强辩护律师与当事人之间的联系，强化两者之间的信任与配合。

然而，在日本两种义务相互融合的“椭圆”理论中，在面临利益冲突时，辩护律师如何抉择也面临困境。有学者认为，椭圆的两个中心点应当被安置在同等的位置上；有学者认为，辩护人没有积极的真实义务，不负有积极协助发现真实的义务，只有消极的真实义务即不得积极实施歪曲事实的行为。〔2〕关于这一问题，日本学界尚无统一定论。在司法实践中，为了避免尴尬局面的发生，律师通常应努力劝导被告人，根据事实提出辩护意见。在日本律师看来，如此行为并不是为了协助法院发现真实，而是为了最终履行积极的诚实义务。〔3〕

---

〔1〕 参见［日］佐藤博史：《刑事辩护的技术与伦理——刑事辩护的心境、技巧和体魄》，于秀峰、张凌译，法律出版社 2012 年版，第 43 页。

〔2〕 参见［日］佐藤博史：《刑事辩护的技术与伦理——刑事辩护的心境、技巧和体魄》，于秀峰、张凌译，法律出版社 2012 年版，第 37-38 页。

〔3〕 参见［日］佐藤博史：《刑事辩护的技术与伦理——刑事辩护的心境、技巧和体魄》，于秀峰、张凌译，法律出版社 2012 年版，第 45 页。

第三节 我国辩护律师职业伦理的转型发展

目前，我国辩护律师职业伦理融合了忠诚义务与公益义务两部分内容。根据《律师法》第2条的规定，一方面律师职业被定位为为当事人提供法律服务的执业人员，明确了律师服务的主体为当事人而非国家与社会，因此律师应当以维护当事人合法利益为主要目标；另一方面，律师在维护当事人合法利益的同时，还必须承担一定的真实义务，保障公共利益的实现，维护社会的公平与正义。其中，律师所维护的是当事人的合法利益而非非法利益，不能通过背离事实与法律的非法手段而为当事人谋求利益。同时，律师也同司法工作人员一样受到“以事实为根据，以法律为准绳”基本原则的严格限制，不能弄虚作假，需要在法定范围内履行执业行为，但也以不损害当事人合法利益为底线标准。辩护律师不得随意泄露当事人的隐私秘密，也不能无法定理由随意拒绝或退出辩护等。陈瑞华教授将我国当前辩护律师职业伦理称之为“双中心理论”，意思就是指律师应当同时履行忠诚义务与公益义务，将当事人利益与公共利益并重，至少在立法层面没有高下之分。〔1〕这种双中心理论其实是在律师职业伦理中确立了两套体系，即辩护律师在刑事诉讼中既要维护委托人的利益，同时也要维护国家和社会的利益。

应当说，从历史发展来看，我国的此种双中心式的辩护律师职业伦理的形成具有一定合理性，与律师的职业定位从“国家法律工作者”发展到“社会法律工作者”，再发展到“法律服务工作者”，是一脉相承的。此种模式改变了我国过于注重公益义务的传统理念与做法，确立了忠实义务与公益义务两个职业伦理的中心并重，同时强调当事人利益与公共利益的维护，引导着刑事辩护制度与律师制度向合理的方向发展。而且，如上文分

〔1〕参见陈瑞华：《辩护律师职业伦理的模式转型》，载《华东政法大学学报》2020年第3期，第10页。

析，我国将忠实义务与公益义务相互融合的辩护律师职业伦理也符合世界法治国家辩护律师职业伦理的发展趋势，具有一定的科学性与合理性。

然而，我国的双中心模式将忠诚义务与公益义务并列在一起，会导致辩护律师正在执业行为中面临利益冲突时无所适从。因为这一模式在忠诚义务与公益义务之间既不划定优先顺序，也不提供解决冲突的方案和指引，而任由辩护律师去“协调”和“并重”。这种貌似全面的理论，其实在逻辑上非常空洞，所提出的是一种似是而非的命题，对于两个相对立的主张何者优先的问题进行了回避。〔1〕当辩护律师在执业过程中面临具体的利益冲突时，究竟是选择优先维护当事人的利益还是国家与社会的利益，当前双中心的辩护律师职业伦理无法提供有效指引。基于此，我国学者对辩护律师职业伦理进行了深刻的反思。陈瑞华教授基于对“双中心理论”的反思，提出了一种“单一中心模式”，即强调辩护律师应以维护委托人利益为唯一的目的，以忠诚义务作为律师的核心职业伦理。〔2〕季卫东教授认为：“律师还是应该忠于客户的，应该成为真正值得当事人信任和委托的‘权利卫士’，尤其是在刑事辩护案件中，更需要有那么一点为客户上刀山、下火海也在所不辞的胆识。”〔3〕

笔者认为，忠诚义务与公益义务是辩护律师职业伦理中的两项核心内容，缺失任何一个都是不完整的。从域外经验来看，世界各国将忠诚义务与公益义务进行调和已呈一种发展趋势。陈瑞华教授主张的“单一中心模式”，虽然将委托人利益与忠诚义务作为核心职业伦理，但是具体看其主张内容，辩护律师仍然受到公益义务之约束。如其认为，律师虽然受到忠诚义务的约束，但也并不是一项绝对的职业伦理规范，而在忠诚义务之外还应受到外部的法律限制。而这些外部的法律限制，包括不得通过实施贿

〔1〕 参见陈瑞华：《辩护律师职业伦理的模式转型》，载《华东政法大学学报》2020 年第 3 期，第 11 页。

〔2〕 参见陈瑞华：《辩护律师职业伦理的模式转型》，载《华东政法大学学报》2020 年第 3 期，第 16 页。

〔3〕 参见季卫东：《律师的重新定位与职业伦理》，载《中国律师》2008 年第 1 期，第 20 页。

赂、承诺给予利益、进行不当接触等方式来损害司法人员的廉洁性等，实质上就正是公益义务的一些要求。[1]因此，笔者认为，我国辩护律师职业伦理的混合模式在性质上是正当的，只是在忠实义务与公益义务之间缺乏必要的界分，并且缺乏面临利益冲突时的规则指引。基于此，笔者认为我国辩护律师职业伦理应当从以下几个方面进行明确界定：

首先，辩护律师应当积极维护当事人的合法利益。毋庸置疑，同域外国家律师职业伦理相同，忠诚义务也是我国辩护律师的首要职业伦理，对当事人合法利益的维护也是辩护律师在诉讼活动中的首要职责。当然，律师维护的只能是当事人的合法利益，如果是一些非法利益，辩护律师要受到公益义务的限制。

其次，辩护律师应当承担尊重当事人意志的消极义务。在我国刑事诉讼中，辩护律师的辩护权利由法律赋予，享有独立辩护的权利，在一定程度上能够充分发挥辩护律师的辩护作用。在刑事诉讼中辩护律师与当事人的意见有可能发生冲突，在此情况下辩护律师的专业性意味着当事人听从辩护律师的意见可能更有利于利益的维护。但是，这并不意味着辩护律师可以完全无须遵循当事人的意志开展辩护。当辩护律师的辩护意见与当事人意志存在冲突时，辩护律师首先应当尽最大努力与当事人进行沟通、协商，利用专业法律知识说服当事人，争取在辩护意见上达成一致意见。如果辩护律师已经履行了充分的协商义务，仍然没有说服当事人达成一致意见，辩护律师要么可以选择退出辩护，要么承担尊重当事人意志的消极义务，遵行当事人的意志履行辩护职责。

最后，辩护律师应承担一定限度的公益义务。辩护律师在承担忠诚义务以维护当事人利益的同时，还应承担以下几方面的公益义务，作为忠诚义务的限度或边界：第一，维护司法工作人员的廉洁性义务。辩护律师不得向司法工作人员行贿、承诺给予不正当利益、有不正当往来等行为。第

---

〔1〕 参见陈瑞华：《辩护律师职业伦理的模式转型》，载《华东政法大学学报》2020 年第 3 期，第 21 页。

二，消极的维护真实义务。辩护律师不得为了维护当事人不当利益而毁灭、伪造证据，教唆、威胁、引诱证人作伪证或改变证言以及其他妨碍司法公正的行为。第三，维护法庭秩序的义务。辩护律师在法庭上应当听从法官指挥，不得对司法人员实施人身攻击、有辱人格尊严、聚众哄闹法庭等扰乱法庭秩序的行为。第四，防止发生严重社会危害的义务。辩护律师得知当事人还有其他正在或者将要实施的危害社会的犯罪行为，应当及时向有关部门报告，以防止严重社会危害的发生。

我国辩护律师职业伦理中忠诚义务与公益义务的冲突无法避免。当面临利益冲突时，辩护律师应当以维护当事人的合法利益为首要职责，但是在此过程中又要受到公益义务的限制。但问题是，辩护律师维护当事人的合法利益过程中，执业行为应当受到何种限制？或者说，当当事人的合法权益受到办案机关侵害时，辩护律师如何能够最大程度地维护当事人的利益？边界在哪里？是否可以采取诸如“死磕式”的手段进行维权？笔者认为，在维护当事人合法权益时，辩护律师履行忠诚义务应当遵循以下三个基本原则：

首先，辩护律师应当穷尽诉讼内的救济途径。我国《刑事诉讼法》及相关司法解释已经规定了一些权利救济手段，包括申诉、控告、复议、上诉等。例如，2018 年《刑事诉讼法》第 49 条规定：“辩护人、诉讼代理人认为公安机关、人民检察院、人民法院及其工作人员阻碍其依法行使诉讼权利的，有权向同级或者上一级人民检察院申诉或者控告。……”第 117 条也规定当事人和辩护人、诉讼代理人、利害关系人对于司法机关及其工作人员的一系列违法性行为，有权向该机关申诉或者控告。可见，法律规范已经为当事人及其辩护人对违法行为的监督提供了权利救济途径。辩护律师在寻求救济时，应当首先通过诉讼内的法律手段，在穷尽法律手段仍无法对当事人合法权益的侵害行为进行救济时，才具有考虑采取诉讼外救济手段的正当性。

其次，辩护律师诉讼外维权行为应当遵循比例原则。比例原则是行政法上的一项原则，是指行政权力应当以对公民权利侵害最小的方式行使，主要包括适当性原则、必要性原则等原则。笔者认为，辩护律师在选择诉讼外维权行为时，也应当遵循比例原则，结合维权手段与性质同案件具体情形、司法公正可能遭受的损害等因素进行综合考量。实践中，一些辩护律师通过网络发声，披露相关办案机关的违法行为，如果是在穷尽诉讼内救济之后没有得到相应救济，而且结合案件具体情况程度合理、手段适当，并未扭曲事实或恶意攻击他人，应当认定行为符合辩护律师职业伦理，不应动辄予以处罚。

最后，辩护律师应当遵循有效辩护原则。一般而言，如果有明确法律依据的，辩护律师的辩护意见被法庭接受的可能性就较大。如果没有法律依据，仅仅是辩护律师的胡搅蛮缠，或者是一些瑕疵性的违法行为，对案件定罪量刑并无根本性影响，这种情况下，辩护律师没有必要反复纠缠。辩护律师应当严格依照法律规定对当事人合法权益提出辩护意见，同时还要用法庭比较认可的方式提出，这样才能最大限度地维护当事人合法利益。通过“死磕”等方式，看似是不顾后果地维护当事人的权益，但是是否被法庭所认可并在结局上有利于当事人，存在很大的不确定性。因此，律师应当遵循有效辩护的理念，谨慎使用诉讼内与诉讼外的辩护手段，最大限度地维护当事人的合法利益，同时要维护司法公正与社会公正，做到必要的平衡。

第四章

认罪认罚从宽制度中的刑事辩护

第一节　认罪认罚从宽制度对刑事辩护的影响

自我国于2018年《刑事诉讼法》修正时创设了认罪认罚从宽制度以来，该制度对我国刑事诉讼程序运作产生了重大影响。无论是刑事辩护的具体形态，还是控辩审三方之间的具体关系，认罪认罚从宽制度对此均产生了一系列的制度性影响。在刑事辩护领域，认罪认罚从宽制度的创设与实施，至少在以下几个方面影响了刑事辩护制度的发展与刑事辩护业务的运行。

一、律师参与刑事诉讼的需求增大

传统的刑事诉讼程序以无罪推定原则为基础，强调控辩双方的平等对抗。但是，由于控诉方是行使公权力的国家机关，处于先天的强势地位，为了保障被追诉方在刑事诉讼中能够与控诉方平等对抗，现代刑事诉讼程序设置了诸多对于被追诉方的权利保障机制，即所谓的“平等武装”原则。例如，赋予犯罪嫌疑人及被告人辩护权、沉默权、申请回避、上诉权等一系列诉讼权利，在庭审中基于无罪推定原则设置了复杂的法庭调查、法庭辩论环节，等等。认罪认罚从宽制度以控辩双方达成认罪认罚的诉讼合意为前提，控诉方通过实体上的从宽处罚来促使被追诉人认罪认罚，不再执着于无罪辩护。这意味着，以无罪推定为原则设计的证据制度、辩护制度、庭审制度等一系列程序机制不再适用。如同美国的辩诉交易制度，早在20世纪20年代，就有约90%的联邦刑事案件通过辩诉交易解决了，[1]但是美国最高法院一直不愿意承认辩诉交易的合法定位，直到1970年，在布雷迪诉美利坚合众国（Brady v. United States）一案，美国最高法院认可了美国辩诉交易制度的合宪性地位。通过辩诉交易解决的案件，根本无须经过法庭审理，可以直接通过辩诉之间的协议予以定罪量刑。在我国，认罪认罚案件虽然不能如同美国一样省略审理程序而直接定罪，但在审理程序上也进行了不同程度的简化：速裁程序一般不进行法庭调查、法庭辩论；简易程序中法庭调查可以简化，但对有争议的事实和证据应当进行调查、质证，法庭辩论可以仅围绕有争议的问题进行；适用普通程序审理的，可以适当简化法庭调查和辩论程序。[2]根据具体案件情况的不同进行不同程度的程序精简，显然符合“繁案精审、简案快办”的司法政策，对于优化司法资源配置具有重要的促进作用。但是，诉讼程序的简化与省略意味着，对被追诉人的权利保障也随之减弱。

认罪认罚从宽制度的逻辑是，被追诉人放弃一定的诉讼权利以加快诉讼程序来换取实体上的从宽处遇。而权利放弃的前提是被追诉人须是自愿且明智的。如果是在非自愿比如刑讯逼供下认罪认罚，或者是在缺少对于认罪认罚程序与后果理解的、不明智的情形下认罪认罚，即便在客观实体处理上具有从宽的法律后果，其认罪认罚也缺失正当性，这是程序正义的基本要求。所以，认罪认罚自愿性是认罪认罚从宽制度的基础，如果自愿性无从保证，这一制度从根本上就丧失了正当性。[3]那么，如何在刑事诉讼过程中保障犯罪嫌疑人、被告人认罪认罚的自愿性呢？显然，寄希望于具有强烈追诉动机的侦查机关与公诉机关是不现实的，具有专业法律知识的律师是最佳人员。但是，前文已经指出，我国目前的刑事辩护率并不

---

〔1〕 See Albert W. Alschuler, “Plea Bargaining and Its History”, *79 Column. L. Rev* 1, 10 (1979).

〔2〕 参见《刑事诉讼法》第219条、第224条和《认罪认罚指导意见》第44条、第46条、第47条。

〔3〕 参见魏晓娜：《完善认罪认罚从宽制度：中国语境下的关键词展开》，载《法学研究》2016第4期，第79页。

高，徘徊在20%～30%，而我国当前的认罪认罚从宽制度适用率已经达到90%以上。如何保障认罪认罚案件中犯罪嫌疑人、被告人获得律师帮助的问题，重要性不言而喻。本轮司法体制改革中推行的刑事辩护全覆盖试点与值班律师制度，在很大程度上也是为了解决保障认罪认罚自愿性的问题而加以推动的。可以说，认罪认罚从宽制度在我国的创立与深入发展，极大地在供给侧强化了律师参与刑事诉讼的需求。

二、有罪辩护成为常态

根据辩护方是否认可控诉方的控诉主张，刑事辩护可以分为无罪辩护与有罪辩护。无罪辩护是指辩护方否认控诉方的指控，认为犯罪嫌疑人、被告人不存在犯罪事实，或者实施行为并不构成犯罪。而有罪辩护则是指辩护方在承认犯罪嫌疑人、被告人构成犯罪的基础上，认为犯罪嫌疑人、被告人应当从轻、减轻或者免除处罚。在传统刑事诉讼程序中，刑事辩护律师往往以对抗性思维看待控方指控，在犯罪嫌疑人、被告人推定无罪的基础上进行刑事辩护。而在认罪认罚从宽制度中，如果犯罪嫌疑人、被告人认罪认罚意味其不再坚持无罪。认罪认罚从宽制度的高适用率则表明，在今后，犯罪嫌疑人、被告人认罪认罚将成为常态，相应地，刑事辩护将以有罪辩护为主。这就要求刑事辩护律师在认罪认罚案件中放弃传统的对抗性思维，在承认犯罪嫌疑人、被告人构成犯罪的基础上进行有罪辩护，争取量刑上的轻缓。

刑事辩护律师在传统刑事诉讼程序中更加注重对犯罪嫌疑人、被告人的行为定性，而在认罪认罚案件中，由于犯罪嫌疑人、被告人认罪认罚，控辩双方对涉案行为构成犯罪已形成诉讼合意，律师辩护的重心应当放在量刑辩护之上。具体而言，在认罪认罚案件中辩护律师应当重点关注指控的罪名是否正确、量刑建议是否合理，为犯罪嫌疑人、被告人在刑罚处罚上争取最大限度的宽缓。在有罪辩护成为常态的背景下，辩护律师应当掌握有罪辩护的技能，改变传统刑事辩护思维：一是应当掌握常见罪名的量刑幅度，改变过去注重定性而不注重定量的辩护思维，对常见罪名的量刑标准了然于胸，可以与检察机关就认罪认罚量刑建议进行沟通时提出有利于被追诉人的辩护意见。二是应当改变过去的对抗思维，加强与办案机关尤其是检察机关的沟通与协商。由于认罪认罚诉讼合意的存在，控辩双方之间就案件的核心分歧已经达成共识，但这并不意味着辩护律师没有发挥作用的空间。在认可被追诉人构成犯罪的基础上，辩护律师应当积极同检察机关进行沟通，对认罪认罚犯罪嫌疑人的刑罚处理提出意见，运用专业知识同承办检察官进行沟通与协商，争取实质性地影响检察机关提出的量刑建议。三是应当改变过去将辩护重心放在审判阶段的思维，将辩护重心前移到审查起诉阶段。辩护律师在传统刑事诉讼中往往将辩护重心放在庭审阶段，试图通过法庭中的举证质证以及辩护影响法官心证。而在认罪认罚案件中，检察机关的量刑建议对法官具有一定的约束力，〔1〕辩护律师应当在审查起诉阶段围绕定罪量刑提出实质性辩护意见，否则检察机关的量刑建议一旦形成，进入法庭审理阶段再试图改变的机会则非常渺茫。

三、控辩审关系的调整影响律师辩护的重心

控诉、辩护、审判是刑事诉讼的三大职能，三者之间的相互关系如何直接决定了刑事诉讼结构的合理性。在理论上，控辩双方平等对抗，裁判不偏不倚居中裁判，是最为理想的控辩审结构，有学者称之为“等腰三角形结构”。〔2〕认罪认罚从宽制度则在很大程度上影响了控辩审三者之间的关系，这首先体现在控审关系之上。我国传统的刑事诉讼模式以职权主义为底色，法官享有庞大的诉讼权力，行使最终的司法裁判权，犹如德沃金所描述法律帝国的“王侯”。〔3〕当前正在推行的以审判为中心的诉讼制度

---

〔1〕 2018年《刑事诉讼法》第201条第1款规定：“对于认罪认罚案件，人民法院依法作出判决时，一般应当采纳人民检察院指控的罪名和量刑建议，但有下列情形的除外：（一）被告人的行为不构成犯罪或者不应当追究其刑事责任的；（二）被告人违背意愿认罪认罚的；（三）被告人否认指控的犯罪事实的；（四）起诉指控的罪名与审理认定的罪名不一致的；（五）其他可能影响公正审判的情形。”

〔2〕 参见汪海燕：《刑事诉讼模式的演进》，中国人民公安大学出版社2004年版，第82页。

〔3〕 参见［美］德沃金：《法律帝国》，李常青译，中国大百科全书出版社1996年版，第361页。

改革，在很大程度上强化了法官群体的传统角色认知。以审判为中心的诉讼制度改革强调审判在诉讼各阶段的中心地位。审判中心主义以无罪推定为基本原则，强调控辩双方平等对抗，通过完善辩护制度、庭审机制、贯彻证据裁判原则、直接言词原则等予以实现。而认罪认罚从宽制度改革过程中提出的“检察主导责任论”“一般应当采纳”及以确定刑量刑建议为原则等理论与规定，与传统的法官职权角色定位产生直接冲突，也深刻地改变了认罪认罚案件中的控审关系。随着认罪认罚从宽制度改革趋向纵深，“检察机关主导”理论内涵不断扩展，对理论界与实务界的影响日益扩大。检察机关较早提出的“主导地位”，侧重“审前主导”或者“诉前主导”，现在则主张在刑事诉讼全部过程中发挥主导作用，表现在对于追诉活动、证明活动及程序选择的主导。〔1〕有论者对检察机关主导地位的转变进行了概括：第一，从审前主导走向诉讼主导，即检察机关需要在诉前、诉中和诉后的全部诉讼活动中承担主导责任；第二，从认罪认罚案件领域走向全部刑事案件领域，即检察机关要在所有刑事案件办理过程中发挥主导作用；第三，从“主导作用”走向“主导责任”，即检察机关不只行使职权，更需承担责任。〔2〕在认罪认罚案件中，检察机关的主导作用尤为明显，表现在认罪认罚的启动、协商、程序选择与量刑建议等方面。〔3〕有学者认为，在未来很长一段时间内，检察官在审判程序中的主导作用会逐步强化，最终会形成法官仅负责处理5%左右的不认罪案件，检察官负责处理95%的认罪案件这样一种大致格局。〔4〕实际上，我国司法实践中适用认罪认罚从宽制度的案件已经达到较高比例。

---

〔1〕 参见苗生明：《新时代检察权的定位、特征与发展趋向》，载《中国法学》2019年第6期，第224-240页。

〔2〕 参见赵恒：《论检察机关的刑事诉讼主导地位》，载《政治与法律》2020年第1期，第28页。

〔3〕 参见曹东：《论检察机关在认罪认罚从宽制度中的主导作用》，载《中国刑事法杂志》2019年第3期，第134-144页。

〔4〕 参见陈卫东：《刑诉中检察官主导地位：形成、发展与未来 评〈美国和欧洲的检察官〉》，载《检察日报》2019年8月21日，第3版。

在认罪认罚从宽制度的适用率背景下，认罪认罚案件的检察审前主导已经成为常态，这对刑事辩护的中心产生重要影响。传统的刑事辩护以法庭审理为重心，以说服法官认可辩护主张为目的。但是在以检察官为主导的认罪认罚案件中，辩护的重心正发生变化。在2022年，认罪认罚案件中检察机关的量刑建议采纳率已超过98.3%。[1]这表明，辩护律师如何在认罪认罚案件的审前阶段实质性地影响检察官的量刑建议，对于最终法院的定罪量刑至关重要。因此，认罪认罚案件的辩护重心应前移到审前阶段。当然，这并不意味着审判阶段的刑事辩护并不重要。毕竟，法院仍然行使最终的定罪量刑权。只是说，在认罪认罚案件中，基于检察机关的主导地位，辩护律师应当在审查起诉阶段全力进行辩护，不应当仅将辩护工作主要放在法庭审理阶段。

第二节　刑事辩护的重心：从审判到审前

认罪认罚从宽制度的构建对我国刑事诉讼程序产生了深远的影响。其中，公检法三机关的相互关系，即理论上的诉讼构造在该制度影响下也产生了变化。在探讨认罪认罚从宽制度对刑事辩护的影响之前，首先应当明确在该制度的影响下，我国刑事诉讼构造具体产生了何种变化。

一、纵向构造：检察机关的审前主导

我国传统刑事诉讼呈现一种“流水作业式的纵向诉讼构造”。[2]学界称之为“诉讼阶段论”，即将审判与侦查、起诉同等看待，审判不占据“老大”位置，而是跟其他几个诉讼阶段“肩膀齐，是兄弟”，无分轩轾，莫

---

〔1〕参见《一图读懂2023年最高检工作报告》，载https://www.spp.gov.cn/spp/zdgz/tj/202303/t20 230307_ 606746.shtml，最后访问日期：2023年9月1日。

〔2〕参见陈瑞华：《刑事诉讼的前沿问题》（上册），中国人民大学出版社2016年版，第277页。

论伯仲。[1]这种“流水作业式”的诉讼结构造成实践中法庭审判的虚化，继而导致冤假错案等问题的产生。当前正在推行的以审判为中心的诉讼制度改革正是为了改变此种诉讼构造，突出审理程序为诉讼中心，侦查和起诉是审判程序的准备阶段，法庭审理决定最终定罪量刑。检察机关在传统诉讼构造中的作用并不突出，其处于侦查和审理的中间环节，类似于传菜员的作用，在实践中发挥的作用十分有限。虽然我国坚持起诉便宜主义和法定主义相结合，但检察机关的不起诉率常年保持在2%~5%浮动，[2]程序分流作用并不明显。认罪认罚从宽制度的确立使得诉讼重心前移，审前程序尤其是审查起诉的重要性凸显，检察官在认罪认罚案件中发挥主导作用。这体现在程序和实体两个层面：

在程序层面，检察机关主导认罪认罚具结的全过程。首先，检察机关主导审前程序中认罪认罚的启动。根据法律规定，犯罪嫌疑人、被告人认罪认罚不仅限于审查起诉阶段，在侦查和审判阶段都可以认罪认罚。被告人在审判阶段才认罪认罚的，根据最高人民法院司法解释，法院可以不再通知人民检察院提出或者调整量刑建议。[3]这意味着，在审理阶段由法院启动被告人的认罪认罚程序，但犯罪嫌疑人在侦查、起诉阶段认罪认罚的，仍然由检察机关主导启动认罪认罚程序。其次，检察机关主导认罪认罚具结书的签署。认罪认罚具结书是认罪认罚程序的重要载体，其中包含罪名、量刑建议与程序选择等重要内容。在具结书的签署过程中，检察机关通过告知权利义务、拟定量刑意见等活动，主导着认罪认罚具结书的签署。最后，检察机关主导认罪认罚的协商。《刑事诉讼法》第173条规定，

---

〔1〕 参见张建伟：《审判中心主义的实质内涵与实现途径》，载《中外法学》2015年第4期，第865页。

〔2〕 这里的不起诉包含法定不起诉、酌定不起诉与证据不起诉三类。该比例由笔者通过《中国法律年鉴》公布的数据计算得出。

〔3〕《最高人民法院关于适用〈中华人民共和国刑事诉讼法〉的解释》（2021）第356条：“被告人在人民检察院提起公诉前未认罪认罚，在审判阶段认罪认罚的，人民法院可以不再通知人民检察院提出或者调整量刑建议。对前款规定的案件，人民法院应当就定罪量刑听取控辩双方意见，根据刑事诉讼法第十五条和本解释第三百五十五条的规定作出判决。”

检察机关应当听取犯罪嫌疑人、辩护人或者值班律师等人关于涉嫌犯罪事实、罪名及适用法律规定等事项的意见。检察机关虽然有义务听取关于事实与法律方面的意见，但最终决定权仍然由检察机关独自行使。

在实体层面，检察权在一定程度上具有司法裁判之功能，体现在以下三个方面：首先，量刑建议具有了实质约束力。虽然《刑事诉讼法》第201条规定法院“一般应当采纳”检察院的量刑建议，而且还设置了若干法定例外。但该条明确限制了法院自由裁量的空间，将其裁量权限定在“量刑建议明显不当”等几条例外情形。实践中，一些地区法院对于检察院的量刑建议采纳率已经超过了90%。检察机关的量刑建议对于法院的判决已然具有了实质约束力，这使得检察机关事实上不仅能够主导审前程序，甚至还在很大程度上主导了审判程序。[1]其次，审前分流功能的提升。认罪认罚从宽制度实施以来，检察机关对认罪认罚的犯罪嫌疑人依法作出不起诉决定208 754人，占适用该制度办理案件总人数的11.3%。[2]可见，认罪认罚从宽制度促使检察机关敢用、善用不起诉权，切实提高了检察机关审前分流的作用。最后，抗诉对认罪认罚的约束功能。认罪认罚具结一旦达成，即意味着控辩双方形成了诉讼合意，双方理应予以遵守。况且，检察权代表着国家公权力，此种诉讼合意有国家权力的背书，法院也应当予以尊重，对无明显不当的量刑建议应适当包容。若被追诉人无故反悔，或者法院无法定理由不采纳量刑建议，检察机关可以行使抗诉权，保障认罪认罚从宽制度的有效运行。

认罪认罚从宽制度调整了传统的刑事诉讼纵向构造。“流水作业式诉讼构造”凸显侦查中心主义，[3]以审判为中心的诉讼制度改革则强调以审

---

〔1〕 参见李奋飞：《论“交涉性辩护”——以认罪认罚从宽作为切入镜像》，载《法学论坛》2019年第4期，第39页。

〔2〕 参见张军：《最高人民检察院关于人民检察院适用认罪认罚从宽制度情况的报告——2020年10月15日在第十三届全国人民代表大会常务委员会第二十二次会议上》，载https://www.spp.gov.cn/spp/zdgz/202010/t20201017_482200.shtml，最后访问日期：2022年10月1日。

〔3〕 参见陈瑞华：《论侦查中心主义》，载《政法论坛》2017年第2期，第3-19页。

判为中心，认罪认罚从宽制度则形塑了一种以审查起诉为主导的诉讼构造。检察机关主导着认罪认罚案件的诉讼进程，不仅发挥着承上启下的作用，而且在一定程度上具有决定案件最终处理结果的实体权力。

二、横向构造：法庭审理的类“二元化”

我国传统的刑事审判构造属于职权主义模式，随着历次刑事诉讼法修订吸纳了当事人主义模式的合理因素，特别是以审判为中心的诉讼制度改革强调庭审实质化，刑事审判构造越来越趋向“抗辩式诉讼”。与传统诉讼模式强调的控辩相互对抗不同，认罪认罚从宽制度体现了“合作性司法”理念，〔1〕控辩双方从对抗向合作转变，形塑了一种基于合作的控辩审三方横向构造。即使如此，认罪认罚从宽制度仍以职权主义为基调。虽然认罪认罚从宽制度中被追诉人主体地位得以凸显，但是仍然受制于我国传统职权主义模式，呈现出一种“规范性”特征。〔2〕一方面，认罪认罚更像是检察机关单方给予的“恩惠”，而非被追诉人享有的一项权利。被追诉人及其律师虽然有表达意见的权利，检察机关应当听取，但并不受实质约束。另一方面，认罪认罚从宽制度受客观真实原则的统摄。这突出表现在认罪认罚案件中的证明标准并没有降低，仍要坚持犯罪事实清楚，证据确实、充分的法定证明标准，防止因犯罪嫌疑人、被告人认罪而降低证据要求和证明标准。〔3〕同时，法院不能放弃司法审查职责。根据《刑事诉讼法》及有关司法解释，法院应对认罪认罚案件进行实质审查，包括认罪认罚的自愿性与真实性、案件事实基础是否存在等。因此，我国认罪认罚从宽制度具有强烈的职权主义色彩，协商合意的理念只是最低限度地嵌入了职权主义

〔1〕 所谓“合作性司法”，是指控辩双方为最大限度地获取共同的诉讼利益而放弃对抗的诉讼模式。参见陈瑞华：《司法过程中的对抗与合作——一种新的刑事诉讼模式理论》，载《法学研究》2007 年第 3 期，第 118 页。

〔2〕 有学者将协商性司法分为以美国辩诉交易制度为代表的“效率型”和以德国认罪协商程序为代表的“规范型”，并将我国认罪认罚从宽制度归属于后者。参见向燕：《我国认罪认罚从宽制度的两难困境及其破解》，载《法制与社会发展》2018 年第 4 期，第 76-99 页。

〔3〕 《认罪认罚指导意见》第 3 条。

诉讼体制，在某种程度上还服务于职权主义诉讼体制。[1]当事人主义与职权主义特点的融合，使我国认罪认罚从宽制度的法庭审理呈现以下两个特点：

一是，“类二元”主体的非对抗审判特征。在职权主义诉讼构造中，控辩审三方呈等腰三角形之构造，法官居中裁判，控辩平等对抗。在认罪认罚案件中，由于控辩双方形成诉讼合意，对定罪、量刑以及诉讼程序已经形成一致意见，[2]由相互对抗走向相互合作，传统的控辩审三方构造便形成了审理者与控辩之间类似“两点一线”的“类二元”构造。在此构造中，法官、检察官是主要诉讼主体，辩护方虽然也是诉讼主体，但基于认罪认罚与控方达成一致，至少在形式上拧成了一股绳。控辩之间基于诉讼合意，共同追求实现认罪认罚之法律效果，而不再像传统庭审中那样针锋相对。法官则对控辩双方形成的认罪认罚合意内容进行审查确认。因此在形式上，认罪认罚案件呈现出“审—控辩”的二元化审判构造，辩方在一定程度上依附于控方，庭审具有非对抗性，使得审判构造类似于一种行政化的审查与被审查关系。

当然，辩方依附于控方并不意味着其没有独立发表意见的权利。在审理阶段，辩方可以对定罪量刑发表异议。被告人有权予以反悔，不仅可以在审判阶段撤回认罪认罚，也可以在一审判决尚未生效时提出上诉。另外，律师也可以独立进行无罪辩护或者罪轻辩护。[3]出现以上情形意味

---

〔1〕 参见杜磊：《认罪认罚从宽制度适用中的职权性逻辑和协商性逻辑》，载《中国法学》2020年第4期，第231页。

〔2〕 被追诉人在之后的审理阶段可以反悔并撤回认罪认罚，但要在程序与实体上承担一定的法律后果。

〔3〕 目前，被追诉人自愿认罪认罚，律师基于独立辩护权做无罪辩护或者罪轻辩护，是否影响认罪认罚从宽制度适用并无明确法律规定，针对该问题实务界存在两种不同的观点与做法：一是不再适用认罪认罚从宽制度。检察机关撤回量刑建议，案件转为普通诉讼程序，或者法院不再受量刑建议的拘束，通知检察院调整量刑建议或者不予采纳。二是继续适用认罪认罚从宽制度。最高人民检察院副检察长陈国庆认为，“对于认罪认罚案件而言，若被告人系自愿认罪认罚并签署具结书，即使律师提出无罪或者罪轻的辩护意见，法庭经过审理认为检察机关指控罪名正确的，仍然应当依法适用认罪认罚从宽制度”。蒋安杰：《认罪认罚从宽制度若干争议问题解析（下） 专访最高人民检察院副检察长陈国庆》，载《法治日报》2020年5月13日，第9版。据笔者了解，目前实践中律师发表与当事人认罪认罚不同意见的情形较少，若出现此种情况，司法机关一般采取第一种做法即不再适用认罪认罚从宽制度。

着，控辩之间的依附关系出现破裂，认罪认罚的诉讼合意不复存在，案件将不再适用认罪认罚从宽制度，回归传统审理模式。应当认识到，当前认罪认罚案件已经形成了较为稳固的"类二元"审判构造。换言之，控辩达成认罪认罚具结协议后破裂的情形较少。这从认罪认罚从宽制度的高适用率可见一斑。虽然存在认罪认罚的撤回，如不满一审判决上诉、律师发表不同辩护意见等情形，但在司法实践中属于极少数。

二是，法官权力范围受限，但愈加强调职权功能的发挥。与传统职权主义诉讼构造的法官职权相比，法定从宽模式下法官的审判权限受到一定限制，体现在三个方面：第一，审理范围的限定。传统职权主义诉讼模式中法官的裁判权过大，对案件进行全面实质审查，不受检察机关起诉范围的限制。而在认罪认罚案件中，控辩双方对定罪量刑已达成认罪认罚具结协议，法官无须进行全面审查，只需围绕2018年《刑事诉讼法》第201条规定的几个法定例外进行特定性审查。若无法定例外情形的存在，法官则应当采纳公诉人的量刑建议。第二，裁判方式的转变。传统的审判构造是控辩两方平等对抗，法官居中裁判，而在法定从宽模式的"类二元"审判构造中，法官裁判的方式由局中裁判衍化为一种单边审查。具言之，法庭审理程序中，控辩双方的对抗性减弱，法庭调查、法庭辩护程序简化甚至省略，法官无法通过控辩双方的相互对抗来查明案件事实，而是通过与控辩双方的面对面沟通，甚至仅凭阅卷来审查认罪认罚的自愿性与真实性，更加类似于行政审查中的双方关系。当然，法庭审理仍然是控辩审三方俱在，法官仍需要听取被告人及其辩护律师的意见，但是这种审理更像是对认罪认罚结果的一种确认，有学者形象地称其为"确认式庭审"。[1]第三，量刑建议的实质约束。《刑事诉讼法》第201条的"一般应当采纳"之条款，使得检察机关的量刑建议由传统的求刑权，在一定程度上具有了左右法官定罪量刑的实质效力，量刑建议的效力明显呈实质化的态势。

---

〔1〕 参见李奋飞：《论"确认式庭审"——以认罪认罚从宽制度的入法为契机》，载《国家检察官学院学报》2020年第3期，第39-54页。

即便如此，在认罪认罚案件中仍奉行法官保留原则，如果经审查后认为存在认罪认罚不符合真实性、自愿性，或者有量刑建议明显不当等法定情形的，法官不受量刑建议的约束。虽然控辩双方已经形成诉讼合意，但并不意味着法官仅进行形式化确认即可。需要指出的是，法院在认罪认罚案件审判阶段仍然体现出较为浓厚的职权主义色彩，即运用职权审查是否构成犯罪、罪名认定是否准确以及量刑建议是否明显不当等问题。[1]甚至，认罪认罚案件“类二元”的审判构造中，法官进行类似行政化的单边审查，应更主动地发挥职权审查作用。具体而言，法官应当进行充分的庭前阅卷，在此基础上当庭听取控辩双方意见，以判断认罪认罚的真实性与合法性。由于认罪认罚案件诉讼程序的精简，在短暂的法庭审理中很难完成事实审查，这就要求法官在庭前需要对事实基础已经有较为明确的把握，甚至在庭审前已经形成判断，当庭听取意见只是对于早前判断的综合印证。由于被告人已经认罪认罚，法官庭前阅卷并不会导致诸如庭前预断等问题发生，反而可以保障犯罪嫌疑人、被告人认罪认罚的真实性。在此意义上，认罪认罚案件审判构造的职权色彩更加浓重。

三、刑事辩护的重心前移

在上述认罪认罚从宽制度的影响下，我国控辩审三方关系产生了重大变化，同时也影响了刑事辩护的重心。检察机关在认罪认罚案件居于主导地位，决定了刑事辩护的重心应当由审判阶段转移至审前阶段，尤其是在审查起诉阶段。在审前阶段，辩护律师应当主要围绕以下三项重点内容开展工作：一是对犯罪嫌疑人、被告人认罪认罚自愿性与真实性的保障。一般情况下，犯罪嫌疑人、被告人对自己的行为是否构成犯罪、如果构成犯罪涉嫌何种罪名以及关于认罪认罚从宽制度的法律规定及法律后果并不了解，因此律师在审前阶段的重要任务就是向他们提供法律咨询，保障其认

〔1〕 汪海燕：《认罪认罚从宽制度中的检察机关主导责任》，载《中国刑事法杂志》2019年第6期，第53页。

罪认罚的自愿性与真实性。二是对刑事强制措施的适用提出意见。犯罪嫌疑人、被告人一旦认罪认罚，无论从实体上还是从程序上都可以获得从宽处理。辩护律师应当充分利用犯罪嫌疑人、被告人认罪认罚情节，为处于羁押状态的犯罪嫌疑人在审前阶段申请变更前置措施。三是基于认罪认罚对检察机关量刑建议提出意见。辩护律师通过阅卷与会见对案件进行整体把握，并与犯罪嫌疑人、被告人进行有效沟通后，如果犯罪嫌疑人、被告人认罪认罚，辩护律师应当向承办检察官查提出辩护意见，基于犯罪嫌疑人、被告人的认罪认罚努力争取从轻或减轻的刑罚处罚。

第三节 刑事辩护的形态：从对抗到协商

我国认罪认罚从宽制度虽与美国辩诉交易存在本质不同，但也具备了认罪协商的一些属性，主要内容是量刑协商。有学者将认罪认罚从宽制度称为“中国式协商性司法”，[1]“控辩协商是认罪认罚从宽程序的本质内核”。[2]在认罪认罚从宽制度中，国家开始以相对平等的姿态与被告人协商，以某种特定的实体上或程序上的利益来换取被告人的认罪，从宽是协商的结果。[3]也有学者指出，认罪认罚从宽制度虽是职权主义融合当事人主义的产物，但在我国传统职权主义诉讼构造统摄下，被追诉人显然不具有与检察机关“讨价还价”的筹码与条件，存在严重的控审失衡问题。[4]虽然理论上存在争议，但在法律规范与司法实践中，控辩双方在认罪认罚案件中进行沟通协商已经成为常态，我国的合作性或协商性司法已初具雏

〔1〕 参见张建伟：《认罪认罚从宽处理：中国式辩诉交易?》，载《探索与争鸣》2017年第1期，第71-77页。

〔2〕 参见樊崇义：《认罪认罚从宽协商程序的独立地位与制度保障机制》，载《国家检察官学院学报》2018年第1期，第121页。

〔3〕 魏晓娜：《完善认罪认罚从宽制度：中国语境下的关键词展开》，载《法学研究》2016年第4期，第85页。

〔4〕 参见龙宗智：《完善认罪认罚从宽制度的关键是控辩平衡》，载《环球法律评论》2020年第2期，第9-13页。

形。下文从认罪认罚案件中控辩协商的基本形态、基础保障与主要场域三个方面论述在认罪认罚从宽制度影响下刑事辩护的协商形态。

一、协商的基本形态：听取意思

与传统诉讼模式强调的控辩相互对抗不同，认罪认罚从宽制度体现了合作性司法理念。“合作性司法”模式发展的前提条件是，被追诉人能够实质性处分自己的诉讼权利，具有能够同国家控诉机关进行有效沟通与协商的地位与条件。在我国传统的职权主义，甚至强职权主义诉讼构造下，该前提条件显然并不具备。通过近些年的司法体制改革，抗辩式刑事诉讼构造逐渐发展，被追诉人的诉讼地位与权利得到提高与保障，为协商性司法理念的引入打下了基础。在认罪认罚从宽制度中，被追诉人主体地位进一步增强。例如，犯罪嫌疑人与检察官达成认罪认罚具结的，检察官应当听取其意见；被告人可以自主选择适用速裁程序或简易程序；被告人在认罪认罚以后，可以否认指控的犯罪事实并撤回认罪认罚，等等。被追诉人自愿认罪认罚，意味着其对事实认定无异议，无论进入速裁、简易抑或普通程序，程序均在一定程度上进行了简化。同时，被追诉人也不再受到刑事诉讼法赋予的各种诉讼权利的保障，不再享有辩护权、申请证人出庭作证权、申请排除非法证据权等相关诉讼权利。可以认为，我国虽然未在法律层面明确确立被追诉人权利处分制度，但实质意义上的权利处分实践已经在不同程度上、在一定范围内存在，且呈扩大化趋势，[1]这为我国合作性司法的发展奠定了基础。

虽然控辩双方在协商地位与能力上仍然存在一定差距，但是法律规定仍然赋予了辩护方同控诉方进行沟通与交涉的权利。根据《刑事诉讼法》第173条规定，检察机关在审查起诉过程中应当讯问犯罪嫌疑人，并听取辩护人或者值班律师的辩护意见。辩护人或值班律师可以就案件事实、罪名、

---

〔1〕郭松：《被追诉人的权利处分：基础规范与制度构建》，载《法学研究》2019年第1期，第157页。

适用法律向检察官提出从轻、减轻、免除处罚等的从宽建议。《人民检察院刑事诉讼规则》第269条规定检察机关应当主动听取认罪认罚的犯罪嫌疑人及其辩护人或值班律师对于定罪问题、量刑问题以及程序选择的意见。而且，《认罪认罚指导意见》第33条规定，人民检察院提出量刑建议前，应当充分听取犯罪嫌疑人、辩护人或者值班律师的意见，尽量协商一致。

从上述法律规定来看，在认罪认罚案件中，立法者旨在赋予辩护方通过提出意见的方式与控诉方沟通的权利。尤其是《认罪认罚指导意见》的规定表明，认罪认罚案件的从宽处理需要控辩双方的协商一致。有学者将认罪认罚从宽制度中控辩双方的沟通机制界定为一种“听取意见式司法”，即由被追诉人通过认罪认罚来争取从宽处理，专门机关则在吸收被追诉人等合理意见的前提下依法确定认罪认罚利益。[1]笔者认为，办案机关“听取意见”只是一种形式，认罪认罚从宽制度在本质上仍然是辩方通过放弃一定的诉讼权利与控方协商来换取从宽处理。但是，因为我国刑事诉讼的职权主义色彩浓厚，在司法实践中受到职权主义因素的影响下控辩双方并不处于平等地位，使得法律规定中的控辩协商变形成为一种单向度的听取意见，具体表现在以下三个方面：

首先，控辩双方地位不对等，无法形成有效协商。虽然法律规定检察机关应当听取被追诉人及辩护律师或值班律师的意见，但是听取意见并不意味着有效的沟通与协商。这是因为：第一，检察机关在认罪认罚案件中很难摆脱天然的强势惯性与地位，而犯罪嫌疑人大多身陷囹圄，不具备同检察机关进行平等协商的实质条件。法律规定认罪认罚从宽制度适用于所有刑事案件，但是有时被追诉人自愿认罪，检察机关却并不适用，因为“可以适用并不等于必然适用，是否适用的决定权在于司法机关”，[2]认罪认罚于是成为司法机关的“恩赐”。第二，被追诉人在缺乏法律认知以及

[1] 参见闫召华：《听取意见式司法的理性建构——以认罪认罚从宽制度为中心》，载《法制与社会发展》2019年第4期，第56页。

[2] 陈国庆：《刑事诉讼法修改与刑事检察工作的新发展》，载《国家检察官学院学报》2019年第1期，第16-39页。

有效法律帮助的情形下，对犯罪事实、罪名等无法提出有效的意见。实践中，多数犯罪嫌疑人会直接对检察官的建议表示同意，极少数犯罪嫌疑人会提出对量刑的疑惑或不满，检察官则会解释量刑的由来以及量刑已经从宽的表现，但基本不会对量刑建议做出修改。[1]第三，即使被追诉人或者律师提出了与认罪认罚罪名、量刑等相关的辩护意见，但因缺乏有效协商的渠道与机制，如果检察机关不采纳，对量刑建议并无实质影响。

其次，协商“筹码”不均衡。在认罪认罚案件中，被追诉人多处于被动接受检察机关量刑意见的地位。这是因为：一方面，检察官掌握案件的完整信息和所有证据材料，而被追诉人不具有阅卷权，在缺乏有效法律帮助的情况下，对案件缺乏科学明确的认知与评估；另一方面，被追诉人以认罪认罚作为协商筹码对于检察机关而言并不具有太大的吸引力。美国辩诉交易制度中被告人享有宪法赋予的陪审团审理及诸多诉讼权利，在德国，被告人在审判阶段也具有相对刚性的证据调查申请权，而这些权利是被追诉人同控方进行协商的重要筹码。[2]相比之下，我国认罪认罚从宽制度并未完全省略审判程序，仅是相对简化，被追诉人享有的诉讼权利也并不因认罪认罚而受到过多的限制，办案机关反而需要保障值班律师提供法律帮助，认罪认罚对于控方而言并没有实质吸引力。

最后，有效法律帮助的缺失。律师提供法律帮助能够有效弥补协商性司法中控辩双方巨大的力量悬殊。《美国律师协会刑事司法准则》明确规定，律师在建议被告人接受认罪答辩之前，应当对案件进行全面细致的调查研究，包括对与案件有关的法律规定以及法庭上有可能出示的证据进行分析。[3]但是，实践中基于经济收入不高、案件压力大等原因，律师在美

---

〔1〕 参见曾亚：《认罪认罚从宽制度中的控辩平衡问题研究》，载《中国刑事法杂志》2018年第3期，第37-49页。

〔2〕 参见魏晓娜：《结构视角下的认罪认罚从宽制度》，载《法学家》2019年第2期，第111-123页。

〔3〕 See F. Andrew Hessick Ⅲ, Reshma M. Saujani, “Plea Bargaining and Convicting the Innocent: the Role of the Prosecutor, the Defense Counsel, and the Judge”, *16 BYU L. Pub. L.* 189, 217 (2002).

国辩诉交易制度中很难提供有效辩护。我国认罪认罚从宽制度面临类似问题：一方面，如前文所述，虽然法律规定办案机关应当听取律师关于认罪认罚的辩护意见，但是由于沟通协商机制的缺失，律师意见很难发挥有效作用。且实践中有些检察机关同犯罪嫌疑人达成认罪认罚合意后，再通知值班律师见证具结书的签署，律师根本无法实质参与协商过程。另一方面，为解决值班律师法律帮助形式化的问题，《认罪认罚指导意见》明确赋予了值班律师会见、阅卷的权利。问题是，在目前值班律师委派制的背景下，其有没有动力去行使这一权利、更进一步的追问、基于阅卷而在认罪认罚案件中提供的法律帮助是否有效，都需要进一步的实践检验。

因此，如何克服上述的控辩双方的不平等问题，保障辩护律师能够通过提出意见、办案机关听取意见这种方式与办案机关进行平等沟通与协商，是今后完善认罪认罚从宽制度与刑事辩护制度的发展方向。

二、协商的基础保障：自愿性与真实性

自愿性是认罪认罚从宽制度适用的前提。传统的对抗性司法为了保障控辩双方的平等对抗，设置了诸多程序原则与机制，诸如赋予被追诉方辩护权、确立无罪推定、直接言词、证人出庭、非法证据排除原则等，以确保控辩双方能够有效进行对抗，获取案件客观真相。而在协商性司法中，犯罪嫌疑人、被告人选择了认罪认罚，放弃了无罪辩护，在客观上也就放弃了无罪推定、程序正义、辩护权在内的诸多程序保障。[1]这些程序设置是国家对于被追诉人的权利保障，其实施还有赖于被追诉人的主动行使。这就意味着，犯罪嫌疑人、被告人作为理性的人，从追求诉讼利益最大化的角度可以放弃行使这些权利保障，即拥有“放弃权利的权利”。在认罪认罚从宽制度中，犯罪嫌疑人、被告人之所以选择认罪认罚，主要原因在于可以在实体上获得“从轻”的处罚，在程序上也可以免除不必要的讼

〔1〕 参见陈瑞华：《司法过程中的对抗与合作——一种新的刑事诉讼模式理论》，载《法学研究》2007 年第 3 期，第 113-132 页。

累。这种诉讼利益上的考量，必须由犯罪嫌疑人、被告人自己行使，其他任何人都无法替代。并且在做出这种诉讼选择时，行为人必须是自愿且明智的，明确知悉认罪认罚的法律性质与法律后果，否则认罪认罚就丧失了基本的正当性。

真实性是认罪认罚从宽制度适用的底线。现代刑事诉讼程序是以无罪推定原则为基础构建起来的，设置了包括疑罪从无原则、直接言词原则、证明责任、证明标准等一系列刑事证明机制以及法庭辩论、法庭调查等法庭审查机制。但是在认罪认罚案件中，基于犯罪嫌疑人、被告人认罪认罚这一前提，可以直接进行事实认定而省略定罪程序。因此，协商程序是“契约取向”对“原则取向”刑事诉讼构造的本质性颠覆。〔1〕这种颠覆极易造成案件处理丧失真实性，一方面，因为协商性司法中法官进行裁判的依据是控辩双方形成的“合意事实”，如魏根特教授所言：“协商式刑事诉讼制度下的判决，不是建立在努力查明事实真相的基础上，而是基于假定的案件事实和被告人对这种处理的认可上。”〔2〕这种“合意事实”可能因并没有达到法定证明的标准而存在疑问，抑或存在诸多干扰因素如存在刑讯逼供影响“合意事实”的真实性；另一方面，对抗性司法所包含的司法理念与程序设计在协商性司法中并不适用，基于控辩双方对抗发展起来的案件事实发现机制与诉讼程序失去了用武之地，仅基于被追诉人的认罪认罚而定罪，缺失了对抗性司法中案件真实发现机制的保障。所以，在认罪认罚案件中易产生冤假错案。正义不能够讨价还价，认罪认罚案件仍然要以客观事实为依据，实体处理要具备客观事实基础，这是司法公正的基本要求与底线。

一般情况下，被追诉人并不了解与掌握法律知识，而认罪认罚的前提必须是犯罪嫌疑人、被告人对其实施的犯罪行为所涉嫌的罪名及认罪认罚

---

〔1〕 参见林钰雄：《干预处分与刑事证据》，北京大学出版社 2010 年版，第 145 页。

〔2〕［德］托马斯·魏根特：《德国刑事诉讼程序》，岳礼玲、温小洁译，中国政法大学出版社 2004 年版，第 166 页。

的法律后果具有清晰的认识，但显然仅仅依靠犯罪嫌疑人、被告人自己判断是无法达到这样的要求。为了保障犯罪嫌疑人、被告人认罪认罚的自愿性，必须使其对其行为所涉嫌的罪名、刑罚等有比较明确的法律认知。这并不是苛求犯罪嫌疑人、被告人，而是要求公安司法机关保障犯罪嫌疑人、被告人获得告知及法律援助的权利。虽然，检察官和法官也会确认被告人认罪认罚的自愿性，但他们所进行的程式化告知及审查确认，远不能与律师在保障被告人认罪认罚自愿性中所发挥的功能相提并论。〔1〕因此，在认罪认罚案件中，必须提供具有专业法律知识的律师，由律师帮助犯罪嫌疑人、被告人了解其所涉嫌的罪名、认罪认罚的法律后果、量刑轻重等法律问题。另外，律师能够防止犯罪嫌疑人、被告人被迫认罪。控诉方手中享有巨大的公诉权，而且与被追诉人处于信息不对等的支配地位。在此情形下，被追诉人可能会屈服于承办人的压力而“自愿”认罪认罚，形成一种“屈从型自愿”。〔2〕尤其是对羁押状态的犯罪嫌疑人而言，因人身自由受到限制，承受巨大的心理压力，极易作出错误的认罪认罚。可见，律师参与认罪认罚案件具有重要意义，是防止犯罪嫌疑人、被告人非自愿认罪认罚的重要保障，这也是我国当前推行刑事辩护全覆盖的动力与原因之一。

三、协商的主要场域：量刑与强制措施

我国刑事诉讼程序的协商属性虽然还不明显，但是已经在对抗式的基础上发生了转变。刑事辩护律师应当转变对抗式的辩护思维与方式，掌握以沟通和协商为核心的辩护技巧。以协商为方法，并不是说诉讼中并不存在对抗了，只是意味着律师以协商的方式进行对抗，把握好对抗的尺度，通过与检察官的沟通、交流达到辩护目的。在认罪认罚案件中，由于犯罪

---

〔1〕 参见胡云腾主编，最高人民法院刑事审判第一庭编著：《认罪认罚从宽制度的理解与适用》，人民法院出版社 2018 年版，第 94 页。

〔2〕 参见郭烁：《认罪认罚从宽背景下屈从型自愿的防范——以确立供述失权规则为例》，载《法商研究》2020 年第 6 期，第 127-138 页。

嫌疑人、被告人已经认罪，在罪名的认定已经形成诉讼合意，辩护律师与检察官的协商应当重点围绕量刑辩护与强制措施辩护。具体而言：

一是量刑辩护。认罪认罚作为一个情节，辩护律师应当予以充分利用并在量刑上追求对被追诉人的利益最大化。辩护律师应与控诉方在确定基准刑的基础上，对被追诉人的所有量刑情节进行“同向相加，逆向相减”，以初步确定宣告刑。[1]在此过程中，律师应当提出有利于被追诉人的全部犯罪情节，既包括坦白、自首、未成年人等法定情节，也包括具体的酌定情节，在最大限度上降低检察官针对认罪认罚的被追诉人在审查起诉阶段的量刑建议。在审查起诉向检察官提出意见的这一过程中，律师需要注意，不能仅仅提交一份量刑辩护意见即可，而需要与检察机关针对量刑指导意见与案件的具体情节进行反复沟通，对量刑建议提出具体意见。若检察机关最终不采纳辩护律师的量刑辩护意见，检察机关必须进行说明解释，否则，辩护律师有权拒绝在认罪认罚从宽具结书上签字。只有如此，才能保证审查起诉阶段控辩双方协商的有效性，而不仅仅是辩方向控方单向地提出意见。

在司法实践中，检察官不注重听取辩护律师意见，或者听取了辩护律师的意见而不作反馈的现象时有发生。一旦在审查起诉阶段达成认罪认罚具结协议，而关于被追诉人的合理意见却未被采纳，对于被追诉人合法权益的保障是极为不利的。因为，认罪认罚具结书中的量刑建议对辩方与法官均具有一定的约束力，如果在审查起诉阶段没有实质性地影响量刑建议，到了审判阶段的难度将更大。《认罪认罚指导意见》第27条第2款明确规定：“人民检察院未采纳辩护人、值班律师意见的，应当说明理由。”因此，检察官不仅要听取辩方意见，还要做到能够听进去，关键在于意见反馈。笔者建议在认罪认罚具结书签署之前，构建独立的控辩意见交流机制，探索控辩双方量刑协商规则，充分保障被追诉人的认罪认罚权利。

二是强制措施辩护。根据表4-1，2012—2021年，我国审前被批捕、

〔1〕 参见陈瑞华：《刑事辩护的艺术》，北京大学出版社2018年版，第273页。

决定逮捕的被追诉人占判决生效人数的比例依次为 83.98%、77.37%、75.92%、72.43%、69.01%、85.15%、73.88%、65.52%、50.43%、50.61%，虽呈逐年下降之趋势，但总体仍然保持在一个较高的水平，2017 年还出现反弹。[1] 再看捕判情况，根据表 4-1，[2] 我国生效判决中被判处有期徒刑以上刑罚的罪犯与批准、决定逮捕人数比例逐年上涨（在 2017 年存在回升），表明逮捕羁押必要性的审查趋向严格，捕当其罪逐步好转。

表 4-1　2012—2021 年全国捕判情况

年度	批捕、决定逮捕人数	判决生效人数	有期徒刑以上刑罚人数	逮捕人数比例（%）	3 年有期徒刑以上刑罚人数（包括无期徒刑、死刑）	逮捕人数比例（%）
2012	986 056	1 174 133	649 909	83.98	254 335	25.8
2013	896 403	1 158 609	609 526	77.37	204 494	22.8
2014	899 297	1 184 562	615 139	75.92	184 475	20.5
2015	892 884	1 232 695	657 377	72.43	189 384	21.2
2016	842 372	1 220 645	634 799	69.01	167 725	19.9
2017	1 081 545	1 270 141	710 605	85.15	294 295	27.2
2018	1 056 616	1 430 091	795 167	73.88	223 474	21.1
2019	1 088 490	1 661 235	953 812	65.52	267 078	24.5
2020	770 561	1 528 034	865 819	50.43	258 919	33.6
2021	868 445	1 715 922	977 260	50.61	255 531	29.4

从以上数据可以初步得出：一是目前未决羁押率仍然保持在较高比例；二是每年仍有一部分达不到有期徒刑以上刑罚的被追诉人被不当羁押；三是未决羁押案件中轻罪犯罪嫌疑人、被告人占较大比重。这表明，我国审前程序中的强制措施具有较大的辩护空间。在犯罪嫌疑人认罪认罚

〔1〕 数据来源于中国法学会在 2012—2021 年发布的《中国法律年鉴》。

〔2〕 数据来源于中国法学会在 2012—2021 年发布的《中国法律年鉴》。

的前提下，辩护律师可以利用这一情节与检察机关积极沟通，争取强制措施的变更。当前，中央层面出台了“少捕慎诉慎押”的刑事司法政策，旨在降低羁押率，提高不起诉率，表明中央层面已经注意到我国刑事诉讼中审前羁押率过高的问题，通过出台司法政策予以应对。以适用认罪认罚从宽制度为契机，辩护律师应当在审前程序中积极为犯罪嫌疑人申请取保候审，实现有效的强制措施辩护。

第四节 认罪认罚案件刑事辩护的独立性

根据《刑事诉讼法》有关规定，犯罪嫌疑人、被告人自愿认罪认罚的，能够享受从宽的法律处遇。犯罪嫌疑人、被告人自愿认罪认罚，需要辩护律师或值班律师提供法律帮助，帮助其知悉所涉嫌的罪名、可能招致的刑罚以及认罪认罚有关法律规定。然而，在这一过程中，律师的意见可能与犯罪嫌疑人、被告人存在龃龉，导致在是否认罪认罚问题上产生意见冲突。如犯罪嫌疑人、被告人认罪认罚，但是律师认为其不构成犯罪或者构成轻罪等。这种情况下，律师应当如何权衡选择，是坚持无罪或轻罪辩护，还是妥协附和认罪认罚，是当前司法实践中亟待厘清的重要问题。

首先应当明确，辩护律师享有根据自己的意志独立行使辩护的权利，这是法律的明确规定，也是律师法律职业伦理的应有之义。我国《刑事诉讼法》第 37 条规定，“辩护人的责任是根据事实和法律，提出犯罪嫌疑人、被告人无罪、罪轻或者减轻、免除其刑事责任的材料和意见，维护犯罪嫌疑人、被告人的诉讼权利和其他合法权益”，此为律师独立辩护权的基本依据。另外，根据《律师办理刑事案件规范》第 5 条第 1 款的规定，“律师担任辩护人，应当依法独立履行辩护职责”。辩护律师的辩护权利由法律明确授予，原则上不受制于犯罪嫌疑人、被告人的意志。这是因为，辩护律师不仅“应当维护当事人合法权益”，还应当“维护法律正确实施，维护社会公平和正义”。在法律职业伦理上，可将辩护律师的职责归纳为双重忠诚义务：一是忠诚于当事人，在法律与道德允许的范围内为当事人追求利益最大化；二是忠诚于刑事公正，保障法律正确实施，维护社会公共利益。

认罪认罚从宽制度的全面推行，对律师独立行使辩护权、履行忠诚义务的双重内容产生了重大影响。在传统刑事案件中，律师若与当事人存在意见冲突，如当事人认罪而律师坚持无罪或轻罪辩护，抑或当事人坚持无罪而律师作有罪辩护，不会对案件的程序选择或者实体刑罚造成重大影响。而在认罪认罚从宽制度下，当事人与辩护律师关于是否认罪认罚的意见，直接决定着案件在程序上是否从简，当事人在实体上能否从宽。因此，在当事人认罪认罚的情况下，律师采取何种辩护策略必须慎之又慎。

在当前司法实践中，若犯罪嫌疑人、被告人已经认罪认罚，但是律师坚持作无罪或轻罪辩护的，将会面临以下两种后果：一是检察机关撤回原有量刑建议，案件转入普通程序进行审理。律师坚持无罪辩护，表明其不认可检察机关与当事人达成的认罪认罚具结协议，检察机关可以律师作无罪辩护为由合理怀疑当事人的悔罪态度，从而否定认罪认罚，撤回原有的量刑建议，案件转入普通程序进行审理。如在速裁程序中，若辩护人作无罪辩护，则要转为普通程序审理，进行法庭调查和法庭辩护。二是案件继续适用认罪认罚从宽制度，法院通知检察院调整或不予采纳量刑建议。虽然案件继续适用认罪认罚从宽制度，但是法官同样可以基于律师不同的辩护意见而不认可被告人的认罪认罚，并根据《刑事诉讼法》第201条第1款第3项被告人否认指控的犯罪事实或者第2款量刑建议明显不当，通知检察院调整或者不予采纳其量刑建议。以上两种情况下，对当事人合法利益的保障都极其不利。第一种情形下，辩护人的无罪辩护若无法成立，当事人将失去认罪认罚的从宽“红利”。而结合我国无罪判决率极低的现实情况，辩护律师采取此种辩护策略需要承担极大的风险。第二种情形下，法院不认可认罪认罚意味着当事人往往将承担比原量刑建议更重的刑罚。

因此，认罪认罚从宽制度对于律师独立辩护权的行使以及忠诚义务的履行提出了更高的要求：

首先，应当维护当事人认罪认罚从宽制度的“红利”。认罪认罚从宽制度可以视为犯罪嫌疑人、被告人享有的一项制度“红利”。认罪认罚作为一项法定情节，不仅可以影响强制措施的适用，促进全案诉讼流程的简化，缩短相应的程序期限，还能够帮助犯罪嫌疑人、被告人在实体上获得刑罚减让。因此，辩护律师经过会见、阅卷后认为当事人构成犯罪的，应当积极履行法律帮助职责，为当事人细致讲解认罪认罚从宽制度相关规定，促使当事人自愿且明智地选择认罪认罚，以享受认罪认罚从宽制度的“红利”。与此同时，辩护律师还应充当积极协商者之角色，主动与检察机关进行有效沟通，为当事人谋取利益最大化的从宽处遇。

其次，应当保障认罪认罚从宽制度的有效运行。如果在律师的沟通、协商与见证下，犯罪嫌疑人、被告人选择认罪认罚，与检察机关签订了认罪认罚具结书，律师在之后的诉讼程序中不应轻易改变辩护意见。这是因为，认罪认罚从宽制度的确立，固然有节约司法资源，提升司法效率层面的原因，更为重要的原因在于促使犯罪嫌疑人、被告人内心真诚悔过，接受处罚结果，减少同社会的对抗性，能够早日回归社会。在认罪认罚从宽制度的适用中，检察机关与被追诉人及其律师达成一致的定罪量刑意见，一定程度上反映了被追诉人对自己的犯罪行为的认罪悔罪，并同意接受约定的惩罚的意思表示。所以，认罪认罚具结书的签署建立在控辩双方诉讼合意的基础之上，各诉讼参与主体理应对这种合意予以尊重。对于法官而言，体现在《刑事诉讼法》第201条所规定的除法定情形外，一般应当采纳检察机关的量刑建议。对于律师而言，一旦参与见证认罪认罚具结书的签署，则一般不应当再提出不同的辩护意见。

最后，应当追求刑事司法的公平正义。犯罪嫌疑人、被告人认罪认罚，并不一定是出于自愿，或者存在无罪或者构成他罪的可能性。其中原因较为复杂，如存在事实或者法律上的认识错误，存在胁迫行为而导致屈从型“自愿”认罪，抑或技术性（为摆脱逮捕羁押或者降低预期刑罚等）

的认罪认罚，等等。若存在这些情形，律师应当积极与当事人进行沟通、解释与协商，根据自己的专业判断提出与认罪认罚不同的辩护意见，以最大化地保障当事人的合法利益，同时维护刑事司法的公平公正。当然，律师应当充分告知当事人可能招致的不利后果，尽量与当事人一方达成一致意见。如果当事人坚持认罪认罚，辩护律师应有权独立提出辩护意见，但是也应当建立在与当事人有效沟通的基础之上，律师退出辩护则是双方意见无法有效沟通与兼容的最后手段。司法实践中，如果犯罪嫌疑人、被告人聘请了辩护律师，办案机关不应当再通过值班律师见证认罪认罚具结书的签署。若律师介入刑事案件后发现当事人已经认罪认罚的，有权对案件进行全面评估并根据专业判断提出独立的辩护意见。

当前，认罪认罚从宽制度使得律师法律职业伦理陷入一个两难困境：当事人选择认罪认罚，若律师坚持无罪或轻罪辩护，则有可能使其丧失从宽处遇，招致更为严苛的刑罚处罚；若律师选择附和认罪认罚，则有可能失去争取无罪或者轻罪的机会。也许，结合我国刑事司法目前极低的无罪率来看，配合当事人认罪认罚是律师一个最优的选择。但是，应当关注到，司法实践中即使是犯罪嫌疑人、被告人认罪的案件，其中也不乏出现一些冤假错案。因此，在认罪认罚案件中如何行使独立辩护权，考验着辩护律师的职业伦理与综合素质。无论律师独立辩护权如何行使，应始终秉持一个基本原则即将维护当事人的合法利益置于首位，正如德肖维茨在《致年轻律师的信》中所言：在法律和道德允许的范围内全力以赴地为当事人争取合法利益，这正是辩护人职责之所在。

第五节　认罪认罚案件刑事辩护的有效性

律师参与在认罪认罚案件中的重要性已经毋庸置疑。但是在认罪认罚案件的司法实践中，辩护律师或者值班律师存在“见证人”化的问题。具体而言：一方面有些地方办案机关在审前对犯罪嫌疑人、被告人讯问时，没有充分保障犯罪嫌疑人的诉讼权利，并不主动告知其享有获得值班律师帮助的权利，等到犯罪嫌疑人、被告人签署认罪认罚具结书时才通知律师到场见证，导致值班律师没有发挥任何实质作用，仅仅充当了认罪认罚的见证人；另一方面值班律师在明知没有履行实质的法律帮助，犯罪嫌疑人、被告人认罪认罚的自愿性未能有效保障的情况下，甘愿为办案机关充当见证人，为办案机关的认罪认罚具结书背书，牺牲掉的是犯罪嫌疑人、被告人的合法权益，使刑事辩护流于形式。[1]认罪认罚案件中律师无法发挥有效作用，导致律师形同虚设，对被追诉人认罪认罚起不到任何实质帮助作用，仅仅是为公权力背书，此问题应当受到重视与解决。针对如何提升认罪认罚案件刑事辩护的有效性，笔者认为应当从刑事辩护的主客观两个方面完善认罪认罚案件中的有效辩护。

一方面，在主观方面明确认罪认罚案件区别于传统刑事案件在刑事辩护方面的重点工作，律师参与认罪认罚案件应当重点在以下领域发挥作用：

一是要在轻微刑事案件中尽力争取裁量不起诉。在司法实践中，虽然审理阶段的无罪判决率很低，但是在审查起诉阶段的不起诉率相对较高。基于犯罪嫌疑人已经认罪认罚，失去了争取法定不起诉的空间，律师应当注重在审查起诉阶段为认罪认罚的犯罪嫌疑人争取裁量不起诉。有学者统计，2012—2018 年，全国检察机关的不起诉适用率约为 5.1%，其中，2017 年与 2018 年的不起诉适用率显著提升，这在很大程度上归因于 2016 年年底开展的认罪认罚从宽制度试点工作。[2]在 2021 年，检察机关积极稳妥推进，全年不批捕 38.5 万人、不起诉 34.8 万人，比 2018 年分别上升 28.3%和 1.5 倍。[3]可见，我国酌定不起诉案件和比例正逐渐上升。而且，

---

〔1〕 参见闵春雷：《认罪认罚案件中的有效辩护》，载《当代法学》2017 年第 4 期，第 34 页。

〔2〕 参见李辞：《认罪认罚从宽制度下的辩护形态》，载《理论月刊》2021 年第 10 期，第 149 页。

〔3〕 参见张军：《最高人民检察院工作报告——2022 年 3 月 8 日在第十三届全国人民代表大会第五次会议上》，载 https://www.spp.gov.cn/spp/gzbg/202203/t20220315_549267.shtml，最后访问日期：2023 年 5 月 15 日。

“坚持少捕慎诉慎押刑事司法政策，依法推进非羁押强制措施适用”已被列入 2021 年工作要点。在此背景下，辩护律师应当在认罪认罚案件中努力为认罪认罚的犯罪嫌疑人，尤其是轻罪案件的犯罪嫌疑人争取酌定不起诉的适用。

二是重视轻罪辩护与量刑辩护。在认罪认罚案件中，虽然犯罪嫌疑人、被告人承认了指控的犯罪事实，但是在罪名适用以及刑罚轻重上，律师仍然具有较大的辩护空间。由于我国的无罪判决率极低，在这种背景下轻罪辩护是相比较而言对犯罪嫌疑人、被告人较为有利的辩护策略。犯罪嫌疑人、被告人认罪认罚并不意味着辩护律师没有辩护的空间，律师依然可以对犯罪嫌疑人、被告人的指控罪名以及具体量刑提出意见。因为犯罪嫌疑人、被告人只要承认了基本的犯罪事实，即可适用认罪认罚从宽制度，对罪名的辩解并不影响认罪的成立。因此，辩护律师应当重视轻罪罪名辩护与量刑辩护。

三是认真对待审理程序。虽然由于认罪认罚案件中检察机关占据主导地位，使得辩护重心前移，但这并不意味着法院审理阶段并不重要。虽然《刑事诉讼法》第 201 条规定，在法庭审理中法官“一般应当”采纳检察官的量刑建议，但是也规定了一系列的例外。人民法院经过审理程序后认为案件符合这些情形的，也有权不采纳量刑建议。因此，认罪认罚案件的定罪量刑的最终决定权仍然掌握在法官手中。辩护律师在法庭审理中如果对案件的定罪量刑有异议的，也应当充分发表辩护意见，为被告人争取最大限度的合法利益。

另一方面，应当完善认罪认罚案件中辩护律师，尤其是值班律师的监督考核机制，通过配套制度的完善促进认罪认罚案件的有效辩护。虽然目前法律规范已赋予值班律师会见、阅卷的权利，但域外经验表明，在缺少足够动力及案件压力下，以职责或义务要求律师提供法律服务，很难起到有效辩护的作用。笔者认为，在扩大值班律师诉讼权利的同时，应从根本上完善法律援助制度，改革值班律师履职机制，充分发挥其主观能动性。

具体而言，一是，继续推进法律援助制度改革，探索政府购买值班律师服务模式，引入竞争机制，实现值班律师服务的市场化；二是，加大值班律师补贴力度，完善值班律师履职考核监督机制，建立法律帮助质量手册，对于存在违法违纪行为以及不认真履行职责的值班律师依法依规予以惩处。

第五章

刑事司法领域的法律帮助权

2022年1月1日，《法律援助法》正式实施，将法律援助工作上升到国家层面，意味着我国的人权保障进入了一个新的阶段。在刑事司法领域，法律援助对于被追诉人合法权益的保障具有重要意义，《刑事诉讼法》的历次修正对法律援助都作了重要规定。在新一轮司法体制改革中，刑事辩护全覆盖试点与值班律师制度全面推行，《法律援助法》也将其成熟经验予以吸纳。[1]然而，刑事诉讼规范对于法律援助的规定与《法律援助法》并不匹配，相关制度亟待完善。与此同时，“辩护”“法律帮助”等有关概念也亟须在明晰内涵的基础上进行权利整合。需要首先明确的是，《法律援助法》规定的法律援助同时包含了刑事法律援助与民事法律援助。但本节将主题限于刑事司法场域，即仅讨论刑事法律援助制度的完善。在刑事诉讼中，笔者主张应当确立被追诉人获得法律援助的诉讼权利，与辩护权共同构成被追诉人权利保障的两大基石，促进刑事辩护制度与法律援助制度的相辅相成、共同发展。

---

〔1〕《法律援助法》第25条规定：“刑事案件的犯罪嫌疑人、被告人属于下列人员之一，没有委托辩护人的，人民法院、人民检察院、公安机关应当通知法律援助机构指派律师担任辩护人：(一）未成年人；(二）视力、听力、言语残疾人；(三）不能完全辨认自己行为的成年人；(四）可能被判处无期徒刑、死刑的人；(五）申请法律援助的死刑复核案件被告人；(六）缺席审判案件的被告人；(七）法律法规规定的其他人员。其他适用普通程序审理的刑事案件，被告人没有委托辩护人的，人民法院可以通知法律援助机构指派律师担任辩护人。”

第一节　确立被追诉人法律援助权的时代需求

刑事诉讼中，为保障犯罪嫌疑人、被告人的合法权益，法律赋予其享有一系列的诉讼权利，如辩护权、申请回避权、申诉权、控告权、上诉权等。刑事诉讼基本权利是辩护方同控诉方进行实质对抗的重要保障，是“平等武装”原则的重要体现，也是无罪推定原则的必然要求。犯罪嫌疑人、被告人有权获得法律援助，应当属于刑事诉讼基本权利之一，这是中国特色社会主义法治建设的时代需求。

一、贯彻习近平总书记关于完善法律援助的重要论述

党的十八届四中全会提出了全面推进依法治国的总目标和重大任务，明确提出“完善法律援助制度，扩大援助范围，健全司法救助体系，保证人民群众在遇到法律问题或者权利受到侵害时获得及时有效法律帮助”。2015 年，中共中央办公厅、国务院办公厅印发了《关于完善法律援助制度的意见》，提出了新时代法律援助的指导思想和基本原则，为法律援助立法指明了方向。法律援助立法项目于 2018 年纳入立法规划，经充分征求意见和反复研究修改，最终于 2021 年 8 月 20 日公布。《法律援助法》的颁布对于促进中国特色社会主义法治建设具有重要意义。

在刑事司法领域，以习近平新时代中国特色社会主义思想为指导，对刑事法律援助制度进行了富有成效的制度改革：一是刑事法律援助范围不断扩展。我国《刑事诉讼法》中法律援助的范围较为狭窄，限于盲、聋、哑人，未成年人，尚未完全丧失辨认或者控制自己行为能力的精神病人，可能被判处无期徒刑、死刑等几种情形。在最高人民法院和司法部推行的刑事辩护全覆盖试点工作中，所有刑事案件的一审、二审以及再审，均要求律师介入提供法律援助。《法律援助法》吸收了刑事辩护全覆盖的成功经验，极大扩展了刑事法律援助的范围，不仅增加了申请法律援助的死刑

复核案件、缺席审判案件两种应当提供法律援助的情形，而且还规定法院可以为普通程序中没有委托辩护人的被告人提供法律援助。二是丰富了刑事法律援助的形式。传统法律援助是法律援助机构指派法律援助律师为犯罪嫌疑人、被告人进行刑事辩护。在本轮司法体制改革中，创设了值班律师提供法律帮助的全新形式。2014年，最高人民法院、最高人民检察院等在《关于在部分地区开展刑事案件速裁程序试点工作的办法》中规定了值班律师制度。经过试点，2018年修正后的《刑事诉讼法》将值班律师制度确立为一项正式的法律制度。《法律援助法》也吸纳了值班律师制度，将值班律师法律帮助与刑事辩护、刑事代理相并列，作为法律援助形式之一。

二、体现让人民群众在每一个司法案件中感受到公平正义的国家责任

在刑事诉讼中，虽然犯罪嫌疑人、被告人享有自行辩护的权利，但由于被追诉人自我保护条件及能力的不足，因而获得律师的帮助成为刑事辩护制度中的关键性内容。[1]因此，“有权获得辩护”只能被视为一种法律宣示，而“获得律师的法律帮助”才是被告人辩护权的基本保障。[2]不可否认，拥有专业法律知识的辩护律师在刑事诉讼中对于保障被追诉人的合法权益具有重要作用，问题在于如何保障被追诉人获得律师服务的权利。根据学者调研，目前全国刑事案件律师辩护率仍然不足30%，司法实践中高达70%左右的刑事案件没有律师参与。在这样的现实情况下，刑事诉讼辩护的缺口理应由国家在法律援助供给侧予以弥补。

在世界范围内，法律援助的国家与政府责任理念已被广泛认同。政府发动了针对公民个人的刑事追诉，使其人身、财产处于危险状态。因此，政府有责任保障诉讼程序的正当性以及诉讼结果的公正性。富裕者聘请律

---

〔1〕参见熊秋红：《刑事辩护的规范体系及其运行环境》，载《政法论坛》2012年第5期，第51页。

〔2〕参见陈瑞华：《刑事辩护制度四十年来的回顾与展望》，载《政法论坛》2019年第6期，第10页。

师，贫穷者则由政府提供法律援助。[1]法律援助具有公益属性，应由国家与政府承担责任。许多国家强制性摊派法律援助案件，仅给予律师以象征性的经济补偿，将法律援助责任转嫁给律师个人，[2]这与法律服务的市场规律相悖，必然导致法律援助的低质量。对此，我国《法律援助法》第2条明确规定，法律援助是公共法律服务体系的组成部分，是国家无偿为经济困难和其他符合法定条件的公民提供的法律服务，在国家层面对法律援助工作作了具体部署，明确表明了法律援助系国家应当履行的责任。因此，国家与政府应当切实履行为受到刑事追诉的公民提供法律援助的责任。

三、为司法体制改革提供理论支撑，促进法律体系的统一融贯

刑事辩护全覆盖试点与值班律师制度是本轮司法体制改革中的创新举措。并且，伴随《法律援助法》的出台，我国刑事司法对犯罪嫌疑人、被告人权利保障也提高到一个新的层次。但是，囿于传统刑事辩护制度与“有权获得辩护”的理论话语，本轮司法体制改革有关法律援助的内容无法在传统诉讼权利中寻找理论证成。特别是值班律师制度的创设，在立法层面明确了与传统刑事辩护相区别的法律帮助职能。值班律师属于法律援助律师，是刑事辩护全覆盖的重要力量，但其权利并非来源于被追诉人的辩护权，而是获得法律援助的权利。传统刑事诉讼规范体系与实践运作长期注重保障辩护权，而刑事辩护全覆盖的推广以及《法律援助法》

---

〔1〕 See Ellery E. Cuff, “Public Defender System: The Los Angeles Story”, *45 Minn. L. Rev*, 725, 733 (1960-1961).

〔2〕 例如，美国的Assigned Counsel即以法院指定模式完成法律援助，经济补偿费用低。在英国、德国、法国，政府转嫁法律援助责任的问题同样存在。See Lauren D. Sudeall, “Effectively Ineffective: The Failure of Courts to Address Underfunded Indigent Defense Systems”, *118 HARV. L. REV.*, 1731 (2005); M. Harry Jr. Lease, “Legal Aid in England and Wales”, *71 Judicature*, 345 (1988); George A. Jr. Pelletier, “Legal Aid in France”, *42 Notre Dame Law*, 627 (1967); Karl August Klauser and Robert A. Riegert, “Legal Assistance in the Federal Republic of Germany”, *20 Buff. L. Rev*, 583 (1971).

的出台，预示着将来70%左右刑事案件中的律师将由国家法律援助予以提供。在此背景下，亟须在规范层面确立被追诉人获得法律援助的基本诉讼权利，为法律援助的实践运作与值班律师法律帮助职能提供理论支撑。

《法律援助法》的颁布强化了法律援助的权利属性。但是，与之息息相关的《刑事诉讼法》中，无论是在权利层次，抑或制度设计上，远远没有达到将法律援助作为一项基本诉讼权利的要求。因此，在刑事诉讼规范体系内，应当明确被追诉人不仅有权获得辩护，还应当有权获得法律援助。后者与前者一样，均是被追诉人应当享有的基本诉讼权利。如此，才能保障《刑事诉讼法》与《法律援助法》的衔接配套，有关刑事辩护与法律援助的规定才能统一融贯。

四、符合国际刑事司法人权保障的普遍标准

刑事诉讼中为受到国家追诉的被追诉人提供法律帮助是一项国际通行的刑事准则。联合国《公民权利及政治权利国际公约》第 14 条第 3 项关于“审判被控刑事罪时，被告一律有权平等享受下列最低限度之保障”中(卯）项规定“到庭受审，及亲自答辩或由其选任辩护人答辩；未经选任辩护人者，应告以有此权利；法院认为审判有此必要时，应为其指定公设辩护人，如被告无资力酬偿，得免付之”。在刑事诉讼中，被追诉人有权获得国家提供的法律援助已经为世界各法治国家所确立，对维护公民的合法权益免受公权力的侵害具有重要意义。《美国宪法第六修正案》规定：“在一切刑事诉讼中，被告人有权……获得律师帮助为其辩护。”为保障公民这一宪法权利，美国通过“吉迪恩案”等一系列案件确立了贫穷被告人有权获得国家法律援助，有超过 80%的刑事被告人接受了律师法律援助。在英国，从 1903 年颁布《贫困被告人辩护法》开始，经过一个多世纪的发展，刑事法律援助的范围也从最初仅限于涉嫌谋杀罪等严重犯罪的被告人逐步扩大至所有被卷入刑事调查或刑事程序的人。为此，英国财政投入

了大量法律援助经费。以2014年为例，英国法律援助经费总额为17.95亿英镑，折合人民币157.34亿元，占整个中央财政支出的1%左右。[1]可以认为，在一个法治臻于完备的国家，国家提供法律援助是实现与保障被追诉人辩护权的重要甚至是核心内容。

第二节 “有权获得辩护”原则的历史嬗变与经验启示

“有权获得辩护”是公民的一项宪法性权利，并被《宪法》和《刑事诉讼法》确立为一项基本原则。在有效获得辩护原则的指引下，我国刑事辩护制度取得了长足的发展。然而，有权获得辩护并不必然意味着有权获得法律援助，该原则无法衍生出被追诉人获得法律援助的权利。但是，考察“有权获得辩护”原则的历史发展，可为法律援助制度发展提供可资借鉴的经验。

一、“有权获得辩护”原则的历史发展

《宪法》作为我国的根本法，其中关于辩护的规定对于刑事辩护制度的发展具有引领作用。我国历部《宪法》中，除1975年《宪法》受到“文化大革命”时期“左”倾思想影响以外，均规定有“被告人有权获得辩护”。现行《宪法》第130条规定：“人民法院审理案件，除法律规定的特别情况外，一律公开进行。被告人有权获得辩护。”虽然辩护权的基本权利属性尚存有一定争议，但在《宪法》规定指引下，“有权获得辩护”成为刑事诉讼的一项基本原则，辩护权成为犯罪嫌疑人、被告人享有的一项基本诉讼权利。我国1979年首部《刑事诉讼法》第8条规定：“人民法院审判案件，除本法另有规定的以外，一律公开进行。被告人有权获得辩护，人民法院有义务保证被告人获得辩护。”该规定一直未作修正，并沿

〔1〕参见王迎龙：《论刑事法律援助的中国模式——刑事辩护“全覆盖”之实现路径》，载《中国刑事法杂志》2018年第2期，第124页。

用至 2018 年《刑事诉讼法》中。

在“有权获得辩护”原则的指引下，我国刑事辩护制度经历了由欠完善到相对完善的发展过程。在刑事辩护的阶段上，1979 年《刑事诉讼法》最早规定辩护仅限于审判阶段，1996 年修正后的《刑事诉讼法》才将律师介入的时间提前至审查起诉阶段，但是即使律师能够在审前阶段介入，律师也不具有辩护人的身份，仅仅能够为犯罪嫌疑人提供一些初步的法律帮助。虽然此次修正对辩护制度做了一定完善，但实践中律师行使辩护权仍有阻碍，存在会见难、阅卷难、调查取证难的“三难”问题。2007 年《律师法》对律师会见、阅卷及调查取证进行了专门规定，明确律师凭“三证”即可会见，侦查机关不得限制等内容。至《刑事诉讼法》于 2012 年再次修正，将侦查阶段律师定位为“辩护人”，吸收了《律师法》关于律师会见、阅卷的相关规定，对律师会见、阅卷制度作出了全面的调整，司法实践中的“三难”问题才得以有效的解决。

2014 年我国开启了新一轮的司法体制改革，在刑事辩护领域实施了两项非常重要的制度改革：一是 2018 年修正的《刑事诉讼法》将刑事速裁程序中试点的值班律师制度予以正式确立；二是推行刑事辩护全覆盖试点工作，扩大刑事案件法律援助的范围，该试点成熟经验被《法律援助法》吸纳，也有望体现在下一次《刑事诉讼法》修正中。

在刑事辩护制度不断发展的同时，刑事法律援助制度也在不断发展。我国 1996 年《刑事诉讼法》中开始出现了关于法律援助的规定，其中第 34 条规定对于经济困难或者因其他原因没有委托辩护人的，法院可以指定法律援助律师提供辩护。但是该规定过于原则，同时法律规定的援助范围较窄，仅限于盲聋哑人、未成年人以及可能被判处死刑的被告人三种情形，且缺乏实施细则，刑事法律援助在司法实践中难以发挥应有的效果。直到 2003 年国务院出台了国内第一部关于法律援助的法规《法律援助条例》，对我国法律援助制度进行了系统规定，刑事法律援助在司法实践中才有了具体可操作的实施细则。虽然刑事法律援助制度在不断发展，但是同上述刑事辩护援助制度相比，刑事法律援助制度的发展较为缓慢，仅仅是范围以及程序的略微扩展与完善。直到《刑事诉讼法》于2012年修正，对我国刑事法律援助制度进行了较大程度的改革：一是扩大了法律援助的范围，在盲聋哑人、未成年人、可能被判处死刑的人三类案件的基础上又增加了尚未完全丧失辨认或控制自己行为能力的精神病人与可能被判处无期徒刑的两类案件；二是将提供法律援助的诉讼阶段从审判阶段提前到了侦查阶段以及审查起诉阶段；三是完善了提供法律援助的方式，明确将法律援助分为强制指派和申请指派两种类型。而在我国新一轮司法体制改革过程中，刑事法律援助制度又得到了质的提升与完善。一方面，2018年修正的《刑事诉讼法》吸收了值班律师改革试点的成功经验，规定法律援助机构在公检法派驻值班律师，为没有律师辩护的犯罪嫌疑人、被告人提供法律帮助，另一方面，《法律援助法》的颁布与实施，可以说将被追诉人在刑事诉讼中获得法律援助的权利上升为了一项基本诉讼权利。而且，《法律援助法》吸收了刑事辩护全覆盖的有益经验，极大地扩展了刑事法律援助的范围，可以说，我国刑事法律援助制度的发展迎来了春天。

二、"有权获得辩护"原则的经验启示

关于"有权获得辩护"原则的历史回顾并非为了彰显我国辩护制度建设取得的成绩。相反，刑事辩护在司法实践中还存在种种问题。纵然刑事辩护制度再为完善，实践中不足30%的刑事辩护率，在一定程度上也消解了制度建设所取得的成绩。因此，回顾历史发展，毋宁是为了系统地总结问题，为刑事法律援助制度的发展指明方向。通过上述刑事辩护制度历史发展的梳理，笔者总结了以下三个方面的经验启示。

首先，法律援助制度的发展应当围绕法律援助权这一核心。通过刑事辩护制度历史发展的梳理可知，法律规范重在健全与完善辩护权利的运行规范体系。虽然刑事法律援助内容也在扩展，但范围覆盖仍然狭窄，至多

是实现辩护权利的配套保障。[1]质言之，刑事辩护制度最初发展的重心在于辩护“质”的提升，而对“量”的拓展则缺乏关注。本轮司法体制改革中，刑事辩护全覆盖的推行以及值班律师制度的确立，表明立法者理念上的转变，将刑事辩护的数量与质量等量齐观，追求实现“律师成为刑事诉讼中的‘必需品’而非‘奢侈品’”。[2]《法律援助法》提升了法律援助规范的法律位阶，无论是在理念上还是制度上，均为刑事法律援助的进一步发展奠定了基础。

然而，借鉴刑事辩护制度的发展经验，更为重要的是，应确立获得法律援助的权利。规范层面所确立的辩护权是刑事辩护制度得以长足发展的根基所在。“刑事诉讼制度发展的历史，就是被追诉人的辩护权不断扩充的历史。”[3]从我国刑事辩护制度的历史发展来看，实质上也正是犯罪嫌疑人、被告人及其辩护人的辩护权利不断扩展的过程。辩护“三难”问题的有效解决、非法证据排除机制的完善等，均是围绕对辩护权的保障与完善而展开的。可以说，无“权利”则无辩护，辩护功能的实现，必须依靠辩护权利的行使。目前，《法律援助法》已经出台，刑事诉讼规范体系应当作出回应。最为核心的，应当将被追诉人有权获得法律援助确立为一项基本的诉讼权利，为刑事法律援助制度的发展奠定理论基础与权利支撑。

其次，有权获得律师的法律援助成为必然发展趋势。从辩护制度的发展脉络中可以体现，立法者的关注点正从有权获得辩护转向有权获得律师的法律援助。法律援助从最初作为刑事辩护的辅助配套措施，逐渐具有独立存在的必要性与正当性。

一方面，体现在刑事司法人权保障的必要性上。虽然法律规范赋予了被追诉人自行辩护的权利，但是被追诉人往往身陷囹圄，人身自由都得不

---

〔1〕 参见王迎龙：《值班律师制度的结构性分析——以“有权获得法律帮助”为理论线索》，载《内蒙古社会科学（汉文版）》2020年第5期，第102页。

〔2〕 Gideon v. Wainwright，372 U. S. 375（1963）.

〔3〕［日］西原春夫主编：《日本刑事法的形成与特色》，李海东等译，法律出版社、成文堂1997年版，第49页。

到保障，更不要说让其与控方进行对抗。而且，绝大多数被追诉人不懂法律，不了解基本的举证、质证、抗辩的技巧，且经常情绪激动，难以理性行事，属于辩护权利行使的“无行为能力人”或“限制行为能力人”。[1]因此，对于处于刑事诉讼中的被追诉人而言，律师介入提供专业法律服务的重要性不言而喻。

另一方面，司法体制改革为法律援助制度的发展提供了正当性。首先，以审判为中心的诉讼制度改革强调律师参与以强化控辩对抗性，将审判置于诉讼阶段的中心，还原了司法理性，有助于去除传统“流水作业式”诉讼构造的弊端。而庭审实质化，则是实现以审判为中心的诉讼制度改革的关键环节。而律师实质性地参与诉讼过程，与控方形成平等对抗，有助于法官兼听则明，促进审理的实质化。因此，有学者认为“以审判为中心的诉讼制度实质上是充分保障犯罪嫌疑人、被告人及其辩护律师辩护权的诉讼制度”。[2]其次，认罪认罚从宽制度需要律师保障被追诉人认罪认罚的合法权益。认罪认罚从宽制度具有协商性司法的属性，[3]被追诉人通过放弃以无罪推定原则为基础构建的一系列程序权利，在实体处遇上换取从宽的结果。在这一过程中，必须保证被追诉人认罪认罚的自愿性，即被追诉人明知认罪认罚的法律后果并且希望该结果发生。如前所述，绝大多数被追诉人不懂法律知识，因此需要专业律师参与到认罪认罚过程中，为被追诉人讲解认罪认罚从宽制度有关规定、法律后果以及帮助其进行程序选择。值班律师制度在很大程度上正是因应此改革需要而产生。最后，刑事辩护全覆盖的主要力量来源于法律援助的供给。在社会发展的一定阶段内，基于经济因素与客观条件，委托辩护率不会有太大的变动，刑事辩

---

〔1〕 参见陈瑞华：《刑事辩护制度四十年来的回顾与展望》，载《政法论坛》2019年第6期，第10页。

〔2〕 顾永忠：《以审判为中心背景下的刑事辩护突出问题研究》，载《中国法学（文摘）》2016年第2期，第66页。

〔3〕 参见郭烁：《控辩主导下的“一般应当”：量刑建议的效力转型》，载《国家检察官学院学报》2020年第3期，第17页。

护全覆盖中律师缺口应当由国家在供给侧予以弥补。刑事法律援助制度的改革完善，是实现刑事辩护全覆盖的必由之路。总之，刑事诉讼中被追诉人获得律师的法律援助将成为制度性常态。有学者预计，“假如不出意外的话，‘刑事辩护律师全覆盖’的制度安排迟早会被写入刑事诉讼法，成为我国刑事辩护制的基本内容”。[1]

最后，辩护权已形成固定的教义体系。刑事诉讼规范确立“有权获得辩护”原则后，围绕着辩护权的保障，已经形成了较为固定的教义体系。在这一体系中，所谓“辩护”是一种狭义概念，而非在控诉、辩护、审理意义上的宏观概念。具体而言，根据 2018 年《刑事诉讼法》第 37 条规定，辩护是指“根据事实和法律，提出犯罪嫌疑人、被告人无罪、罪轻或者减轻、免除其刑事责任的材料和意见，维护犯罪嫌疑人、被告人的诉讼权利和其他合法权益”。质言之，辩护是被追诉人及其辩护人针对向公安司法机关的控诉，维护其实体性与程序性合法权益的诉讼活动。

被追诉人有权获得律师的法律援助，目前仅仅是价值层面的应然要求。在规范层面，无论根据历史解释还是立法解释，“有权获得辩护”并不必然推导出被追诉人有权获得律师的法律援助，辩护权也不必然包含法律援助权。如果遵循主观目的解释方法，将“辩护”扩大解释为包含法律援助，则与客观形成的辩护狭义内涵不符，导致规范体系的语义混乱。因此，刑事诉讼法律规范中关于法律援助的权利话语与体系亟待厘清。应认识到，法律援助权利体系与辩护权利体系并不冲突，但存在区别，有必要对现行权利话语体系在明晰内涵的基础上进行整合。

第三节　“辩护”与“法律帮助”的教义阐释与权利基础

目前，刑事诉讼法确立了三种律师参与形态：委托律师、法律援助律

[1] 陈瑞华：《刑事辩护制度四十年来的回顾与展望》，载《政法论坛》2019 年第 6 期，第 11 页。

师与值班律师。三者的区别在于：一是法律职能。值班律师履行法律帮助职能，而委托律师与法律援助律师为被追诉人进行辩护。二是权利来源。委托律师参与诉讼系被追诉人或其亲属委托，权利来源于被追诉人享有的辩护权，而法律援助律师与值班律师参与诉讼系受国家指派，权利来源于被追诉人的法律援助权。这其中，辩护与法律帮助、辩护权与法律援助权等概念，存在内容重叠、模糊之问题，需要在理论与规范层面予以廓清。

一、辩护与法律帮助

在法律规范中，值班律师法律帮助与传统刑事辩护属于不同种类的辩护职能。《法律援助法》与《刑事诉讼法》都将值班律师提供的法律援助明确界定为法律帮助，与传统辩护律师提供的刑事辩护相对。虽然有学者认为值班律师法律帮助履行的就是辩护职能，[1]但是在规范层面，辩护与法律帮助属于不同的法律职能，具有不同的内涵与特点。

如前所述，2018年《刑事诉讼法》第37条对辩护的内容作了具体规定，系律师为了维护被追诉人实体性与程序性合法权益，与公安司法机关进行对抗的诉讼活动。辩护具有特定内容：首先，辩护的主体是犯罪嫌疑人、被告人及其辩护人。根据《刑事诉讼法》有关规定，犯罪嫌疑人、被告人可以进行自行辩护，也可以由辩护人为其进行辩护。而且法律对辩护人的范围作了限定，包括律师、人民团体或者犯罪嫌疑人、被告人所在单位推荐的人及犯罪嫌疑人、被告人的监护人、亲友。其次，辩护的主要内容是同控诉机关的控诉活动进行对抗，在实体与程序上保障被追诉人合法权益，因此辩护具有一定的对抗性。最后，辩护需以辩护权利的享有为前提。辩护律师履行实体性辩护与程序性辩护职责的，必须以享有会见、通信、阅卷、调查取证等辩护权利为前提。若不享有这些辩护权利，辩护律师则无法辩护，辩护也只能停留在宣示意义上。因此，规范层面的“辩

〔1〕 参见汪海燕：《三重悖离：认罪认罚从宽程序中值班律师制度的困境》，载《法学杂志》2019年第12期，第13页。

护”具有固定内涵，是律师在程序层面深度参与的诉讼活动。

与之相对，值班律师提供的法律帮助以提供法律咨询等初步法律服务工作为主，具有不同于辩护的特点：一是法律帮助的初步性。值班律师履行的法律帮助职能包括提供法律咨询、程序选择建议等初步性、及时性的法律服务，不出庭履行辩护职责，因而享有的辩护权利也相对较少。根据法律规定，值班律师目前仅享有有限的阅卷权与会见权。二是法律帮助主体、对象与内容的独特性。一方面，履行法律帮助的主体只能是值班律师，犯罪嫌疑人、被告人只能是法律帮助的对象，而非法律帮助的主体。而辩护之对象主要是控诉机关，目的在于从实体或程序层面为犯罪嫌疑人、被告人获取利益。另一方面，值班律师法律帮助的内容主要是为犯罪嫌疑人、被告人提供法律咨询等初步性法律服务，帮助其了解涉嫌或指控的罪名、相关法律规定及认罪认罚的性质和法律后果。不同于辩护主体与办案机关的对抗关系，法律帮助并不具有对抗性。三是值班律师履行法律帮助职能属于法律援助，国家与政府有义务予以保障。而辩护律师履行刑事辩护职能则主要是被追诉人辩护权的要求与实现。

“法律帮助”一词的出现是历史发展的产物，但被实定法赋予了合法性与正当性。在2012年《刑事诉讼法》未赋予侦查阶段介入的律师以辩护人身份之前，有学者提出侦查阶段律师应当定性为“提供法律帮助的人”，在诉讼理论上就把侦查阶段的律师称作“为犯罪嫌疑人提供法律帮助的律师”。[1]直到2012年修正后的《刑事诉讼法》赋予了侦查阶段律师以辩护人的身份介入，“法律帮助”便不再被学界与实务界提及，成为一个历史概念。

在本轮司法体制改革中，随着刑事辩护全覆盖试点的开展及值班律师制度的确立，“法律帮助”一词被法律规范所采纳。对此，应结合历史背

---

〔1〕 参见顾永忠、陈效：《中国刑事法律援助制度发展研究报告（1949—2011）》，载顾永忠主编：《刑事法律援助的中国实践与国际视野　刑事法律援助国际研讨会论文集》，北京大学出版社2013年版，第1-38页。

景，以发展的眼光，对“法律帮助”进行客观目的解读：首先，“法律帮助者”与“辩护人”的二元对立是1996年《刑事诉讼法》修正时立法者有意为之，即刻意将辩护人限于审查起诉和审判阶段，但不能因此否定当时侦查阶段介入的律师履行的不是辩护职能。其次，由于当时刑事辩护制度发展并不完善，犯罪嫌疑人、被告人辩护权无法得到有效保障，律师存在会见难、阅卷难、调查取证难的“三难”问题。如今，“三难”问题已经得以妥善解决，相对完善的辩护权运行规范体系已经建立，否定法律帮助职能的制度环境不复存在。最后，目前对于值班律师功能定位的探讨，已经从实现被追诉人辩护权的语境发展到保障被追诉人法律援助权的语境。在刑事辩护全覆盖的需求下，值班律师法律帮助具有独特的功能与作用，不能因认罪认罚案件中值班律师无法有效发挥作用，而否定该制度的整体意义。因此，应当肯定值班律师法律帮助职能的合法性与正当性。〔1〕尤其是，实证法已经明确规定了值班律师的法律帮助职能，基于法教义学的基本立场，应当讨论如何在司法层面更好地发挥其功能，而非如何在立法层面上进行修改。

二、辩护权与法律援助权

辩护职能的履行必须以享有辩护权为基础。《刑事诉讼法》虽然确立了“有权获得辩护”基本原则，但并未对何谓辩护权进行界定。基于这一基本原则，有学者认为获得辩护权是指被告人（主要由辩护人尤其是律师代理）针对指控，根据事实和法律，在实体上反驳指控，以及在程序上主张其所拥有的合法的诉讼权利，防止被告人受到不公正的待遇和不应有的侵犯，从而维护被告人的合法权益和人格尊严的诉讼权利。〔2〕在刑事诉讼法律规范层面，辩护权是一系列诉讼权利的集合，包括会见权、阅卷权、

〔1〕 参见王迎龙：《值班律师制度的结构性分析——以“有权获得法律帮助”为理论线索》，载《内蒙古社会科学（汉文版）》2020年第5期，第105页。

〔2〕 参见尹晓红：《获得辩护权是被追诉人的基本权利——对〈宪法〉第125条“获得辩护”规定的法解释》，载《法学》2012年第3期，第65页。

调查取证权等诉讼权利。以辩护权为核心，刑事诉讼法律规范架构了一套体系化的辩护权运行保障机制。与之相比，刑事诉讼规范中与法律援助相关的仅有寥寥几条法律规定，法律援助的法定范围也十分有限。虽然获得律师法律援助能够保障被追诉人辩护权的实现，但这仅仅是价值层面的需求，而非规范层面的要求。质言之，刑事诉讼法律规范尚未确立被追诉人获得法律援助的诉讼权利，被追诉人只能在法定情形下获得有限的法律援助。

《法律援助法》的颁布改变了这一现状。《法律援助法》第 2 条明确将法律援助界定为国家责任。同时，第 6 条规定公检法三机关有义务保障当事人依法获得法律援助，并且应当为法律援助人员开展工作提供便利。可见，《法律援助法》在一定意义上赋予了公民获得法律援助的权利。在刑事诉讼中，法律援助不应仅仅是刑事辩护的一个配套制度，而应与辩护制度具有同等重要性。基于此，笔者主张在刑事司法中赋予被追诉人获得法律援助的基本诉讼权利。具体而言，该权利是指犯罪嫌疑人、被告人在刑事诉讼过程中没有委托律师的情况下，可以由国家免费为其提供律师并获得法律帮助的权利。

法律援助权的确立是辩护权的应然保障。法律援助是刑事辩护价值层面的要求，法律援助权的确立是辩护权发展的必然结果。如前所述，被追诉人虽然享有辩护权，但是实践中律师辩护率并不高。被追诉人有权获得法律援助，实现刑事辩护的全覆盖，能够在实质意义上促进辩护权的实现。但是，两种权利仍然存在重要区别：首先，权利的属性存在区别。辩护权属于司法权利，在刑事诉讼领域需要公安司法机关予以保障才能实现。而法律援助权除具有司法属性以外，还具有一定的社会属性。换言之，被追诉人法律援助权的实现，不仅需要公安司法机关予以保障，还需要国家与政府履行援助职责，在观念、财政、人员等多方面予以促进。其次，权利的保障重心不同。辩护权的核心在于保障被追诉人同控诉机关可以进行实质对抗。为了保障天然弱势的被追诉人与强势的国家公权力机关能够平等对抗，刑事诉讼规范赋予辩护方，尤其是辩护律师会见、阅卷、调查取证等一系列诉讼权利。质言之，辩护权重在保障辩护活动“质”的提升。而法律援助权核心在于保障被追诉人可以获得律师的专业法律帮助。虽然法律援助权之实现同样强调法律服务的高质量，但相对而言，更注重扩大刑事诉讼过程中获得律师法律帮助的范围。质言之，法律援助权重在保障辩护活动“量”的提升。最后，权利的保障机制不同。辩护权利的实现，需要完善被追诉人的自行辩护、阅卷、会见等权利保障机制，以及律师发表意见、责任豁免等一系列诉讼机制。法律援助权的实现，一方面要求对法律援助律师履行辩护或法律帮助职能进行保障，另一方面还需要对法律援助律师的准入、培训、经费、管理、质量监管等机制进行完善。因此，辩护权与法律援助权系具有不同内涵与属性的诉讼权利。

刑事辩护的全覆盖已呈必然发展趋势。有学者指出，从“被告人有权获得辩护”到“被告人有权获得律师帮助”，再到“被告人有权获得律师的有效帮助”，代表了刑事辩护发展的三个重要阶段。[1]在法治建设早期阶段，由于刑事司法体制尚不健全，为维护被追诉人的合法利益，辩护权的保障被赋予了重要作用与意义。随着刑事司法体制的不断完善与人权保障水平的不断提高，刑事法律援助的重要性正在凸显，单纯强调辩护权的保障已经无法满足刑事司法的现实需求。因此，有权获得辩护原则有必要发展成为有权获得律师法律帮助的原则。

第四节　被追诉人法律援助权的实现愿景

确立被追诉人法律援助权既是保障被追诉人合法权益的关键措施，也是提升我国刑事司法人权保障水平的重要举措。应当依托辩护制度建设已取得的成果，衔接刑事辩护与法律援助的相关机制，在此基础上巩固深化、相互促进，共同保障被追诉人法律援助权之实现。本书提出以下四个

〔1〕 参见陈瑞华：《刑事辩护的理念》，北京大学出版社 2016 年版，第 101 页。

方面的完善建议：

一、法律帮助原则的立法化

如何在《刑事诉讼法》中确立被追诉人的法律援助权，存在立法论与解释论两种方案：一是修订立法，在《刑事诉讼法》第一章“任务和基本原则”中新增一条“犯罪嫌疑人、被告人有权获得法律援助”的基本原则；二是在不修正立法的前提下，将2018年《刑事诉讼法》第11条规定的“被告人有权获得辩护”之“辩护”扩大解释为“法律援助”。换言之，此处规定的辩护权，不仅包含能够同控诉机关进行平等对抗的辩护权，而且包含了能够获得律师法律服务的法律援助权。这两种方案各有利弊。立法论方案可以明确赋予被追诉人法律援助的权利，有助于宣示、保障被追诉人的合法权益。然而，立法修正将突破现有的法律体系，不利于刑事诉讼规范体系的稳定性。解释论方案可以有效解决这一问题，在不改变法律规定的基础上确立法律援助的权利。但如前文所述，辩护制度经过长期发展，无论是辩护的含义，还是辩护权的指涉，都已具有了固定的内涵与外延，如果非要将辩护扩大解释为法律援助，可能导致现有法律体系语义的混乱。

那么，如何既保障现有法律体系的稳定，又能将法律援助权纳入刑事诉讼法律规范？笔者拟提出第三种方案，即将2018年《刑事诉讼法》第11条“有权获得辩护”，修改为“有权获得法律帮助”。这里的“法律帮助”是辩护与法律援助的上位概念，并且区别于值班律师提供的狭义法律帮助职能。“有权获得法律帮助”之原则应具有三层含义：第一，被追诉人有权获得辩护；第二，被追诉人有权获得律师为其提供辩护或法律帮助；第三，当被追诉人没有经济能力获得律师时，可以由国家为其提供法律援助。如此一来，仅需在条文中进行个别文字修正，即可确立被追诉人法律援助的基本诉讼权利，同时保持了现有刑事诉讼规范的体系性与稳定性。并且，确立有权获得法律帮助原则，可以同时兼容辩护权与法律援助权两项基本诉讼权利，保障《刑事诉讼法》与《法律援助法》的衔接与融贯。

二、法律援助内容的类型化

根据有关法律规定，在传统法律援助律师以外，确立了另外一种法律援助律师类型，即值班律师。传统的法律援助律师如委托律师，全程参与诉讼过程，享有会见、阅卷、调查取证等诉讼权利。而值班律师仅提供初步及时的法律帮助，享有有限的阅卷与会见权。所以，应当从规范层面区分法律援助的两种类型，明确各自的功能与定位，并基于此完善相应的配套制度。

值班律师制度自试点以来，围绕是否应当"辩护人化"，其功能与定位素有争议。[1]2018年《刑事诉讼法》明确规定值班律师提供法律咨询等法律帮助，其身份为法律帮助者。因此，无论理论上存在何种争议，在实定法层面已经明确了值班律师提供初步及时性法律帮助的功能定位。所以，基于教义学基本立场，应当明确法律援助辩护与法律帮助的二元化，[2]区分值班律师法律帮助者的职能定位。

值班律师制度的问题在于，其功能在司法实践中呈现异化趋势。虽然刑事诉讼法及相关法律规范规定值班律师的主要职责是提供初步法律帮助，但是司法实践中值班律师却异化成为专门为认罪认罚案件进行见证的见证人。经笔者调研发现，侦查人员在讯问犯罪人之前出示的权利义务告知书中，均载明了犯罪嫌疑人有权约见值班律师，[3]但是实践中几乎没有犯罪嫌疑人行使这一权利，办案机关、看守所也不会主动询问其是否约见值班律师。可以说，从实践效果来看，立法者关于值班律师在诉讼前期为犯罪嫌疑人提供法律咨询等服务的立法预期已经完全落空。当前，值班律

---

〔1〕 参见贾志强：《回归法律规范：刑事值班律师制度适用问题再反思》，载《法学研究》2022年第1期，第120-134页。

〔2〕 参见王迎龙：《值班律师制度研究部：实然分析与应然发展》，载《法学杂志》2018年第7期，第116-117页。

〔3〕《犯罪嫌疑人诉讼权利义务告知书》明确载明：犯罪嫌疑人没有委托辩护人，法律援助机构也没有指派律师提供辩护的，有权约见值班律师，获得法律咨询、程序选择建议、申请变更强制措施等法律帮助。

师的功能发挥主要体现在认罪认罚案件中。

笔者并不否认值班律师参与认罪认罚案件的积极意义。然而，过度强调认罪认罚案件中值班律师的参与会湮没了设立值班律师制度的初衷。申言之，饱受学界批评的值班律师在认罪认罚案件中“形式化”“见证人化”只是该制度问题的一个侧面，更为实质的问题毋宁是，对值班律师制度法律帮助职能的偏离与异化。根据法律规定，值班律师设立的立法初衷是在诉讼初期为未获得辩护律师的犯罪向嫌疑人提供法律咨询等初步法律帮助，即服务于刑事案件的“最初一公里”。对认罪认罚的犯罪嫌疑人提供法律帮助也系值班律师履行这一职责的应有之义。而当前无论是司法实践还是学术讨论，均将值班律师制度功能发挥囿于认罪认罚案件，这显然偏离了值班律师制度的功能定位。基于此，笔者认为，应当将值班律师功能定位回归规范教义，在加强值班律师有效参与认罪认罚案件的同时，更加强调与落实对于被追诉人在诉讼过程中，尤其是在侦查期间获得值班律师法律帮助的权利保障。

三、法律援助质量的标准化

法律援助的公益性质决定了其收益的有限性。在市场化的趋势下，律师行业具有浓厚的逐利性质。过去，《法律援助条例》将法律援助的责任强加于律师身上，并给予微乎其微的补贴，其效果可想而知。有学者甚至认为，在一定程度上，法律援助律师的辩护已经成为“无效辩护”的代名词。[1]因此，在实现刑事辩护全覆盖的过程中，如何确保法律援助律师提供高质量的法律援助，对于维护被追诉人的合法权益同样具有重要意义，否则法律援助有沦为“面子工程”之虞。为此，《法律援助法》第 57 条规定，“司法行政部门应当加强对法律援助服务的监督，制定法律援助服务质量标准，通过第三方评估等方式定期进行质量考核”。然而，该规定较为笼统，需要进一步细化。如何保障有效法律援助的实现，可从以下三个

〔1〕 参见陈瑞华：《有效辩护问题的再思考》，载《当代法学》2017 年第 6 期，第 13 页。

角度展开：

首先，定性与定量形式相结合，完善法律援助质量标准体系。一方面，根据上述法律帮助的不同类型，设置不同类型的考核评价标准。2019年2月，司法部发布了首个全国刑事法律援助服务行业标准暨《全国刑事法律援助服务规范》。其中，对于法律援助辩护律师在侦查、起诉、审判等诉讼阶段的工作内容作了具体规定。但是，对于值班律师提供的法律帮助，由于同传统法律援助提供的刑事辩护存在区别，应当设置不同的评估标准。比如，有学者就建议以"勤勉尽责义务"来考察值班律师法律服务质量。[1]另一方面，设置法律援助服务质量指标体系，确保质量评估的可操作化。标准只能进行定性，但指标可以量化。通过设置法律援助监督的指标体系，可以实现对法律援助服务质量的精准评估[2]。

其次，完善法律援助第三方评估机制。相较于司法行政机关的内部自评，邀请第三方评估更加具有合理性与客观性。首先应当明确进行评估的第三方主体，可以考虑在市一级建立法律援助评估专家库，由律师同行、高校教师以及其他法律职业工作人员构成。然后由法律援助管理机构对本辖区一定时期内所办理的法律援助案件进行抽样，并在专家库中随机挑选专家组成评估团队，按照评估的既定标准和流程对案卷进行审查评估。

最后，构建信息化动态监督机制，实现法律援助事中与事后监督相结合。目前关于刑事法律援助的质量监管，主要依靠对法律援助律师事后归档的案件进行审查。这种事后监督具有一定的滞后性与僵化性。当前，信息化建设已经在法院系统内取得重大成就，[3]司法行政部门也应当与时俱进，对律师管理工作特别是法律援助质量监管进行信息化建设，构建刑事

〔1〕参见马明亮：《论值班律师的勤勉尽责义务》，载《华东政法大学学报》2020年第3期，第34-48页。

〔2〕参见刘仁琦：《我国刑事法律援助案件质量评估体系研究》，载《中国刑事法杂志》2020年第3期，第159-176页。

〔3〕参见郑曦：《法院信息化与公民刑事诉讼权利的冲突与协调》，载《暨南学报（哲学社会科学版）》2020年第7期，第94-95页。

法律援助的动态事中监督机制。具体而言，司法行政机关可以建立与完善法律援助信息化数据管理平台，要求法律援助律师在提供法律援助过程中，在法律援助案件的重要节点，每当完成一项法律援助工作事项后，及时将相关信息、资料上传至网络平台，以动态掌握和监管法律援助工作。

四、法律援助供给侧的合理化

赋予被追诉人法律援助的权利，保障刑事辩护全覆盖的实现，势必在供给侧要求增加法律援助律师的供给。目前，我国律师人数增长迅速。根据司法部官方数据统计，2010 年我国专职律师数量为 17.62 万人，兼职律师 0.93 万人。而截至 2020 年年底，全国共有执业律师 52.2 万人。其中，有专职律师 42.44 万人，兼职律师 1.35 万人，其余为公职律师、公司律师、法律援助律师、军队律师等。〔1〕与此同时，法律援助的需求也与日俱增。刑事法律援助的范围不断扩大，至《刑事诉讼法》于 2018 年修正后，已经覆盖到所有的犯罪嫌疑人、被告人。〔2〕特别是新设立的值班律师制度，要求覆盖到所有与刑事案件，极大增加了对法律援助律师的数量需求。据最高人民检察院统计，2019 年 1 月至 2020 年 8 月，全国检察机关在适用认罪认罚从宽制度办理案件中，值班律师为犯罪嫌疑人提供法律帮助 124.6 万人次。〔3〕当前，随着刑事辩护全覆盖的深入推进，法律援助律师的需求量也不断提高，当前法律援助律师供给侧仍然紧张。

---

〔1〕 参见司法部：《2020 年度律师、基层法律服务工作统计分析》，载 http://www.moj.gov.cn/pub/sfbgw/zwxxgk/fdzdgknr/fdzdgknrtjxx/202106/t20210611_427394.html，最后访问日期：2023 年 1 月 24 日。

〔2〕 2018 年《刑事诉讼法》第 36 条第 1 款规定："法律援助机构可以在人民法院、看守所等场所派驻值班律师。犯罪嫌疑人、被告人没有委托辩护人，法律援助没有指派律师为其提供辩护的，由值班律师为犯罪嫌疑人、被告人提供法律咨询、程序选择建议、申请变更强制措施、对案件处理提出意见等法律帮助。"

〔3〕 参见张军：《最高人民检察院关于人民检察院适用认罪认罚从宽制度情况的报告——2020 年 10 月 15 日在第十三届全国人民代表大会常务委员会第二十二次会议上》，载 http://www.npc.gov.cn/npc/c30834/202010/ca9ab36773f24f64917f75933b49296b.shtml，最后访问日期：2021 年 11 月 25 日。

为保障法律援助的供给侧充足，《法律援助法》第 15 条规定了司法行政机关采用政府采购的方式购买法律援助服务。同时，第 17 条第 2 款规定“高等院校、科研机构可以组织从事法学教育、研究工作的人员和法学专业学生作为法律援助志愿者，在司法行政部门指导下，为当事人提供法律咨询、代拟法律文书等法律援助”。并且，为了解决法律援助资源地域分布不均的问题，第 18 条提出要“建立健全法律服务资源依法跨区域流动机制，鼓励和支持律师事务所、律师、法律援助志愿者等在法律服务资源相对短缺地区提供法律援助”。为进一步优化法律援助供给侧的调控，笔者建议国务院有关部门出台相关细则，对法律援助资源配置进行具体规定。具体而言：第一，细化法律援助服务政府采购程序。有关部门应当对政府购买法律援助服务的流程进行细化，包括法律援助具体需求的制定、项目的事先公告、投标的流程、资质与条件、中标的过程与公示等。第二，细化法律援助志愿者资格与服务流程。法律援助志愿者应当具有什么样的资格，如法学专业学生是否要求必须通过法律职业资格考试，是否具有法律职业实习的经验等，需要进一步具体化。并且，法学专业学生如何申请参与法律援助，怎样参与，参与后是否可以作为实习经历等，也需进一步予以明确。第三，完善跨地区法律援助机制。将法律援助资源吸引到中西部资源匮乏的地区，需要完善相关的激励机制。例如，建立中西部法律援助专项基金、提高中西部法律援助的补贴、为支援中西部区法律援助的律师提供食宿便利等。

另外，笔者建议在法律援助机构扩充专职律师的数量，尤其是在中西部法律援助资源匮乏的地区。目前，司法行政机关中的专职律师数量很少，而且主要承担行政管理职能，基本不从事法律援助业务。有关研究显示，北京市法律援助中心及北京市海淀区法律援助中心 2013 年专职人员直接办理刑事法律援助案件的比例仅分别为 2% 和 0.4%。〔1〕这在法律援助资

〔1〕 参见顾永忠、杨剑炜：《我国刑事法律援助的实施现状与对策建议——基于 2013 年〈刑事诉讼法〉施行以来的考察与思考》，载《法学杂志》2015 年第 4 期，第 41 页。

源比较丰富的东部地区并不构成问题，但是在中西部地区，由于参与法律援助的社会律师匮乏，应当扩充专职律师的数量，由其专门办理法律援助案件。根据有关数据，截至 2018 年年底，全国法律援助机构共 3281 个，共有工作人员 13 013 人，其中具有法律职业资格或律师资格的人员 6206 人，在法律援助机构注册律师 4546 人。〔1〕面对刑事辩护全覆盖背景下对法律援助律师的巨量需求，法律援助机构专职律师数量显然过少，应当优先在中西部地区予以扩充。

〔1〕 转引自顾永忠：《法律援助机构的设立、职能及人员构成之立法讨论》，载《江西社会科学》2021 年第 6 期，第 186 页。

第六章

刑事法律援助的域外经验与本土构建

——刑事辩护全覆盖之实现径路

第一节　刑事法律援助的现实困境与重要意义

在刑事诉讼过程中，法律援助对于保障犯罪嫌疑人、被告人合法权益的重要性毋庸置疑。虽然我国刑事辩护制度已经取得了长足的发展，但是目前仍然面临现实困境。在我国，刑事辩护率一直长期低迷，据有关统计，全国刑事案件律师辩护率仍不足30%，[1]在有些偏远地区，刑事案件辩护率更低。[2]除此之外，我国刑事案件中法律援助案件的比例也不高，根据表6-1，2005—2014年其约占全国一审审结刑事案件总量的15%。为了应对上述问题，我国于2017年启动了刑事辩护全覆盖试点工作，最高人民法院、司法部联合出台的《刑事辩护全覆盖办法》规定，所有刑事案件，无论一审、二审还是再审，均要求律师介入提供辩护，这对于维护犯罪嫌疑人、被告人合法权益，提升诉讼法治文明具有重要意义。

---

〔1〕关于刑事案件律师辩护率，尽管调查的结果各地有所差异，但在20%~30%，相关研究结果参见熊秋红：《刑事辩护的规范体系及其运行环境》，载《政法论坛》2012年第5期，第47-58页；马静华：《指定辩护律师作用之实证研究——以委托辩护为参照》，载《现代法学》2010年第6期，第168-181页；顾永忠、陈效：《中国刑事法律援助制度发展研究报告（上）》，载《中国司法》2013年第1期，第24-32页。

〔2〕中国政法大学顾永忠教授曾就刑事辩护问题到上海、浙江、四川、广东、河南、陕西、湖南、广西等省（自治区、直辖市）下辖的九个基层法院进行实地调研，发现平均律师辩护率为20.8%，其中辩护率最高的是34%，最低的是9%。参见顾永忠、陈效：《中国刑事法律援助制度发展研究报告（1949-2011）》，载顾永忠主编：《刑事法律援助的中国实践与国际视野　刑事法律援助国际研讨会论文集》，北京大学出版社2013年版，第15-17页。

表 6-1　2005—2014 年我国刑事一审案件法律援助率〔1〕

年份	一审结案刑事案件（件）	刑事法律援助案件（件）	法律援助案件占刑事案件的比例（%）
2005	683 997	103 485	15. 12
2006	701 379	110 961	15. 81
2007	720 666	118 946	16. 50
2008	768 130	124 217	16. 17
2009	766 759	121 870	15. 89
2010	779 641	112 264	14. 39
2011	839 973	113 717	13. 53
2012	986 392	133 677	13. 55
2013	953 976	222 000	23. 27
2014	1 023 017	240 480	23. 50

从上表可知，我国刑事一审案件法律援助率在 2005 年至 2013 年一直保持在 15%左右，2013 年后突破至 20%以上是因为 2012 年《刑事诉讼法》修正时扩大了法律援助的范围，并且将法律援助的阶段提前到侦查阶段。基于此，有学者预测在 2012 年《刑事诉讼法》实施以后刑事法律援助案件的数量将增加 5 倍左右，达到 55 万件左右。〔2〕然而，理论预期与实践发展并不一致，法律援助案件数量在修正后有所上升，但是并未呈现井喷式的增长。有学者经实证调研后认为，应当负刑责的精神病人数量甚少，无期徒刑案件辩护率已相当高，因此，这一修正可能在事实上难以明显增加受援被告人数，这一变化的意义当然有限。〔3〕也有学者认为，

〔1〕 数据来源于中国法学会在 2005—2014 年发布的《中国法律年鉴》及中国法律援助网，载 http://www. chinalegalaid. gov. cn，最后访问日期：2023 年 1 月 5 日。

〔2〕 参见顾永忠、陈效：《中国刑事诉讼法律援助制度发展研究报告（下）》，载《中国司法》2013 年第 2 期，第 40-45 页。

〔3〕 参见左卫民：《中国应当构建什么样的刑事法律援助制度》，载《中国法学》2013 年第 1 期，第 80-89 页。

那些被理论研究者们认为对律师辩护有着迫切需要的绝大多数犯罪嫌疑人、被告人却并未向法律援助伸出求助之手，因此“申请型”法律援助案件没有实质增长。[1]对以上两种观点，有学者作出是刑事被追诉人对法律援助的认知程度较低，法定需求并未得到完全释放的解释。[2]总而言之，我国2012年修正的《刑事诉讼法》对于法律援助的规定，并没有达到提高法律援助辩护率的预期目的，实践中刑事辩护率依然长期低迷。

在此背景下，中央部门提出刑事辩护的全覆盖，不仅是对刑事法律援助辩护现实困境的一种制度反思，也是对法律援助制度改革设立的一个目标。在某种程度上说，刑事诉讼的历史，就是辩护权不断扩大的历史。[3]辩护权行使状况直接关系到一个国家刑事诉讼法治文明程度，已经成为一种国际共识。辩护权是刑事司法中的首要人权保障，[4]其实质是人权保障原则在我国刑事诉讼中的具体化。毫无疑问，在推进以审判为中心的诉讼制度改革的大背景下，我国刑事司法体制改革对刑事辩护提出了更高的要求。然而，实践中低迷的刑事辩护率与辩护权的高规格定位形成鲜明反差，表明辩护权在司法实践中仍然没有得到充分的保障，这与其重要地位并不匹配。刑事辩护全覆盖的提出与实现，能够切实保障刑事诉讼中犯罪嫌疑人、被告人的辩护权利，促进辩护权、人权保障理念与制度的不断发展完善。

同时，刑事辩护全覆盖也是配合本轮司法体制改革的一项重要配套制度。一方面，推进以审判为中心的诉讼制度改革要求提高刑事辩护的比例。以审判为中心的诉讼制度改革强化了法庭的中心地位，尤其是强调要实现庭审实质化。庭审实质化与庭审虚化相对，是指应通过庭审的方式认

---

〔1〕参见刘方权：《刑事法律援助实证研究》，载《国家检察官学院学报》2016年第1期。

〔2〕参见胡铭、王廷婷：《法律援助的中国模式及其改革》，载《浙江大学学报（人文社会科学版）》2017年第2期，第76-92页。

〔3〕参见［日］田口守一：《刑事诉讼法》，刘迪、张凌、穆津译，法律出版社2000年版，第89页。

〔4〕参见陈光中：《如何理顺刑事司法中的法检公关系》，载《环球法律评论》2014年第1期，第62-64页。

定案件事实并在此基础上决定被告人的定罪量刑。[1]为了实现庭审实质化，必然要完善控辩双方抗辩机制，保障辩护权的充分行使，包括贯彻直接言词原则、实行严格的非法证据排除规则、完善举证质证等辩论机制，等等。以审判为中心的诉讼制度改革必然要求刑事诉讼中形成控辩平等实质对抗之诉讼格局，强化法庭审理的作用，因此会极大提高律师有效参与刑事诉讼的需求。另一方面，认罪认罚从宽制度改革同样需要律师的有效参与。在认罪认罚案件中，控辩双方协商后决定被告人是否选择认罪认罚，涉及被告人是否理解认罪认罚的法律后果、程序选择以及量刑建议等专业性极强的法律问题，必须要求律师参与。根据美国辩诉交易制度的实施经验，即使被告人作了有罪答辩，但可能是在被强迫、利诱、威逼、欺骗等非自愿的情形下作出的，无辜者因接受辩诉交易而产生的错案在美国并不鲜见。可见，在类似的协商性司法程序中，犯罪嫌疑人、被告人认罪认罚自愿性的保障至关重要，关系着协商性司法的正当性与否。在我国认罪认罚从宽制度中，这一重要任务显然应当由律师承担，才能保障认罪认罚的自愿性与有效性。

第二节 刑事辩护全覆盖的制度基础

目前，刑事辩护律师介入诉讼程序有两种方式，一种是当事人自行委托，另一种是由法律援助机构指派。根据表 6-1，我国 2005—2014 年刑事法律援助案件占全国一审审结刑事案件的比例为 15%左右，按照全国 30%刑事辩护率来推算的话，当事人自行委托辩护人的比例在 15%左右。如果要实现刑事辩护的全覆盖，必须覆盖余下的大约 70%的案件。在社会经济发展的一定时期内，基于收入水平与社会环境等因素，当事人委托辩护律师参与诉讼的比例在一定时期内不会有大幅提高。实现辩护覆盖大多数的

---

〔1〕 参见汪海燕：《论刑事庭审实质化》，载《中国社会科学》2015 年第 2 期，第 103-122 页。

刑事案件，应当由国家和政府承担提供法律援助的职责，通过提高法律援助率来完成。目前，我国已经具备了一定的制度基础。

一、刑事犯罪轻刑化的发展趋势

近年来，我国刑事案件总量呈现逐年攀升的态势，〔1〕但刑事犯罪结构发生了显著变化，重型、暴力犯罪占的比重越来越小，而轻型、非暴力犯罪比重越来越大。“以‘刑法修正案八’‘刑法修正案九’的出台、劳动教养制度被废除等为突出诱因，我国刑事司法领域凸显出犯罪轻型化倾向。”〔2〕刑法罪名的增多导致的其中一个直接后果就是犯罪数量的攀升，而且其中轻罪数量占据大多数，这也为我国刑事法律援助制度的改革提供了契机。为提高诉讼效率，优化司法资源配置，中央在新一轮司法体制改革中启动了刑事速裁以及认罪认罚从宽制度改革试点，在普通程序外完善了速裁程序与简易程序，构建了我国轻罪的诉讼程序体系。在美国，只有大约 10%的案件才会进行陪审团审判，〔3〕大多数的轻罪案件通过辩诉交易解决。我国情况与之类似，从表 6-2 可知，在 2021 年判处 3 年以下刑罚的被告人占总数的 84.60%，判处 5 年以上有期徒刑、无期徒刑、死刑的被告人仅占比 8.81%。其中，对于占大多数的认罪认罚的轻罪案件可以通过引入值班律师制度，不仅能有效节省法律援助资源，而且能促进实现刑事辩护的全覆盖。

〔1〕 全国法院一审刑事案件收案量从 2004 年的 684 897 件发展到 2015 年 1 126 748 件，增幅约 161.51%，年平均增长率约为 14.96%。数据来源于中国法学会在 2004—2015 年发布的《中国法律年鉴》。

〔2〕 陈卫东：《认罪认罚从宽制度研究》，载《中国法学》2016 年第 2 期，第 48-64 页。

〔3〕 参见陈光中、葛琳：《刑事和解初探》，载《中国法学》2006 年第 5 期，第 3-14 页。

表 6-2 2004—2021 年判处 3 年以下刑罚、3 年以上不满 5 年有期徒刑及 5 年以上有期徒刑、无期徒刑、死刑人数占比〔1〕

<table>
<tr><th rowspan="2">年份</th><th rowspan="2">获刑人数</th><th>3 年以下刑罚</th><th>比例（%）</th><th>3 年以上不满 5 年有期徒刑</th><th rowspan="2">比例（%）</th><th rowspan="2">5 年以上有期徒刑、无期徒刑、死刑</th><th rowspan="2">比例（%）</th></tr>
<tr><th colspan="3">不满 5 年有期徒刑以下刑罚</th></tr>
<tr><td>2004</td><td>752 241</td><td colspan="3">606 007</td><td>80. 56</td><td>146 234</td><td>19. 44</td></tr>
<tr><td>2005</td><td>829 238</td><td colspan="3">678 360</td><td>81. 81</td><td>150 878</td><td>18. 19</td></tr>
<tr><td>2006</td><td>873 846</td><td colspan="3">720 122</td><td>82. 41</td><td>153 724</td><td>17. 59</td></tr>
<tr><td>2007</td><td>916 610</td><td colspan="3">765 232</td><td>83. 49</td><td>151 378</td><td>16. 51</td></tr>
<tr><td>2008</td><td>989 992</td><td colspan="3">830 972</td><td>83. 94</td><td>159 020</td><td>16. 06</td></tr>
<tr><td>2009</td><td>979 443</td><td colspan="3">816 768</td><td>83. 39</td><td>162 675</td><td>16. 61</td></tr>
<tr><td>2010</td><td>988 463</td><td colspan="3">829 202</td><td>83. 89</td><td>159 261</td><td>16. 11</td></tr>
<tr><td>2011</td><td>1 032 466</td><td>787 971</td><td>76. 32</td><td>95 043</td><td>9. 20</td><td>149 452</td><td>14. 48</td></tr>
<tr><td>2012</td><td>1 154 432</td><td>900 097</td><td>77. 97</td><td>96 039</td><td>8. 32</td><td>158 296</td><td>13. 71</td></tr>
<tr><td>2013</td><td>1 138 553</td><td>934 059</td><td>82. 04</td><td>79 479</td><td>6. 98</td><td>125 015</td><td>10. 98</td></tr>
<tr><td>2014</td><td>1 164 531</td><td>980 056</td><td>84. 16</td><td>72 817</td><td>6. 25</td><td>111 658</td><td>9. 59</td></tr>
<tr><td>2015</td><td>1 213 636</td><td>1 024 252</td><td>84. 40</td><td>73 920</td><td>6. 09</td><td>115 464</td><td>9. 51</td></tr>
<tr><td>2016</td><td>1 220 645</td><td>1 031 878</td><td>84. 54</td><td>69 909</td><td>5. 73</td><td>97 816</td><td>8. 01</td></tr>
<tr><td>2017</td><td>1 270 141</td><td>953 529</td><td>75. 07</td><td>119 133</td><td>9. 38</td><td>175 162</td><td>13. 80</td></tr>
<tr><td>2018</td><td>1 430 091</td><td>1 188 587</td><td>83. 11</td><td>67 836</td><td>4. 74</td><td>155 638</td><td>10. 88</td></tr>
<tr><td>2019</td><td>1 661 235</td><td>1 370 879</td><td>82. 52</td><td>91 068</td><td>5. 48</td><td>176 010</td><td>10. 60</td></tr>
<tr><td>2020</td><td>1 528 034</td><td>1 255 950</td><td>82. 19</td><td>102 960</td><td>6. 74</td><td>155 959</td><td>10. 21</td></tr>
<tr><td>2021</td><td>1 715 922</td><td>1 451 713</td><td>84. 60</td><td>104 310</td><td>6. 08</td><td>151 221</td><td>8. 81</td></tr>
</table>

〔1〕 数据来源于中国法学会在 2004—2015 年发布的《中国法律年鉴》。在不满 5 年以下有期徒刑的刑罚区间，由于 2011 年之前《中国法律年鉴》并没有以 3 年有期徒刑为界点进行统计，所以自 2011 年起才以 3 年有期徒刑为界点进行统计。

二、我国财政对法律援助经费的投入增大

法律援助的经费主要来源于国家与社会。尤其是在我国，法律援助完全依靠政府拨款，需要经过政府财政预算。根据表 6-3，我国法律援助经费虽然逐年增加，但是在全国财政收入中的占比比较低。2014 年全国财政收入已经达到 140 370.03 亿元，但是法律援助财政拨款仅占财政收入的 0.012%，这与世界其他法治国家的投入相距甚远。有学者估算这一比例仅仅是日本的 1/10，是丹麦的 1/50，是英国、荷兰等国家的 1/100。[1]我国 2015 年全国刑事一审生效案件的被告人有 1 232 695 人，[2]按 30%的辩护率计算，还有大约 86 万人没有辩护人。如果对此部分人提供值班律师进行法律帮助或者指定辩护律师提供辩护，按照 1000 元/例/阶段的标准计算，[3]每年办案经费至少要增加 25.8 亿元，这其中不包括在二审、再审阶段提供法律援助的费用，依照前述我国目前的财政收入水平是可以负担的。

表 6-3　我国财政拨付的法律援助经费占财政收入的比例[4]

年份	法律援助经费（万元）	其中：财政拨款（万元）	比例（%）	财政收入（亿元）	财政拨付法律援助经费占财政收入的比例（%）
2005	28 052.30	26 220.94	93.47	31 649.29	0.00828

〔1〕 参见陈永生：《刑事法律援助的中国问题与域外经验》，载《比较法研究》2014 年第 1 期，第 32-45 页。

〔2〕 数据来源中国法学会在 2015 年发布的《中国法律年鉴》。

〔3〕 根据中国法律援助网的数据，我国 2002—2009 年刑事案件法律援助社会律师平均补贴为 304.99 元、404.28 元、508 元、510 元、655 元、638 元、620 元、634 元，2010 年之后的数据缺失，按照我国目前法律援助经费以及案件总量计算，平均经费应该浮动不大，保持在 1000 元左右。在值班律师制度试点地区，有些地方给值班律师的补贴远低于平均水平，如厦门市法律援助中心给值班律师每次仅 50 元的办案补贴。参见甘权仕：《法律援助律师值班制度调研报告——以厦门市法律援助中心为蓝本》，载《中国司法》2015 年第 11 期，第 53-57 页。

〔4〕 数据来源于中国法律援助网，载 http://www.chinalegalaid.gov.cn，以及中华人民共和国国家统计局官网，载 https://www.stats.gov.cn/tjsj/ndsj/2016/indexch.htm，最后访问日期：2022 年 1 月 9 日。

续表

年份	法律援助经费（万元）	其中：财政拨款（万元）	比例（%）	财政收入（亿元）	财政拨付法律援助经费占财政收入的比例（%）
2006	37 029. 78	33 479. 09	90. 41	38 760. 20	0. 00864
2007	52 533. 18	51 671. 02	98. 36	51 321. 78	0. 01068
2008	68 349. 86	67 047. 58	98. 09	61 330. 35	0. 01093
2009	75 760. 37	74 875. 03	98. 83	68 518. 30	0. 01093
2010	101 276. 87	95 822. 50	94. 61	83 101. 51	0. 01153
2011	127 728. 03	126 196. 57	98. 80	103 874. 43	0. 01215
2012	140 318. 64	138 963. 11	99. 03	117 253. 52	0. 01185
2013	162 868. 87	160 738. 59	98. 69	129 209. 64	0. 01244
2014	170 661. 79	168 581. 80	98. 78	140 370. 03	0. 01201

三、我国律师等司法资源的快速增长与统筹协调

法律援助案件的办案律师主要是社会律师以及法律援助专职律师，其中社会律师承办了绝大多数的刑事法律援助案件。自1997年《律师法》实施以来，中国的律师制度得到了快速的发展，特别是执业律师的人数出现了巨大的增长，1996年年底全国共有律师83 498人，截至2012年年底，全国律师人数增长至232 384人。[1]到2017年，律师已达33万人。[2]统计数据显示，截至2022年年底，全国共有执业律师65. 16万多人，律师事务所3. 86万多家。全国基层法律服务机构1. 3万多家，基层法律服务工作者5. 6万多人。[3]并且，据统计，截至2013年，全国有600多所高校有法

〔1〕参见刘方权：《中国需要什么样的刑事法律援助制度》，载《福建师范大学学报（哲学社会科学版）》2014年第1期，第1-9页。

〔2〕参见顾永忠：《刑事诉讼律师辩护全覆盖的挑战及实现路径初探》，载《中国司法》2017第7期，第21-26页。

〔3〕参见《司法部：2022年全国执业律师超65万人》，载https://baijiahao.baidu.com/s?id=176866781 8244611257&wfr=spider&for=pc，最后访问日期：2023年10月1日。

学本科专业，300 多所大学、研究机构有法学硕士点。[1]2011—2015 年，法学本科生毕业人数分别为 117 923、121 634、122 676、129 800、131 285 人，法学研究生（硕士、博士）毕业人数分别为 37 086、40 840、40 375、39 390、39 396 人，[2]这还不包括每年毕业的专科、成人本科人数。可见，每年我国有十几万法学毕业生进入司法系统、律师行业从事法律工作，对于充实法律援助队伍，夯实刑事辩护全覆盖的基础意义重大。此外，为了缓解律师资源在我国地域分布不均的问题，司法部于 2013 年出台了《司法部关于进一步推进法律援助工作的意见》，提出了诸如选派优秀律师、大学生志愿者到法律服务资源短缺的地区服务等方法，都有助于扩充法律援助队伍。

第三节 刑事法律援助的域外经验

域外法治国家和地区非常重视法律援助制度建设，甚至将获得法律援助的权利视为公民的一项宪法权利，如美国、加拿大。他山之石，可以攻玉，域外刑事法律援助制度的比较经验，对于构建全覆盖式的刑事法律援助中国模式具有重要借鉴意义。

一、刑事法律援助范围广泛

被追诉人参与刑事诉讼的过程中时人身自由不仅可能会受到限制，诉讼结局亦可能剥夺其自由甚至生命。而刑事诉讼由国家予以发动，国家自然负有为公民提供法律援助的义务。在提供法律援助的方式上，结合域外法治国家的经验，可分为以下两类：

一类是在所有刑事案件中，无论重罪还是轻罪，均可获得刑事法律援

〔1〕 参见薛刚凌：《法学专业为何亮红灯?》，载《光明日报》2013 年 7 月 10 日，第 14 版。

〔2〕 数据来源中华人民共和国国家统计局官网，载 https://www.stats.gov.cn/，最后访问日期：2021 年 1 月 9 日。

助。典型如美国、英国、加拿大。在美国，最高法院在吉迪恩案[1]中裁定，根据《美国宪法第六修正案》，州法院应在刑事案件中为无力支付律师费用的被告人提供律师，无论该案是死刑案件还是非死刑案件。之后，又经过 In re Gault[2]、Argersinger v. Hamlin[3]等案件的发展，律师帮助权逐渐成为美国联邦宪法明确赋予美国公民的一项基本权利，在刑事诉讼全过程中，凡是经济困难的犯罪嫌疑人、被告人均享有法律援助权。据统计，刑事案件中约有 93%的经济困难的犯罪嫌疑人、被告人获得了公设辩护人提供的法律帮助和辩护服务。[4]加拿大同美国类似，作为判例法传统国家，在案例中通过宪法条文的解释赋予了犯罪嫌疑人、被告人获得法律援助的宪法权利。[5]在 1990 年的布里奇斯案[6]中，加拿大最高法院裁定："作为《宪章》第 10 款第 2 条规定的告知权利或者告知义务的内容，(警察等执法人员）应当向被羁押人告知本辖区是否建立有值班律师和法律援助服务及如何获得这些服务的帮助，以方便被羁押人员能够充分理解

〔1〕 Gideon v. Wainwright, 372 U. S. 335 (1963).

〔2〕 In re Gault, 387 U. S. 1, 41 (1967). 在该案中，美国最高法院裁定在少年司法程序中必须保障少年获得辩护律师的权利。

〔3〕 Argersinger v. Hamlin, 407 U. S. 25 (1972). 在该案中，美国最高法院裁定在任何可能判处监禁刑的刑事案件中，都要保障当事人获得辩护律师的权利。

〔4〕 参见王军益：《美国法律援助制度简况及启示》，载《中国司法》2011 年第 2 期，第 99-102 页。

〔5〕《加拿大权利和自由宪章（1982）》第 10 条第 2 款明确规定：任何人在遭到逮捕或者拘留的时候，享有即时聘请律师和向律师发出指示的权利，以及享有被告知该权利的权利。

〔6〕 本案被告布里奇斯是阿尔伯塔省的居民，因涉嫌二级谋杀在曼尼托巴省被警察逮捕。在讯问开始前，审讯官告诉其有聘请律师的权利和向律师发出指示的权利，但是布里奇斯因为经济困难表示无法负担，便询问是否有法律援助，审讯官告知其有法律援助，但是布里奇斯并没有要求提供。之后在讯问中布里奇斯要求提供法律援助律师，并终止了对审讯官的回答。案件到初审法院后，法官认为审讯开始时，布里奇斯确实要求获得律师的帮助，但又不确定自己是否有能力请得起律师。由于警察在布里奇斯行使律师帮助权的时候没就法律援助的可获得性问题提供帮助，审判法官裁决认为，布里奇斯享有的《宪章》第 10 条第 2 款规定的权利受到了侵犯，据此，法官排除了布里奇斯所作的供述，布里奇斯被无罪释放。但是紧接着阿尔伯塔上诉法院作出的多数判决推翻了初审法院的无罪判决，要求重新审判该案。后来，案件移交到加拿大最高法院，加拿大最高法院认为，初审法官的审判行为正确，驳回了阿尔伯塔上诉法院的判决，并维护了初审法院作出的无罪判决。

其享有的聘请律师的权利以及向律师发出指示的权利。”〔1〕从而确立了这样一条原则：任何人在遭到逮捕或者拘留的时候，都享有告知权，警察应当告知其法律援助和值班律师服务的可获得性。〔2〕在英国，从1903年颁布《英国贫困被告人辩护法》开始，经过一个多世纪的发展，刑事法律援助的范围也从最初仅限于涉嫌谋杀罪等严重犯罪的被告人逐步扩大至所有被卷入刑事调查或刑事程序的人。〔3〕在审前程序中，根据1984年《英国警察与刑事证据法》的规定，犯罪嫌疑人可以在警署内向值班律师进行咨询。从1986年开始，值班律师计划扩展适用于那些被逮捕并羁押于警察局内的公民以及应警方的要求到警察局协助警方进行调查的公民，〔4〕无论罪行严重与否，也无论经济状况如何。

另一类是在刑事案件中，除却部分轻微案件，犯罪嫌疑人、被告人都能够获得免费的法律援助。《德国刑事诉讼法典》第140条规定在九类情形下，法院应当为犯罪嫌疑人指定辩护人，其中第二种情形为犯罪嫌疑人被指控重罪的。而根据《德国刑法典》第12条之规定，重罪是指可能判处1年或者1年以上监禁刑的犯罪，可见，德国关于刑事法律援助的范围主要是可能判处1年或者1年以上监禁刑的犯罪。《韩国刑事诉讼法》第33条第1款规定，被告人可能被判处死刑、无期徒刑、3年以上有期徒刑或者拘役等刑罚时，未委托辩护人的，法院应当依职权确定律师为其辩护。可见，在韩国，刑事法律援助主要适用于可能判处3年以上有期徒刑或者拘役等刑罚的案件。

---

〔1〕 Simon Verdun-Jones and Adamira Tijerino, A Review of Brydges Duty Counsel Services in Canada, Government of Canada Public Works & Government Services Canda, 2002.

〔2〕 参见朱昆、郭婕：《论加拿大犯罪嫌疑人的律师帮助权》，载《中国刑事法杂志》2012年第10期，第68-75页。

〔3〕 参见罗海敏：《无论律师帮助被追诉人之弱势处境及改善——以刑事法律援助制度的完善为视角》，载《政法论坛》2014年第6期，第112-120页。

〔4〕 参见黄斌、李辉东：《英国法律援助制度改革及其借鉴意义——以〈1999年接近正义法〉为中心》，载《诉讼法论丛》2005年第0期，第240-261页。

二、法律援助作为国家责任，经费由政府财政负担

综观域外法治国家及地区法律援助之经验，法律援助乃国家与政治的义务与职责，具有以下两个显著特点：一是均以法律形式确定了法律援助的国家责任；二是提供充足且占财政支出较高比例的法律援助经费。

关于第一个特点：英国从 1903 年最早颁布的《英国贫困被告人辩护法》到 1949 年《英国法律咨询与援助法》的出台，再到 1999 年颁布《英国接近正义法》、2012 年颁布《英国法律援助、判决和刑事处罚法》，一直将法律援助视为中央政府的责任与义务；美国虽然没有关于刑事法律援助的专门立法规定，但是通过 Gedion、Argersinger 等一系列案件将贫穷公民获得法律援助权作为《美国宪法第六修正案》规定的宪法权利确定下来；法国 1991 年颁布的《法国法律援助法》，规定由国家财政保障贫困公民享受免费的法律援助服务，等等。总之，域外法治国家一般都以法律规定的形式将法律援助的国家责任确立下来，以敦促国际积极主动地为公民提供法律援助。

关于第二个特点：英国以中央财政拨款来负担英国全境的法律援助经费，并且数额巨大（见表 6-4）。以 2014 年为例，英国法律援助经费总额为 17.95 亿英镑，折合人民币 157.34 亿元，占整个中央财政支出的 1%左右，是同年度我国法律经费的 9.2 倍。如果计算人均经费，我国将会更低。根据官方文件，2014 年英国有约 646 万人口，[1]人均法律援助经费约为 243.5 元，而我国 2014 年有约 136 782 万人口，人均法律援助经费大概仅为 1.25 元。可见，英国法律援助总的财政拨款以及人均经费比较充足。有学者甚至称“英国政府出资构建了这个世界上为犯罪嫌疑人和被告人提供最为全面、周到的法律援助的体系”。[2]当然，凡事都有两面性，英国为

---

〔1〕 数据来源于英国政府网站，载 https://www.ons.gov.uk/peoplepopulationandcommunity/populationandmigration/populationestimates/articles/overviewoftheukpopulation/2015-11-05#how-many-people-are-there-in-the-uk-and-how-does-this-change-over-time，最后访问日期：2023 年 2 月 15 日。

〔2〕 转引自 Norman Lefstein，“In Search of Gedion's Promise：Lessons From England and the Need for Federal Help”，*55* Hastings L. J.，835（2004）。

法律援助支出了庞大经费，因此也导致了其他公共支出的减少。

表 6-4　2009-2016 年英格兰和威尔士地区法律援助经费（单位：百万英镑）[1]

财政年度	刑事法律援助经费	民事法律援助经费	中央基金补贴	总经费
2009	1200	907	88	2195
2010	1135	925	78	2138
2011	1117	948	101	2165
2012	1033	972	98	2103
2013	978	950	81	2009
2014	916	907	63	1795
2015	895	907	50	1635
2016	877	907	44	1602

在美国，从 2007 年的数据来看，全美 50 个州和 1 个哥伦比亚行政区，其中：22 个州是州立公设辩护人办公室，管理和经费来源是各自的州；27 个州和哥伦比亚行政区是郡立公设辩护人办公室，公设辩护人办公室的管理和经费来源是郡级层次。而律师协会的资金则部分来源于国家财政预算，部分来源于社会捐助。[2]从刑事法律援助的司法实践来看，美国这种以州、郡财政支出为主，联邦政府财政支出为辅的刑事法律援助经费模式运行效果并不好。不仅在联邦层面，而且在诸州层面，均存在因刑事法律援助经费不足所导致的辩护质量低下等问题。[3]因此有学者总结道："虽

〔1〕数据来源于英国政府网站，载 https://www.gov.uk/government/collections/legal-aid-statistics，最后访问日期：2023 年 2 月 15 日。

〔2〕参见吴宏耀、郭勇：《完善我国刑事法律援助制度的思考》，载《中国司法》2016 年第 2 期，第 48-50 页。

〔3〕具体可参见 Stephen B. Bright, "Neither Equal Nor Just: The Rationing and Denial of Legal Services to the Poor When Life and Liberty are at Stake", *Ann. Surv. Am. L.*, 783 (1997); Matthew J. Fogelman, "Justice Asleep Is Justice Denied: Why Dozing Defense Attorneys Demean the Sixth Amendment and Should Be Deemed Per Se Prejudicial", *26 J. Legal Prof.*, 67 (2002); John Gibeaut, "Halls of Injustice?", *A. B. A. J.*, 35 (2001) 等。

然吉迪恩案宣判后美国在刑事法律援助领域取得了长足的进步，但是总体而言对于贫困公民法律援助的投入是远远不够的”，并主张像英国学习，由联邦政府为州政府提供法律援助经费支持。〔1〕

三、刑事法律援助模式具有多元化、灵活性的特点

域外刑事法律援助模式往往具有多元化特点：在美国，有以下三种模式：公设辩护人（Public Defender），在各个州都设有公设辩护人办公室，公设辩护人领取政府薪金，具体为犯罪嫌疑人和被告人提供法律援助；指定律师（Assigned Counsel），即由法庭为没有能力聘请律师的被告指派私人律师提供法律援助，收取固定费用或者根据小时付费；合同律师（Contract Counsel），即政府与某律师事务所签订“一揽子”合同，律所办理某个司法区域内在某个时间段的法律援助案件，政府根据合同付费。〔2〕英国的刑事法律援助包括刑事案件中的代理和值班律师计划（Duty Solicitor Scheme）。其中，值班律师计划又由警察局值班律师计划和法庭值班律师计划组成。〔3〕从表6-4我们注意到，英国近些年在不断减少法律援助经费的投入，以控制经费并提高法律援助的质量。控制经费的一个重要措施就是引进了美国式的合同律师模式。英国议会于1999年通过的《接近正义法》成立了法律服务委员会（Legal Services Commission），赋予了该委员会同律师事务所签订合同的权力，从而引入了法律援助合同制度。〔4〕

---

〔1〕 See Norman Lefstein, “In Search of Gedion’s Promise: Lessons From England and the Need for Federal Help”, *55 Hastings L. J.*, 835 (2004).

〔2〕 See Kelly A. Hardy, “Contracting for Indigent Defense: Providing Another Forum for Skeptics to Question Attorney’s Tactics”, *80 Marq. L. Rev.*, 1053 (1997).

〔3〕 值班律师计划通常是指值班律师通过当面会谈或者电话方式（常常是两种方式兼而有之），为被羁押在警察局看守所的犯罪嫌疑人就其所涉嫌的犯罪事实和情况等提供法律咨询服务的制度；法庭值班计划者则是指，在治安法庭内为被控刑事犯罪并没有聘请律师或者仅仅是因为其还没有接触自己律师的被告人，在首次出庭日提供律师咨询或者代理服务的制度。参见郭婕：《法律援助值班律师制度比较研究》，载《中国司法》2008年第2期，第101-106页。

〔4〕 See Norman Lefstein, “In Search of Gedion’s Promise: Lessons From England and the Need for Federal Help”, *55 Hastings L. J.*, 835 (2004).

根据合同制度的规定，在获得法律服务委员会的资助之前，英国的律所必须先于委员会签订合同，在按合同规定的质量标准提供服务之后才能获得资助。并且，不是所有的律所都能够和法律服务委员会签订合同，必须具有一定的资质，达到“专家质量标准”（Specialist Quality Mark）的律师，才有资格签订法律援助合同。在世界其他国家和地区，刑事法律援助模式也呈现多元化特点，多种法律援助模式之间相互补充合作，充分发挥了法律援助的作用。

上述多元化的法律援助模式具有灵活性，能够针对不同案件情况与不同社会情况，有针对性地提供法律援助，可以更好地适应社会需求。例如，在美国东部地区，人口比较稠密、刑事案件高发，如果均采用指定律师（一案一聘）模式，会占用大量司法资源，但是如果采用公设辩护人模式或者合同律师模式，则能提高法律援助效率，控制司法资源投入总量。而在美国中部人口稀疏地区，则可多采指定律师模式，注重法律援助的质量。

第四节　刑事法律援助的中国模式构建

一、法律援助体系的层次化

在新一轮司法体制改革中，值班律师制度自 2016 年开始试点，2017 年最高人民法院、最高人民检察院等“两院三部”联合出台了《关于开展法律援助值班律师工作的意见》，对值班律师的功能、权利义务等作出规定。至 2018 年《刑事诉讼法》将值班律师制度正式予以确立，值班律师制度成为刑事诉讼中的一项正式法律制度。2022 年 1 月实施的《法律援助法》也规定了值班律师制度，对其职责作出了具体规定。可见，值班律师制度在我国法律体系中已经得到正式确立，并占据了重要位置，在刑事诉讼中发挥着非常重要的作用。值班律师与传统的法律援助律师相比，是一种提供初步性、及时性法律帮助的法律援助律师，并不参与法庭审理。如司法部发言人所讲，“值班律师主要提供法律咨询、申请变更强制措施等初步、低限度服务”，“不能取代辩护律师对案件办理作实质性深度介入”。[1]

虽然值班律师仅提供初步性的法律咨询，但是并不能据此否定其重要意义。在刑事诉讼早期阶段，被羁押的犯罪嫌疑人如果能享有向值班律师进行咨询的法律权利，能够很好地保障犯罪嫌疑人在诉讼前期的合法权益，免受可能遭受的公权力的不法侵害。而且，值班律师还在认罪认罚从宽制度中发挥保障被追诉人认罪认罚自愿性的重要任务。笔者反对目前学界存在的将值班律师完全“辩护人化”的观点，这种观点实质上是否定了设立值班律师制度的立法本意，回归以往单一的法律援助模式。笔者主张建立体系化的法律援助模式，法律援助值班律师与法律援助辩护律师各司其职，并构建与完善相应的保障法律援助有效性的配套机制。

1. 值班律师适用于认罪认罚的轻罪刑事案件

根据法律规定，值班律师主要适用于犯罪嫌疑人、被告人认罪认罚的简易程序和速裁程序案件。因为在认罪认罚案件中，案情往往比较简单，且控辩双方对于所指控的罪名无异议，因此并不需要辩护律师对指控的事实等进行实质性辩护。并且，被告人认罪认罚的案件，可以“简化庭审程序”，或者“不再进行法庭调查、法庭辩论”，或者“不受法庭调查、法庭辩论等庭审程序限制”，这将不可避免地压缩律师的辩护空间。[2] 基于此现实情况，在认罪认罚的案件中可以适用值班律师，提供基本的法律帮助保障认罪认罚的正当性及合法性，达到有效辩护的基本标准即可。同时，笔者主张对于仅提供值班律师的案件，限定在可能判处 3 年有期徒刑以下刑罚的认罪认罚案件。值班律师主要发挥以下作用：一是在犯罪嫌疑人、

〔1〕 参见《司法部负责人就关于开展法律援助值班律师工作答记者问》，载 http://www.legaldaily.com.cn/judicial/content/2017-08/28/content_7296618.htm? node = 80533，最后访问日期：2023 年 1 月 20 日。

〔2〕 参见熊秋红：《审判中心视野下的律师有效辩护》，载《当代法学》2017 年第 6 期，第 14-24 页。根据该文有关数据显示，上海市人民法院自 2017 年 1 月至 7 月，共审结认罪认罚从宽案件 768 件 867 人，法院采纳检察机关指控罪名和量刑建议 755 件，占 98.3%，在检察机关的指控罪名和量刑建议被采纳率超过 98%的情况下，律师在定罪和量刑方面显然无太大的辩护空间。

被告人没有委托辩护人的情况下为其提供法律咨询，在侦查阶段帮助犯罪嫌疑人了解认罪认罚的含义及后果，帮助犯罪嫌疑人权衡、选择诉讼程序；二是在了解案件事实的过程中进行阅卷、调查核实证据等基本工作，以准确把握案件事实；三是根据案件基本事实、情节以及犯罪嫌疑人的态度，提供量刑建议。

2. 辩护律师适用于不认罪认罚及重罪刑事案件

当前，应当扩大应当提供法律援助的范围早已成为学界和实务界共识，分歧仅在于在何种程度上扩大法律援助的范围。如左卫民教授提出两种主张：对刑罚可能是10年以上有期徒刑的严重犯罪在一审中实行普遍的法律援助；或者针对普通程序审理的案件，在一审中设立普遍的法律援助。[1]《刑事辩护全覆盖办法》对于法律援助的范围作了更超前的规定，实现了辩护的全覆盖，即在认罪认罚案件中提供值班律师，在不认罪认罚的适用普通程序的一审、二审及再审案件中，犯罪嫌疑人、被告人没有委托辩护人的，法律援助机构应当指派律师为其辩护。

然而，在法律援助领域单纯以犯罪嫌疑人、被告人“认罪认罚”进行“一刀切”，凡是认罪认罚的提供值班律师，凡是不认罪认罚的提供辩护律师，这并不合理，不利于当事人认罪认罚程序的选择，也容易导致一些复杂的认罪认罚案件缺乏有效辩护。对此，笔者主张以增加案件的严重程度即可能判处的刑罚作为是否提供法律援助辩护律师的考量因素，可以考虑以可能判处3年有期徒刑为标准，对于可能判处3年有期徒刑以下刑罚的认罪认罚案件，适用速裁程序，提供值班律师援助即可；而对于可能判处3年有期徒刑以上刑罚的案件，如果没有委托辩护人的，公安司法机关应当通知法律援助机构指派律师提供辩护。根据表6-2，2019年、2020年、2021年判处3年有期徒刑以上刑罚的案件的人数，分别占获刑总人数的16.08%、16.95%、14.89%，除去自行委托辩护和可能判处死刑、无期徒

〔1〕 参见左卫民：《中国应当构建什么样的刑事法律援助制度》，载《中国法学》2013年第1期，第80-89页。

刑及其他已获得法律援助的人数，估计需要另外提供法律援助辩护律师的人数应当占获刑人数的10%左右。

3. 法律援助值班律师同辩护律师的衔接机制

值班律师主要适用于轻微的认罪认罚刑事案件，但是并不限于此类案件。根据《刑事辩护全覆盖办法》，所有的刑事案件中，值班律师都可提前介入。但是值班律师与传统的法律援助辩护律师存在明显差异：第一，节点差异。值班律师发挥的作用主要在审前阶段，即主要在侦查阶段、审查起诉阶段为犯罪嫌疑人、被告人提供法律咨询，保障认罪认罚的自愿性与真实性等。而辩护律师不仅在审前阶段而且在审判阶段都发挥作用，但是其职能和值班律师各有侧重，应当有所分工并相互衔接。第二，身份差异。值班律师介入刑事案件并不当然具有辩护人的身份，无法出庭辩护，仅能为犯罪嫌疑人、被告人提供基本的法律帮助。这同传统的法律援助律师所具有的辩护人身份有着根本区别。第三，职责差异。基于不同的身份与定位，值班律师主要履行提供解答法律咨询、解释认罪认罚的程序及后果、了解案件基本事实提出量刑建议等职责，在今后改革过程中可能会赋予值班律师阅卷、核实证据、讯问在场权等职权，而辩护律师的职责还是以《刑事诉讼法》规定的内容为限。

在一定情形下，值班律师同辩护律师需要进行衔接：(1）值班律师在办案过程中发现犯罪嫌疑人、被告人符合申请法律援助辩护律师条件的；(2）认罪认罚案件中犯罪嫌疑人、被告人反悔，否认实施犯罪的；(3）可能判处3年以上有期徒刑刑罚的案件只存在值班律师而没有辩护律师的。以上情形需要辩护律师深入介入，值班律师无法满足有效辩护的要求，因此，必须由值班律师变更为辩护律师。这就需要完善两者之间的衔接机制：(1）适用范围：基于当事人认罪认罚与否以及案件复杂、重大程度，明确由值班律师还是辩护律师介入，以及明确哪些情形下，需要由值班律师转交给辩护律师；(2）职责分工：值班律师主要负责法律咨询、认罪认罚、速裁程序与法律后果的解释以及协助当事人进行程序选择等事项，辩护律师负责传统的刑事辩护事项；（3）工作交接机制：符合法定情形时，值班律师负有义务及时通知办案机关及法律援助行政部门，同指派的辩护律师交接工作，进行案件事实及证据的交流，协助辩护律师快速了解案件事实。

二、法律援助供给的多元化

目前，虽然我国法律援助经费逐年增加，根据表 6-3 得出 2010—2014 年法律援助经费财政支出年平均增长率高达 15.2%，但是，总体而言刑事法律援助经费不足，且主要依靠地方政府财政支出，各自为政，不利于法律援助工作的全面开展。因此，有必要在法律援助供给侧对我国刑事法律援助制度进行完善。

（1）法律援助的国家化。2003 年《法律援助条例》第 3 条第 1 款规定，"法律援助是政府责任"，从而将法律援助定位为政府责任。有学者认为政府作为国家管理职能的具体执行者，可以将政府责任理解为国家责任。[1]笔者认为，国家责任强调国家作为一个政治组织形式，在整体上包含立法、司法、行政等多方面对于某项公共事务负有责任，而政府责任仅仅是强调行政执行这一维度。由于位阶上的先天不足，法律援助的工作开展显得疲软乏力。由于《法律援助条例》仅仅是国务院颁布的行政法规，没有上升到法律层面，而在法律层面，《刑事诉讼法》关于法律援助的规定很少，法律援助工作被下放到县级以上四级政府的身上，难以在全国层面开展统一的法律援助工作。因此，有必要将法律援助的政府责任定位上升为国家责任，将法律援助制度纳入国家治理体系当中。2022 年 1 月实施的《法律援助法》改变了这一局面，将法律援助统一立法，上升为法律，在国家层面统筹法律援助各项工作，通过中央财政统一拨付法律援助经费。但是，目前该法关于刑事法律援助的规定仍然属于原则性笼统性规定，还需要进一步出台完善实施细则。

---

〔1〕 参见汪海燕：《贫穷者如何获得正义——论我国公设辩护人制度的构建》，载《中国刑事法杂志》2008 年第 3 期，第 46-53 页。

（2）法律援助的市场化。法律援助的政府供给模式呈现出浓厚的行政化色彩，律师的选任、案件的管理与监督等，均遵循行政运作模式。目前，刑事案件中的法律援助基本上是由社会律师承担参与的，至少在形式上已经具备了市场化的特点，但实质上仍然是行政化的延续：第一，在社会律师的选择上，法律援助机构并没有一个统一的标准，一般是法律援助机构轮流指派，甚至出现了“法援律师垄断”和“法律服务外包”的极端现象。〔1〕第二，社会律师办理法律援助案件领取补贴，并不是遵循市场的价格机制。即便是正在一些地方试行的政府购买法律服务机制，也仍是建立在律师提供无偿法律服务的前提下适用的“定额补息”，并不是真正意义上的市场化。〔2〕第三，政府主导的法律援助工作具有一定强制性。法律援助的公益性与律师的商业性存在冲突，因此律师事务所被指派法律援助律师时，往往委派一些执业年限较短的年轻律师参与，资深的、有经验的律师一般参与法律援助案件较少，往往导致法律援助的质量不会太高。第四，法律援助对法律援助机构而言是一项行政工作，对法律援助律师而言是一项义务劳动，没有相应的工作评价及监督机制。〔3〕破解以上问题的关键在于改革现行的行政化操作，引入市场化竞争。当前，《法律援助法》已经明确规定了政府通过采购的方式购买法律服务，接下来将针对政府购买法律援助服务的市场化展开进一步分析。

强调法律援助的国家化、市场化，并不是否定必要的行政化管理。法律援助市场化供给需要特定的条件制约，在市场失灵的特定地区和领域扩

〔1〕　有些地方法律援助机构将案件全部交由公职律师办理，也有地方将案件全部外包给律所，虽然各个地方做法各异，但均表明了法律援助机构的行政化运作特点。参见谢澍：《刑事法律援助之社会向度——从“政府主导”转向“政府扶持”》，载《环球法律评论》2016 年第 2 期，第 139-151 页。

〔2〕　参见王正航等：《法律援助政府购买服务机制研究》，载《中国司法》2016 年第 5 期，第 55-58 页。

〔3〕　司法部法律援助中心虽然从 2012 年起在部分地区组织法律援助案件质量评估试点工作，试点工作虽然在质量标准、评估方法等方面取得一定成效，但在如何运用评估结果促进提高办案质量方面仍举步维艰。参见司法部法律援助中心：《法律援助案件质量评估试点工作报告》，载《中国司法》2015 年第 5 期，第 240-261 页。

大法律援助行政化保障具有现实必要性。[1]在刑事法律援助领域，政府要从以往的执行者、操作者的身份转变为管理者、监督者的身份，保留必要的行政管理手段以制定法律援助服务市场的制度、规则、政策以及负责监管，作为“看不见的手”进行宏观调控，统筹法律援助的整体资源，加大对落后地区的资源投入。

三、法律援助模式的多样化

目前，我国刑事法律援助模式过于单一，传统法律援助要经过审批指定，行政化色彩浓厚，无法及时提供法律咨询等服务。并且，我国幅员辽阔，经济发展不平衡，律师资源分布不均匀，应当借鉴域外经验，构建和推广多元化的法律援助模式：

（1）值班律师制度的推广。值班律师为轻微刑事案件提供法律援助，并不提供实质性的辩护服务，在其选任、补贴、考核等方面应当同辩护律师相区别。具体而言，在值班律师选任方面，可以延续以往的选任方式，由地方法律援助机构综合律师情况建立值班律师名册，组建值班律师库。没有必须要像法律援助辩护律师一样进行市场化改良，以节约司法资源，提高法律援助效率。在值班律师补贴方面，因为其提供法律援助的初步性，可以继续采用“定额补贴”的方式，但可以适当提高补贴的额度，提高值班律师的积极主动性；完善值班律师的监督考核机制，建立不同于传统法律援助律师的考核指标，对于值班律师应当以过程而非结果为中心进行考核。因此，对值班律师的考核应当注重通过对当事人的回访、定期向驻所单位了解情况等方式考察值班律师的履职情况，并完善值班律师的奖惩机制。

（2）政府购买法律服务机制的完善。实现法律援助领域市场化的一个现实途径是在政府和律师事务所之间引入招投标机制，由政府招标，律师

---

〔1〕参见胡铭、王廷婷：《法律援助的中国模式及其改革》，载《浙江大学学报（人文社会科学版）》2017年第2期，第76-92页。

事务所进行投标，然后订立法律援助合同，依约履行法律援助服务。从目前的行政化管理体制直接实现市场化相当困难，可以分阶段进行过渡：一方面，从节约司法资源的角度，对于法律援助值班律师仍然可以延续法律援助机构选任的模式，只对于法律援助辩护律师则需要进行市场化改造；另一方面，可以针对指派辩护的四类情形，尤其是可能判处无期徒刑、死刑的案件，先行试点法律援助的招投标购买机制。按照《政府采购法》的有关规定，采用公开招标的方式，确定一家或多家律师事务所，并与律师事务所签订合同，明确购买服务的范围、标的、数量、质量要求以及服务期限、资金支付方式、双方的权利义务和违约责任等内容。[1]由司法行政部门协同法律援助中心负责监管，对案件进行质量评估，质量评估合格的，再支付资金。可以进行政府采购法律服务的试点，经过试点试错后，再将成熟经验上升为规范并予以推广。

（3）公设辩护人制度的有益借鉴。我国法律援助机构中已有一类专职从事法律援助的公职律师，类似于国外的“公设辩护人”，只是近些年呈现萎缩现象。[2]笔者认为，采不采用“公设辩护人”的名称并不重要，重点是如何借鉴外国经验来进一步完善我国现有制度：首先，公务人员职业伦理的基本特征是上令下从与追求效率；从第二章中辩护律师的职业伦理的发展来看，忠诚义务是辩护律师的首要职业伦理，应当以维护当事人合法利益为首要任务。然而，公设辩护人具有公务人员的属性，从属于国家机关，这可能导致普通公众，尤其是犯罪嫌疑人、被告人对公职律师独立性的质疑，从而陷入职业伦理冲突的困境。笔者认为，可以考虑将法律援助公职律师交由律师协会进行管理，而不再隶属司法行政部门，或者培育专门从事刑事法律援助的社会组织机构，加强公职律师的独立性。其次，提高公职律师待遇，保持晋升渠道的顺畅，通过完善激励措施鼓励社会律

〔1〕参见王正航等：《法律援助政府购买服务机制研究》，载《中国司法》2016 年第 5 期，第 55-58 页。

〔2〕参见王正航等：《法律援助政府购买服务机制研究》，载《中国司法》2016 年第 5 期，第 55-58 页。

师积极申报公职律师。这样一来，可以扩大公职律师的来源渠道，毕竟公职律师具有公职人员身份，对于社会律师具有一定的吸引力。最后，公设辩护人制度被认为在人员稠密地区能实现资源的最大化有效利用，笔者认为，在人口稀疏、经济欠发达的中西部地区，由于律师资源的稀缺，更有必要加大投入，扩充专职法律援助律师队伍，采用行政手段调控法律援助资源的不均衡。

（4）其他方案的试点。除了以上几种模式，还可以试点其他方案，如《刑事辩护全覆盖办法》中提到的法律援助受援人费用分担机制，根据受援助人的经济收入及家庭条件进行层次划分，综合考虑其承担一定比例的法律援助费用。还比如诉讼保险（Legal Expenses Insurance）制度，利用法律服务领域和保险领域的利益协同性，将法律援助纳入社会保障范围之内，等等。需要指出的是，不同法律援助模式之间是可以并存的，并非非此即彼的关系。对于认罪认罚的轻罪案件可以由值班律师提供服务，而对于重大复杂的刑事案件，政府可以采用招投标的方式购买法律服务，也可以改革、扩充专职律师队伍提供法律援助，这些模式间并不冲突，目的具有一致性，即保障刑事法律援助质量与数量，实现刑事辩护全覆盖。

新一轮司法体制改革中的以审判为中心的诉讼制度改革以及认罪认罚从宽制度、刑事速裁程序的改革试点，为完善刑事法律援助制度，实现刑事辩护全覆盖提供了新契机。试点改革如火如荼，理论研究不应缺位。其中一个重要任务是在深入了解实践的基础上，进行理论创新、引导改革，而非以传统理论自囿。以值班律师制度为例，在讨论值班律师的设计与定位时，涉及公正与效率、有效辩护等理论问题。从立法意图及制度实践来看，值班律师是在保证公正的前提下，侧重追求效率，在认罪认罚案件中保障认罪认罚自愿性及真实性的一项制度。我们应当对认罪认罚过程中的某些不公正保持足够的警惕，[1]但是这种警惕并不足以促使我们饮鸩止

〔1〕 在认罪认罚案件中，存在犯罪嫌疑人、被告人认罪认罚的非自愿性及虚假性，如受侦查机关诱惑而认罪，或者非犯罪人虚假认罪等，这在美国辩护交易制度发展过程中已经得到充分印证。

溺。造成不公正的原因是多方面的，并不是因值班律师权利的“克减”导致的，也不是以“辩护人化”的值班律师能够完全解决的。当然，在肯定值班律师的制度价值，实现辩护的“量”的同时，也应当保障辩护的“质”。基于值班律师法律帮助的初步性，应当将该制度适用的范围限定在认罪认罚的轻罪案件中，并且合理赋予值班律师一定的辩护权利，如阅卷权、会见权、核实证据权。而案情复杂的重罪案件中，提供法律援助辩护律师，进行传统刑事辩护，有效实现法律援助的“繁简分流”，兼顾刑事法律援助的数量与质量。在援助体系层次化的基础上，改革法律援助的供给侧，增加总供给，并构建多样化的法律援助本土模式。如此，努力实现实质意义上的刑事辩护全覆盖，进而使律师成为刑事诉讼中切实保障当事人合法权益的“必需品”。

第七章

值班律师的教义规范与制度完善

第一节 值班律师的身份与定位

值班律师制度是本轮司法体制改革中，在刑事速裁程序及认罪认罚从宽制度试点中设立的一项创新制度。2018 年 10 月，《刑事诉讼法》修正时将值班律师制度作为一项正式法律制度予以规定。中央确立和推动值班律师制度，在某种程度上是为目前正在试点的速裁程序以及认罪认罪从宽制度提供一项配套制度，为犯罪嫌疑人提供初步的法律帮助，确保认罪认罚从宽制度与速裁程序的顺利展开。另外，值班律师制度的确立，对推动刑事辩护全覆盖的实现也具有重要意义。

值班律师制度最早发端于英国，随后发展到其他法治国家，如澳大利亚、日本、加拿大等都先后建立了值班律师制度。[1]该制度在我国的构建，是在中央试点速裁程序以及认罪认罚从宽制度的大背景之下进行的，其制定初衷是为当事人提供一种快速及时、简单便捷的法律帮助，与我国现行法律规范体系中的法律援助并不相同：第一，根据《刑事诉讼法》《法律援助法》等法律文件，值班律师的职责主要包括为被追诉人提供法律咨询、提供程序选择建议、转交材料等初步性的法律帮助；第二，值班律师制度适用于所有刑事案件，只要犯罪嫌疑人、被告人申请，就可以获

〔1〕 参见郭婕：《法律援助值班律师制度比较研究》，载《中国司法》2008 年第 2 期，第 101-106 页。

得法律援助值班律师的帮助，并没有条件限制；第三，值班律师作用的发挥主要是在刑事速裁案件以及认罪认罚案件中，犯罪嫌疑人、被告人认罪认罚从而换取量刑上的从宽处理，值班律师为其提供法律咨询、程序选择、提供量刑意见等，以保障认罪认罚的真实性及公正性。

作为一项覆盖面广泛的创新制度，值班律师制度能够有效地提高刑事诉讼中的律师参与率，也是刑事辩护全覆盖工作中的重要力量。然而，值班律师究竟具有何种职能定位，目前在理论界和实务界还没有定论。有学者主张，值班律师与委托律师以及法律援助律师身份一样，在刑事诉讼中承担辩护职能，具有辩护人的身份。〔1〕也有学者认为值班律师是“缩小版”的辩护人，承担辩护人的一部分职能。还有学者认为试点中的值班律师制度是一种前置帮助制度，与辩护律师相比，值班律师是一次性、一站式的，其职能就是为犯罪嫌疑人、被告人提供“法律帮助”，不具有辩护人的身份。〔2〕对值班律师的定位这一基础理论问题的回答，直接关系到立法者设立值班律师制度的法律旨意能否实现以及实践中法律援助效用的发挥，应当进行审慎的研究论证。

法教义学是一门将现行实在法秩序作为坚定信奉而不加怀疑的前提并以此为出发点开展体系化解释工作的规范科学，〔3〕其区别于社科法学，以承认现行法律的权威性作为前提而展开。法律规范都是有解释空间的，在这个解释空间内，可以赋予同一法律规范不同的含义，而在解释的时候只能从中选择一种作为对该法律规范的解释。〔4〕目前，辩护制度及法律援助制度等相关制度在我国法律规范体系中存在系统性的法律规定，值班律师

〔1〕参见顾永忠、李逍遥：《论我国值班律师的应然定位》，载《湖南科技大学学报（社会科学版）》2017 年第 4 期，第 77-85 页。

〔2〕参见谭世贵、赖建平：《“刑事诉讼制度改革背景下值班律师制度的构建”研讨会综述》，载《中国司法》2017 年第 6 期，第 24-31 页。

〔3〕参见白斌：《论法教义学：源流、特征及其功能》，载《环球法律评论》2010 年第 3 期，第 5-17 页。

〔4〕转引自易延友：《非法证据排除规则的立法表述与意义空间——〈刑事诉讼法〉第 54 条第 1 款的法教义学分析》，载《当代法学》2017 年第 1 期，第 38-55 页。

虽然是一项新设制度，但是中央部门业已出台了诸多法律文件予以规定。学者们与其在理论层面积极“立法”，不如遵循法教义学的基本原则，回归到法律规范本身，运用规范解释的方法来实现法律旨意。“解释者的任务是向我们说明他所认识到的法律实际上是什么，评论者的任务则是向我们评述法律应当是怎样的东西”，[1]对于法律规范中业已存在的规定，我们可以将辩护人与值班律师作为解释对象进行解释，在现行法律体系之中寻求值班律师的合理定位，赋予其正当性与合法性之基础。基于此，本节拟从法教义学的视角厘清值班律师与辩护人、法律帮助、法律援助等法律概念之间的基本逻辑，并对值班律师在我国法律援助体系中的定位与发展进行初步分析。

一、值班律师与辩护人、辩护律师

值班律师是否属于辩护人，是否具有辩护律师身份？首先要考察我国《刑事诉讼法》及其相关法律规范中关于辩护人的法律规定。关于辩护人的相关法律规定，见 2018 年《刑事诉讼法》第四章辩护与代理，其中第 37 条规定：“辩护人的责任是根据事实和法律，提出犯罪嫌疑人、被告人无罪、罪轻或者减轻、免除其刑事责任的材料和意见，维护犯罪嫌疑人、被告人的诉讼权利和其他合法权益”，将 1996 年《刑事诉讼法》中规定的“维护犯罪嫌疑人、被告人的合法权益”修改为“维护犯罪嫌疑人、被告人的诉讼权利和其他合法权益”，突出了辩护人对于被追诉者程序性权利的保障，从而形成实体辩护与程序辩护共存的格局。[2]有学者从这一角度出发，认为律师不仅是在实体的定罪量刑上为犯罪嫌疑人、被告人进行辩护，在诉讼程序上维护犯罪嫌疑人、被告人诉讼权利的行为也应当属于辩护，并基于此，认为值班律师属于特殊的辩护律师。

---

〔1〕［英］边沁：《政府论》，转引自法学教材编辑部《西方法律思想史编写组》编：《西方法律思想史资料选编》，北京大学出版社 1983 年版，第 479 页。

〔2〕参见陈瑞华：《程序性辩护的理论反思》，载《法学家》2017 年第 1 期，第 109-122 页。

显然，上述解释方法采用了简单的字面解释方法，通过对 2018 年《刑事诉讼法》第 37 条进行字面解释，以履行实体性和程序性辩护的职责作为标准界定辩护人，无论履行实体辩护还是程序辩护，都属于辩护人。然而，"……单纯的字面解释很容易引起法律条文之间的矛盾甚至出现荒谬的结论……法律条款中的文字不同于字典上的文字，它是镶嵌在具体条款和章节中的文字，因此对法律文字所谓字面含义的解释，就必须放在整个法律文本中，这种法律解释的技艺就被称为文本解释"。〔1〕采用文本解释我国《刑事诉讼法》中的"辩护人"更加合理。我国属于职权主义诉讼模式的国家，基于庞大的国家公权力，有学者甚至称其为强职权主义诉讼模式。〔2〕控方享有庞大的国家公权力，基于"平等武装"原则的要求，必须赋予辩护方充分的诉讼权利，才能保障辩护方与控诉方平等对抗。基于此，我国《刑事诉讼法》规定了辩护人享有的一系列诉讼权利，如会见权、通信权、阅卷权、调查取证权等，并且，这一系列诉讼权利在其他法律法规文件中得到了进一步的细化，确保辩护权利的可适用性。〔3〕可见，刑事诉讼法中的"辩护人"，不仅是指承担实体性辩护与程序性辩护职责的人，同时还指被法律赋予了会见权、通信权、阅卷权、调查取证权等辩护权利的人。因此，值班律师这样仅享有有限的阅卷权，而不享有完整的辩护权利，是没有能力成为"辩护人"并同控诉机关进行实质对抗的。

以上结论也可从我国法律文本中辩护人制度发展的角度予以解释。辩护律师在 1996 年《刑事诉讼法》修正之前只能在审判阶段介入提供辩护，在 1996 年修正后的《刑事诉讼法》虽然可以在审前阶段介入，但并不具

---

〔1〕 强世功：《文本、结构与立法原意——"人大释法"的法律技艺"》，载《中国社会科学》2007 年第 5 期，第 143-159 页。

〔2〕 参见汪海燕：《刑事诉讼模式的演进》，中国人民公安大学出版社 2004 年版，第 48 页。

〔3〕 辩护人享有的诉讼权利并不仅仅停留在法律文本上，而是实践中确实可以具体操作、实践的。为此，司法解释如《最高人民法院关于适用〈中华人民共和国刑事诉讼法〉若干问题的解释》《人民检察院刑事诉讼规则（试行）》对于辩护人享有的辩护权进行了细化。此外，还有一些单行的司法解释，如《关于办理刑事案件严格排除非法证据若干问题的规定》中对于辩护人申请排除非法证据的规定，均是为了保障辩护权的切实实现。

有辩护人的身份，此时律师被称为“为犯罪嫌疑人提供法律帮助的律师”。这一方面是因为我国传统诉讼理念认为辩护主要和实体有关，程序性辩护理念近几年才得到发展。在传统理念的影响下，在侦查阶段并没有太多实体辩护的空间和条件，因此律师不具有辩护人身份。另一方面是因为实务界尤其是侦查机关的抵触，担心律师介入侦查活动会影响案件真实的发现。经过各方权力博弈后，最终达成妥协意见：律师可以在侦查阶段介入，但不享有辩护律师享有的一系列辩护权利，只能为犯罪嫌疑人提供有限的法律咨询、法律服务。也正是因为这种妥协，导致在司法实践中由于不具有辩护人的身份，律师在行使辩护职能时往往受到阻碍，“会见难”“阅卷难”“调查取证难”被称为当时律师侦查阶段的“三难”。[1]这些问题在2012年《刑事诉讼法》中得以解决，明确规定“犯罪嫌疑人自被侦查机关第一次讯问或者采取强制措施之日起，有权委托辩护人”，律师从而在侦查阶段获得了辩护人的身份。

在2012年《刑事诉讼法》修正之前，在侦查阶段，律师并不具有《刑事诉讼法》中辩护人的身份。因此，实践中侦查机关、看守所可以以正当合法的理由去限制律师的权利，既然不是法律明文规定的“辩护人”，当然不享有只有辩护人才可行使的会见权、通信权、阅卷权、调查取证权等权利。立法者也逐渐认识到这一问题，在法律层面作出了相应的调整。首先是在2007年颁布的《律师法》中，第33条明确规定在侦查阶段只要凭借“三证”[2]即可会见犯罪嫌疑人，侦查机关不得限制，也不得监听；第34条规定了在案件审查起诉后，律师有权查阅诉讼文书及案卷材料；第35条规定了律师的调查取证权，等等。2007年《律师法》规定这些内容，主要目的是解决实践中侦查阶段律师介入存在的“三难”问题，从表面上看增加了审前阶段律师的诉讼权利，实质是审前阶段律师的“辩护人化”，

---

〔1〕 参见陈光中、肖沛权、王迎龙：《我国刑事审判制度改革若干问题之探讨——以<刑事诉讼法>再修改为视角》，载《法学杂志》2011年第9期，第1-7页。

〔2〕 “三证”是指律师执业证书、律师事务所证明、委托书或者法律援助公函。

即通过辩护权利的赋予而使其获得法律规定中“辩护人”的实质身份。但是，限于实践中存在的阻力，2007年《律师法》并没有明确规定侦查阶段律师具有辩护人的身份。并且，在法律位阶上，《刑事诉讼法》由全国人民代表大会通过，而《律师法》由全国人大常委会通过，实务部门在法律适用上优先适用前者的规定，导致《律师法》中关于侦查阶段律师权利的规定并没有得到实质履行。直到2012年，我国《刑事诉讼法》再次修正后，将侦查阶段律师定位为辩护人，“三难”问题才得以有效解决。〔1〕从我国刑事辩护制度的发展历史来看，其实是否具有辩护人的称谓并不重要，重要的是是否享有在辩护人称谓之下附着的一系列辩护权利。在2012年修正后的《刑事诉讼法》律师“三难”问题为何迎刃而解，正是因为辩护律师在侦查与审查起诉阶段具有了辩护人身份，可以依法享有会见权、阅卷权等辩护权利，实质上还是能否享有辩护权利的问题。因此，是否享有充分的辩护权利，才是决定律师是否能够作为辩护人同控诉方进行实质对抗的关键所在。

基于以上，从法律的文本解释以及立法的目的解释可以看出，辩护人这一身份对于审前阶段，尤其是侦查阶段律师介入的重要意义。因为辩护人身份不仅关系到律师的职责内容，还关系到其是否能够享有包括会见权、通信权、阅卷权、出庭权等一系列的辩护权利。再看法律文件中关于值班律师的规定。无论是《刑事诉讼法》抑或《法律援助法》当中，值班律师的职权范围限于提供法律咨询等初步性的法律帮助，〔2〕如法律咨询、程序选择建议等。《关于适用认罪认罚从宽制度的指导意见》对于值班律师的职权作了更加具体的规定，第12条规定值班律师履行下列职责：（1）提供法律咨询，包括告知涉嫌或指控的罪名、相关法律规定，认罪认罚的性质和法律后果等；（2）提出程序适用的建议；（3）帮助申请变更强制措

〔1〕参见顾永忠：《我国刑事辩护制度的重要发展、进步与实施——以新〈刑事诉讼法〉为背景的考察分析》，载《法学杂志》2012年第6期，第56-65页。

〔2〕“法律帮助”应该如何理解将会在下文进行具体分析。

施；(4) 对人民检察院认定罪名、量刑建议提出意见；(5) 就案件处理，向人民法院、人民检察院、公安机关提出意见；(6) 引导、帮助犯罪嫌疑人、被告人及其近亲属申请法律援助；(7) 法律法规规定的其他事项。可以看出，相对于辩护律师，值班律师承担的是一些初步性、临时性的职责，而且其工作阶段主要限于侦查阶段，即在侦查阶段犯罪嫌疑人还没有聘请辩护人的情况下，可以获得值班律师提供简单的法律咨询。该条同时规定了法律援助值班律师不提供出庭辩护服务，并且如果符合了法律援助条件，必须由法律援助律师提供辩护，而不能由值班律师进行。一旦犯罪嫌疑人或者被告人符合了法律援助条件获得了法律援助，或者诉讼程序推进到法庭审判，值班律师工作任务即告终结。

所以，值班律师享有的诉讼权利同其职责相一致，也具有初步性与临时性，显然不同于前文所述的“辩护人”的权利外延。从立法者设立值班律师的初衷也可见一斑，司法部负责人在就关于开展法律援助值班律师工作答记者问时指出，“值班律师主要提供法律咨询、申请变更强制措施等初步、低限度服务”，“不能取代辩护律师对案件办理作实质性深度介入”。[1] 因此，值班律师同辩护人不同，其不并享有完整的辩护权利，其职责范围仅限于初步性、及时性的法律帮助。

二、值班律师与法律帮助、法律援助

值班律师如果不具有辩护人的身份，其在刑事司法中应当如何定位呢？有学者认为，当前值班律师应当属于“法律帮助者”，只能为犯罪嫌疑人、被告人提供一些具有初步性、及时性的法律帮助。[2]

法律帮助一词是值班律师制度规定在《刑事诉讼法》中使用的，在之

〔1〕 参见《司法部负责人在就关于开展法律援助值班律师工作答记者问》，载 http://www.legaldaily.com.cn/judicial/content/2017-08/28/content_7296618.htm? node = 80533，最后访问日期：2023 年 2 月 1 日，第 24-31 页。

〔2〕 参见谭世贵、赖建平：《“刑事诉讼制度改革背景下值班律师制度的构建”研讨会综述》，载《中国司法》2017 年第 6 期。

前法律规定中并没有出现。由于在1996年修正后的《刑事诉讼法》中律师虽然可以介入审前阶段，但是并不具有辩护人的身份，是否享有辩护权利在法律规范中并没有明确。此时，审前阶段介入的律师身份较为尴尬，在实践中履行会见、阅卷等辩护职能经常受到阻碍。于是，学界提出了“法律帮助者”这一概念对其身份进行界定，[1]但这只是学界的理论界定，没有体现在法律规范中。2012年修正后的《刑事诉讼法》中明确了审前阶段律师的辩护人身份，实践中律师“三难”问题也得到妥善解决，“法律帮助者”的概念也不再被学者提及。随着新一轮司法体制改革中值班律师制度的试点与立法化，“法律帮助”一词又重新被使用，并最终规定在法律规范如《刑事诉讼法》《法律援助法》之中。同样是法律援助，1996年修正后的《刑事诉讼法》中学者使用的“法律帮助”同当前法律规范中规定的“法律帮助”是同一概念吗？笔者认为既有联系，也存在区别：联系在于，1996年《刑事诉讼法》实施后学界提出的“法律帮助”，是为了同审判阶段辩护人所行使的辩护职能相区分。如前文所述，在侦查阶段中法律帮助者并不能实质地行使辩护人的诉讼职能，仅能提供法律帮助。这与法律规定的值班律师所行使的职能相似，根据有关法律规定，值班律师所行使的也只是初步性的法律咨询等工作；区别在于，前者的提出是基于不同权力机关之间的权力博弈、妥协所产生的一种具有时代特点的历史产物，而后者的提出，是在司法体制改革的制度背景下，基于效率、公正等诉讼价值所创设的一种全新程序机制的范畴。所以，虽然同称为“法律帮助”，但是其产生的时代背景、实践基础、价值理论等诸多方面是不同的。

在探讨过程中，有观点认为，值班律师制度应当属于法律援助制度。[2]在宏观层面，笔者对这一观点表示认同，但是在微观层面，仍然需要根据

---

〔1〕参见顾永忠等著：《刑事辩护：国际标准与中国实践》，北京大学出版社2013年版，第257页。

〔2〕参见谭世贵、赖建平：《“刑事诉讼制度改革背景下值班律师制度的构建”研讨会综述》，载《中国司法》2017年第6期，第24-31页。

法教义学基本原则对值班律师制度与法律援助制度进行细致分析。根据相关法律规定，目前刑事诉讼中法律援助分为两类，一类是通知型法律援助，即只要符合法定条件，公安司法机关必须通知法律援助机构提供法律援助，包含以下四类人员：（1）盲、聋、哑人；（2）尚未完全丧失辨认或者控制自己行为能力的精神病人；（3）未成年人；（4）可能判处无期徒刑、死刑的人。另一类是申请型法律援助，指经济困难，难以委托辩护人的，可以申请法律援助机构提供法律援助。从具体职能来看，法律援助律师从侦查机关侦查阶段即可介入，所从事的是辩护职能，其身份是辩护人。

根据2018年《刑事诉讼法》第35条规定，符合法定条件的，公检法应当通知法律援助机构指派律师提供法律援助。《关于刑事诉讼法律援助工作的规定》也规定，对于符合法定条件的犯罪嫌疑人、被告人，公安司法机关应当通知法律援助机构指派律师为其提供辩护。因此，通常意义上的刑事法律援助，是指公安司法机关在诉讼过程中为符合法定条件的犯罪嫌疑人、被告人指派律师作为辩护人为其提供辩护。根据这种文义解释，值班律师不属于《刑事诉讼法》中所规定的法律援助律师，因为法律援助律师具有辩护人的身份，而值班律师并不具有。但是，规范的真实含义不仅取决于文本，还取决于文本之外的制定者的目的。法理学上有一个著名的“禁止车辆进入公园”规则，根据该规则，可以禁止汽车、卡车进入公园，但救护车、警车、自行车、儿童推车、玩具车、滑轮车是否也在禁止之列呢？如果有人欲将“二战”时留下的坦克开进公园作纪念物，是不是也违反了该规则呢？[1]显然，对于规则的理解，不仅要看法律文本的语义，还要准确理解立法者的目的。

刑事法律援助并不是一直指代刑事辩护援助。2003年《法律援助条例》第11条规定：“刑事诉讼中有下列情形之一的，公民可以向法律援助

〔1〕 参见刘翀：《论目的主义的制定法解释方法：以美国法律过程学派的目的主义版本为中心的分析》，载《法律科学（西北政法大学学报）》2013年第2期，第33-42页。

机构申请法律援助：(一) 犯罪嫌疑人在被侦查机关第一次讯问后或者采取强制措施之日起，因经济困难没有聘请律师的；……”因为该条例是在2003年出台的，彼时根据1996年《刑事诉讼法》，在侦查阶段犯罪信息嫌疑人也可以申请法律援助，但此时的法律援助律师并不是辩护人，所以其提供的法律援助也并非法律文本中规定的刑事辩护，而仅仅是所谓的“法律帮助”。由此可见，我国刑事法律援助的内涵在最初也并非特指刑事辩护，在2012年《刑事诉讼法》修正之前也包括审前阶段律师的“法律帮助”，2012年修正后由于在审前阶段中律师具有辩护人身份，法律援助就变成了刑事辩护。而在值班律师制度确立以后又创建了类似于1996年前后的“法律帮助”的律师，但这仅仅是一种形式上的创新，因为在审前阶段传统的法律援助辩护律师并未取消。因此，对于现行法律规范中的“法律援助”我们应当作广义解释，既包含法律规范中的辩护人身份为符合法定条件的当事人提供刑事辩护，也包含值班律师的身份为所有没有委托辩护人的当事人提供初步的法律帮助。基于此，值班律师当然是一种法律援助律师，值班律师制度是也应当是法律援助制度的一部分，很多法律文件将值班律师称为“法律援助值班律师”也就不难理解。

那么，我们是否可以将值班律师定位为“法律帮助者”，以此和狭义的法律援助律师相区分呢？笔者认为，如果从职能上进行区分，与法律文本中的“辩护人”相对，称为“法律帮助者”并不是不可以，但是正如前文所述，这一概念在当时是权力博弈、妥协的结果，是具有历史局限性的时代产物。而值班律师制度是一项新制度，它并不带有先天缺陷，是一种追求效率与公正的全新程序。为了避免标签式的先入为主，以及便于系统完善我国法律援助体系，笔者主张建构一套新的法律援助话语体系，将值班律师与辩护人或者辩护律师进行区分，即在广义的“法律援助制度”体系之下，对法律援助律师进行二元划分，分为“法律援助值班律师”与“法律援助辩护律师”，前者为当事人提供初步的法律咨询等服务，后者提供传统意义上的刑事辩护法律援助。

司法实践中，有一些地区的认罪认罚案件，值班律师可以到检察院阅卷、与当事人会见甚至出庭发表意见，其身份与辩护人无异。[1]值班律师制度的立法旨意是提供初步的法律帮助，然而在认罪认罚案件中，为保障认罪认罚的公正性，值班律师所提供的法律帮助必然要突破这种初步性，这其实是与值班律师的职责定位相冲突的，体现出立法者与理论界对于值班律师的身份和定位还存在认识上的模糊。针对这一问题，理论上可有以下几种解决方案：第一种是值班律师不需要阅卷、会见，根据办案机关描述提出量刑意见；第二种是赋予值班律师阅卷和会见的权利，值班律师阅卷并在会见犯罪嫌疑人、被告人后提出量刑意见；第三种是值班律师负责法律咨询等程序性事项，而实体性事项包括提出量刑建议则由法律援助辩护律师进行，即值班律师之后再指定法律援助律师。在认罪认罚案件中，如果律师不阅卷、不会见犯罪嫌疑人、被告人，提出的量刑意见可能有失公正，也难以保证认罪认罚的真实性，因此第一种方案不妥。而同时适用值班律师与辩护律师，又失去了设立值班律师制度的迅速、及时的效率价值。那么，第二种方案似乎更为合理，即在认罪认罚案件中，赋予值班律师相应的辩护权利。但笔者认为，在所有刑事案件中，值班律师职能仍然应当定义为提供初步法律服务，在认罪认罚案件中行使一定的辩护权只能作为一种例外。并且，相对于法律文本中的“辩护人”，值班律师在认罪认罚案件中享有的辩护权及承担的辩护义务是有限的，笔者认为赋予其全部的阅卷权及会见通信权即可。

三、值班律师制度的未来发展方向

根据法律规定，法律援助值班律师和法律援助辩护律师具有不同的职能定位。作为提供初步法律帮助的值班律师，其身份并不是辩护人，如果需要对案件进行实质介入，行使辩护职能，则需要法律援助辩护律师来进

[1] 参见顾永忠、肖沛权：《“完善认罪认罚从宽制度”的亲历观察与思考、建议——基于福清市等地刑事速裁程序中认罪认罚从宽制度的调研》，载《法治研究》2017年第1期，第56-70页。

行。目前，很多学者主张在今后要将值班律师“辩护人化”，如孙长永教授认为“从应然角度来看，值班律师的定位应该是辩护人，从发展方向来说应当是辩护人化”。[1]值班律师“辩护人化”的出发点是合理的，因为在某些案件的刑事速裁中值班律师不享有阅卷和调查的权利，无法对检察官所掌握的证据情况进行全面审核，而在后来推行的认罪认罚从宽程序中，值班律师的阅卷权也没有得到切实的保障，值班律师无法为嫌疑人、被告人提供有效的法律帮助。[2]但是，如上文所述，值班律师与辩护律师具有不同的职能定位，享有的诉讼权利也存在区别，值班律师仅享有有限的辩护权利，也不出庭履行辩护职责。笔者认为，解决认罪认罚案件中值班律师“见证人化”的问题，关键在于扩大传统法律援助辩护律师适用范围，因为值班律师本身就是一种提供初步法律服务的援助制度，在制度设计上就无法承担认罪认罚案件中保障犯罪嫌疑人、被告人认罪认罚自愿性与真实性的重要任务，不能因此就简单呼吁将值班律师“辩护人化”，致使值班律师制度丧失了本来的快速及时、简单高效的立法旨意。

在值班律师的未来发展方向上，笔者主张坚持值班律师的初步性、临时性的制度设计，完善值班律师与传统法律援助辩护律师并行的二元化法律援助体系，由值班律师负责占大多数的轻罪案件和认罪认罚案件的法律帮助，并扩大法律援助范围，由辩护律师在重大案件和不认罪认罚案件中提供传统的法律援助。如果在认罪认罚案件中确实需要赋予值班律师一定的辩护权利以保障认罪认罚的真实性、公正性，那么笔者也认为应当是赋予相应的、部分的辩护权，而不是全部的辩护权利。享有权利即代表着要履行义务，值班律师制度的价值侧重于效率，在保证司法公正的前提下尽量去追求司法效率，而不是完全否定这一制度价值，将之“辩护人化”。

---

〔1〕 参见谭世贵、赖建平：《“刑事诉讼制度改革背景下值班律师制度的构建”研讨会综述》，载《中国司法》2017 年第 6 期，第 24-31 页。

〔2〕 参见陈瑞华：《认罪认罚从宽制度的若干争议问题》，载《中国法学》2017 年第 1 期，第 35-52 页。

在我国法律援助制度不断发展，法律援助资源足够丰富时，应当将认罪认罚案件纳入传统的法律援助的范围，由辩护律师而非值班律师提供法律援助。总之，值班律师应当是现有法律援助律师的“瘦身”版本，不应当让其承受太多义务。这样，值班律师制度适用于大多数轻罪以及认罪认罚案件，可以实现法律援助的“繁简分流”，从而节约大量法律援助资源，有效实现刑事辩护“全覆盖”的目标！

第二节　值班律师制度的实然分析与应然发展

一、值班律师制度的特征

值班律师制度从最初作为刑事速裁程序中的一个试点项目，到最后发展成为《刑事诉讼法》与《法律援助法》中的正式法律制度，才经历了四年左右的时间，可以说是一个全新的制度设计。中央在法律文件中确立和推动值班律师制度，在某种意义上是为刑事速裁程序以及认罪认罪从宽制度提供一项配套制度，为犯罪嫌疑人提供初步的法律帮助，确保刑事速裁程序及认罪认罚从宽制度的顺利展开。同时，我国在本轮司法体制改革中还推行了刑事辩护全覆盖试点，由于犯罪嫌疑人、被告人委托律师的比例在一定社会时期内不会有太大浮动，所以实际上刑事辩护全覆盖的重要力量就是值班律师。

域外法治国家也普遍设立了旨在提供初步性、及时性的法律咨询与法律服务的值班律师制度，以保障为受到追诉的公民获得及时有效的法律援助。我国设立值班律师制度也具有同样的初衷，与传统的法律援助律师存在一定区别：第一，根据《刑事诉讼法》等有关法律规定，值班律师提供的法律帮助包含法律咨询、程序选择建议、转递材料等初步性职责，不像传统法律援助律师那样为犯罪嫌疑人、被告人提供一整套的刑事辩护服务；第二，值班律师制度适用于所有刑事案件，只要犯罪嫌疑人、被告人申请，就可以获得法律援助值班律师的帮助，并没有条件限制；第三，值班律师作用的发挥主要是在刑事速裁案件以及认罪认罚案件中，由于犯罪嫌疑人、被告人认罪认罚从而换取量刑上的从宽处理，值班律师为其提供法律咨询、程序选择、提供量刑意见等，以保障认罪认罚的真实性和自愿性。

作为一项覆盖面广泛的法律援助制度，值班律师能够有效地提高刑事案件中的律师参与率。然而，认罪认罚从宽语境下的值班律师制度，在制度定位上还具有模糊性，值班律师是否具有辩护人的身份？是否享有法律规定的辩护权利？如本章第一节所述，目前在理论界和实务界还存在值班律师是否属于辩护人的争论。对值班律师制度定位这一基础问题的回答，直接关系到法律旨意与制度价值能否实现以及实践中法律援助功效的发挥，应当进行审慎的研究与讨论。针对这些问题，尤其是值班律师制度职能定位问题，笔者认为可以适当脱离认罪认罚从宽的语境进行讨论，但是又不能跳出司法体制改革这一大背景。基于此，本节拟对值班律师等相关概念以及改革试点中的实践状况进行实然分析，进而提出完善值班律师制度的应然发展方向，使其今后在法治轨道上发挥应有的作用。

二、值班律师制度与功能的实践异化

法律援助值班律师在司法实践中在维护犯罪嫌疑人、被告人合法权益方面发挥了重大作用。但是，通过资料分析及实证调研，笔者发现值班律师制度在理论与实践中均产生了一些问题，主要表现在值班律师制度的定位偏离与功能异化两个方面。

（一）值班律师制度定位偏离问题

目前关于值班律师制度的探讨主要是在认罪认罚从宽语境下展开，值班律师制度被深深地打上了认罪认罚的烙印。如《刑事诉讼法》《法律援助法》《认罪认罚从宽办法》《关于开展法律援助值班律师工作的意见》等法律文件中均规定值班律师的职责包括为认罪认罚的犯罪嫌疑人、被告人提供法律咨询等法律帮助。在学界，现有研究成果也大多在认罪认罚的语境下来讨论值班律师，有学者称我国认罪认罚从宽制度中值班律师制度确立的初衷主要是为了保障被追诉人认罪认罚的自愿性及程序选择的自主性。[1]笔者认为，这种认识存在以偏概全的逻辑局限，不利于值班律师制度的长期发展。

从历史发展角度来看，值班律师制度在认罪认罚从宽制度试点之前就已存在。早在2006年联合国开发技术署和我国商务部、司法部共同确定将河南省焦作市修武县确定为“法律援助值班律师制度”项目试点地区，率先实现了刑事值班律师全覆盖，经过多年努力取得了不错的成效，截至2013年，河南省已在128个看守所设立了法律援助工作站。[2]随后，上海、山东、广东、福建等地陆续开展了法律援助值班律师制度的试点。在这些试点中，值班律师与现阶段认罪认罚从宽中的值班律师职能基本一致，主要提供免费的法律咨询、诉讼指引等初步的法律服务工作。[3]虽然在新的一轮司法体制改革中，值班律师制度在刑事速裁程序与认罪认罚从宽制度试点工作中大范围的予以适用，但是认为值班律师制度是在认罪认罚从宽语境下的一项新生制度的观点是失之偏颇的。

从域外经验来看，值班律师制度以提供初步性、及时性的法律服务为基本职责。值班律师制度起源于英国，之后其他发达国家诸如澳大利亚、加拿大、日本等国家也都建立了此项制度。[4]英国的值班律师计划（Duty Solicitor Scheme）由警察局值班律师计划和法庭值班律师计划组

---

〔1〕 参见闵春雷：《认罪认罚案件中的有效辩护》，载《当代法学》2017年第4期，第27-37页。

〔2〕 参见祁彪：《激辩值班律师制度系列报道之一：值班律师制度进入快车道》，载 http://www.mzyfz.com/cms/benwangzhuanfang/xinwenzhongxin/zuixinbaodao/html/1040/2017-07-05/content-1278607.html，最后访问日期：2023年6月18日。

〔3〕 参见王淑华、张艳红：《探索建立中国法律援助值班律师制度》，载《中国司法》2009年第5期，第89-92页。

〔4〕 参见顾永忠、李逍遥：《论我国值班律师的应然定位》，载《湖南科技大学学报（社会科学版）》2017年第4期，第77-85页。

成。[1]值班律师的主要职责通过当面面谈或者电话的形式为犯罪嫌疑人提供法律咨询和法律帮助，保障其在侦查阶段的律师帮助权。加拿大的值班律师主要有三种：24 小时电话咨询值班律师、法院值班律师和其他类型值班律师。其中，24 小时电话咨询值班律师又称为布里奇斯值班律师或者布里奇斯热线，其主要工作是接听被指控人的电话并提供法律咨询服务。法院值班律师和其他类型的法律援助律师主要包括家庭与民事值班律师（family and civil duty counsel）和刑事值班律师（criminal duty counsel）。刑事值班律师主要职责包括：（1）提供法律咨询建议；（2）申请休庭；（3）申请保释；（4）参与控辩交易。[2]可见，加拿大值班律师也主要提供初步性的法律咨询与服务，当然也有如参与抗辩交易的复杂辩护活动。日本值班律师的服务形式分为“待命制”和“名簿制”两种。“名簿制”是指事先把自愿值班的律师编制成册，若有请求时，由律师协会根据名册的顺序依次与律师进行联系，由能够前往的律师为嫌犯提供帮助。[3]值班律师在审前阶段对于犯罪嫌疑人的申请提供免费的法律咨询和法律帮助，在审判阶段也可以作为国选辩护人参与庭审，在一定程度上具有辩护律师的身份。可见，在域外虽然值班律师可以行使一些辩护权利，甚至身份上可以转化为辩护律师，但是其主要职责与功能是提供初步性、及时性的法律咨询与法律服务，这是值班律师制度基本职责定位所在。

从世界范围内来看，值班律师制度被普遍定义为为被追诉人提供初步的、及时的法律帮助的一项法律援助制度。在我国，值班律师制度的功能

---

〔1〕 前者通常是指值班律师通过当面会谈或者电话方式（常常是两种方式兼而有之），为被羁押在警察局看守所的犯罪嫌疑人就其所涉嫌的犯罪事实和情况等提供法律咨询服务的制度；后者则是指，在治安法庭内为被控刑事犯罪但并没有聘请律师或者仅仅是因为其还没有接触律师的被告人，在首次出庭日提供律师咨询或者代理服务的制度。参见郭婕：《法律援助值班律师制度比较研究》，载《中国司法》2008 年第 2 期，第 101-106 页。

〔2〕 参见顾永忠、李逍遥：《论我国值班律师的应然定位》，载《湖南科技大学学报（社会科学版）》2017 年第 4 期，第 77-85 页。

〔3〕 参见郭婕：《法律援助值班律师制度比较研究》，载《中国司法》2008 年第 2 期，第 101-106 页。

不仅仅体现在认罪认罚从宽制度中，而是在所有的刑事案件中，这在最高人民法院和司法部联合出台的《刑事辩护全覆盖办法》中有所体现。[1]不能因值班律师制度未能在认罪认罚案件中很好地承担有效辩护的职能而否认值班律师制度本身的价值，因为值班律师制度本身就是一项具有初步性法律帮助功能的救济性法律援助制度，解决刑事追诉“最初一公里”的法律援助问题。美国辩护交易制度抑或认罪协商中存在无罪者“认假罪”的风险，原因是多方面的。[2]这种风险是协商性司法所固有的，以这种风险来否定值班律师，推崇将其“辩护人化”，仿佛“认假罪”是由于值班律师的权利保障不到位造成的，是不公允的。然而实际情况是，立法者将认罪认罚从宽制度中保障认罪认罚真实性与自愿性的任务交由值班律师来承担（当然这只是诸多保障措施的一项），但是相较于辩护律师，值班律师在权利上的“克减”[3]又无法切实保障认罪认罚者的真实自愿性，故而成为值班律师无法承受之重。因此，司法实践中值班律师在认罪认罚案件中功能出现异化，呈“见证人化”。如何弥合值班律师权利“克减”与保障认罪认罚的自愿性与真实性的内在分歧，切实保障认罪认罚的真实性与自愿性，不能完全依赖于值班律师这一个制度予以解决。

（二）值班律师制度功能异化问题

笔者经过走访调研，通过对检察官、律师和法律援助工作人员进行访谈，对于值班律师参与刑事案件的现状进行了解。总的来看，在认罪认罚案件中，值班律师保障认罪认罚自愿性与真实性的法律帮助功能存在异化

---

〔1〕《刑事辩护全覆盖办法》第2条规定，适用简易程序、速裁程序认罪认罚的案件中，被告人没有辩护人的，人民法院应当通知法律援助机构派驻的值班律师为其提供法律帮助，其他适用普通程序审理的一审、二审、再审案件，被告人没有委托辩护人的，人民法院应当通知法律援助机构指派律师为其提供辩护。

〔2〕参见［美］John H. Blume、Rebecca K. Helm：《“认假罪”：那些事实无罪的有罪答辩人》，郭烁、刘欢译，载《中国刑事法杂志》2017年第5期，第129-144页。

〔3〕笔者通过走访调研发现，试点中有的地方允许值班律师同犯罪嫌疑人会见通信，但是受到限制，有的地方仅允许值班律师阅卷，实践中做法不一，但是总体上同辩护律师行使的辩护权有所“克减”。

现象，无法达到法律预期。结合实证调研与资料分析，具体问题表现为以下几个方面：

首先，值班律师在认罪认罚案件中呈“见证人化”，无法有效提供法律服务。2018 年《刑事诉讼法》第 174 条明确规定，犯罪嫌疑人自愿认罪认罚的，应当在辩护律师或者值班律师在场的情况下签署认罪认罚具结书。而笔者在调研中发现，检察机关在与犯罪嫌疑人协商认罪认罚时，往往缺少值班律师实质性的法律帮助，值班律师仅仅是在犯罪嫌疑人有认罪认罚意愿后，帮助其在认罪认罚具结书上签字。另外，虽然目前根据法律规定值班律师享有一定的阅卷权限，但是据笔者了解，许多值班律师即使拿到案卷，也并不会花费太多精力阅卷，甚至不阅卷，只是通过阅读公诉书获得粗浅理解，因此无法对犯罪嫌疑人提供实质性的法律帮助，最后在签署具结书环节象征性地征求犯罪嫌疑人的意见，然后反馈给检察官。值班律师制度的功能异化，一方面是由于目前对值班律师的定位和职权认识仍然不明确，对值班律师发挥的法律帮助职能存在不一致的理解所致，另一方面也是因为值班律师本身的制度功能无法承担认罪认罚中有效辩护的重任，导致了试点中值班律师的“站台效应”，[1]为公权力背书。因为值班律师的制度初衷就是为犯罪嫌疑人、被告人提供初步、及时的法律帮助，其本质上无法承担认罪认罚案件中有效辩护的要求。但在法律规范已经确定值班律师在认罪认罚案件中的职责的前提下，应当明确值班律师作为专业的法律服务人员，应当为犯罪嫌疑人、被告人提供有效的法律帮助，使其能够了解其所涉及的罪名与认罪认罚的有关法律规定，保障其认罪认罚的真实自愿性，并帮助其进行程序选择，与检察官充分协商，尽可能获取对于当事人最为有利的量刑建议。

其次，未能有效保障认罪认罚的真实性和自愿性，存在“认假罪”现

〔1〕 所谓“站台效应”，是指值班律师不需要对案件进行实质性参与，只需在一些比较重大的场合证明办案机关办案程序的合法性。参见姚莉：《认罪认罚程序中值班律师的角色与功能》，载《法商研究》2017 年第 6 期，第 42-49 页。

象。笔者认为，“认假罪”存在两种情形：一种是当事人存在事实或者法律认知错误而承认犯罪，另一种是当事人明知自身行为不构成或不存在犯罪而虚假认罪。有调研设计了“如果没有犯罪事实，你是否会为了得到从宽处罚而违心认罪?”的调研题目，在164份有效问卷中，有38名被告人选择了“会违心认罪，可以早日出去”，占比为23.2%。〔1〕虽然该比例在实践中可能受罪名大小、刑罚轻重等因素影响，但是也客观反映出部分人在是否选择认罪认罚时的心态。而在认罪认罚从宽制度实践中，“认假罪”现象确实存在。〔2〕值班律师制度的一个重要任务是在认罪认罚从宽程序中保障认罪认罚的真实性与自愿性，但是从目前实践来看，值班律师制度未能很好地承担起这一职责。笔者认为有以下几个方面原因：第一，值班律师制度定位是提供初步、及时的法律帮助，并不享有辩护律师的一系列辩护权利，无法全面、深入了解案件的具体事实，对于当事人的认罪是否出于自愿、真实无法进行调查核实。第二，公安司法机关对于值班律师的角色定位仍然认识不清。实践中，有的法律援助机关认为值班律师的职能主要是提供法律帮助并充当见证人，有的检察机关负责人表示，认罪认罚案件无须律师有更加深入的参与，起到见证、监督整个协商过程的作用即可。〔3〕

---

〔1〕 参见李洪杰：《认罪自愿性的实证考察》，载《国家检察官学院学报》2017年第6期，第107-125页。

〔2〕 如杭州市萧山区一起适用速裁程序的盗窃案中，犯罪嫌疑人邵某某对盗窃行为供认不讳，但是经检察机关审查发现邵某某的行为性质属于侵占行为，而且涉案数额远远未达到侵占罪的立案标准，避免了一起“认假罪”的发生。参见彭波：《刑事速裁程序试点实施一年不仅仅是为了办案快》，载《人民日报》2015年7月22日，第18版。萧山区人民检察院还曾在认罪认罚程序中发现3起不构成犯罪和1起超过追诉时效的案件。这4起案件均为犯罪嫌疑人法律认知错误，为求得从宽处理，承认自己“有罪”。参见：《杭州四成多公诉案件作认罪认罚从宽处理》，载http://news.sina.com.cn/o/2017-07-08/doc-ifyhvyie0619976.shtml，最后访问日期：2023年4月1日。著名刑辩某律师办理的一起认罪的死刑案件中，也是被告人对于自己行为性质认识错误，本来是一起过失致人死亡，但是因为被告人不懂法律，根据朴素的“杀人偿命，天经地义”的观念而认罪。参见田文昌：《“认罪认罚从宽”必须有法官和律师参与》，载http://www.maxlaw.cn/t-gd-macheng-com/artview/868470357888，最后访问日期：2023年4月3日。

〔3〕 参见贾志强：《论“认罪认罚案件”中的有效辩护——以诉讼合意为视角》，载《政法论坛》2018年第2期，第171-184页。

第三，基于犯罪嫌疑人与检察机关已经达成控辩合意，部分律师认为没有必要再继续了解深挖案件事实。第四，值班律师作为法律援助律师，一般都是当地的执业律师，与当地公检法发生职业关系，而且作为援助律师，值班律师提供服务的质量评估以办案机关的反馈为重要参考依据。此种情况下，办案机关有意向达成认罪协议的话，值班律师一般不会“冒大不韪”去调查当事人认罪认罚的自愿性与真实性。第五，试点中值班律师的补贴普遍较低。如郑州对于值班律师按照法律援助律师的30%~50%的补贴执行，每个诉讼阶段补贴仅300~750元，远低于社会律师平均收入。在“收一份钱，干一份活”的思想支配下，很难期待值班律师深入了解案件事实和情节。认罪认罚的自愿性与真实性关系着认罪认罚从宽制度的成败，真实性与自愿性无法保证，整个认罪认罚从宽制度将成为冤假错案的温床。[1]但是显然，在保障认罪认罚的自愿性与真实性上，值班律师这一环节并未发挥应有的作用。

最后，值班律师法律帮助存在“走过场”的现象。司法实践中，由于值班律师享有的辩护权利有限，仅享有的部分的阅卷权，而且在会见上，有些地方办案机关对律师会见进行限制，同犯罪嫌疑人见面叫约见而非会见，交流内容主要以一般性法律常识为主，因此会见效果大打折扣。此外，值班律师还不享有调查取证、核实证据等权利。在此情况下，值班律师在法律帮助尤其是量刑协商方面很难对犯罪嫌疑人有实质性的帮助。实践中，有一些检察官是在和犯罪嫌疑人完成量刑协商后，再通知律师到场见证。在听取律师意见时，往往只是告知其从宽处罚的建议，并不就量刑内容与律师进行协商，而律师在提供法律帮助时，也只是在和检察官、犯罪嫌疑人进行简单交流后，便告知嫌疑人可以同意量刑建议和程序使用，[2]

---

〔1〕 参见李洪杰：《认罪自愿性的实证考察》，载《国家检察官学院学报》2017年第6期，第107-125页。

〔2〕 参见许世兰、陈思：《认罪认罚从宽制度的基层实践及思考》，载胡卫列、董桂文、韩大元主编：《认罪认罚从宽制度的理论与实践——第十三届国家高级检察官论坛论文集》，中国检察出版社2017年版，第367页。

使法律帮助流于形式。如笔者访谈的一名律师所言，“作为值班律师，我们所能做的工作并不多，只是简单了解犯罪嫌疑人、被告人的案件情况，提供一些基本的法律咨询，主要作用就是充当认罪认罚的见证人”。所以，当前学界很多人主张将认罪认罚从宽制度中的值班律师“辩护人化”。但问题是，值班律师制度本身就是一项侧重效率性的制度设计，在公民受到刑事追诉的初期为其提供初步且及时的法律帮助。如果要求值班律师对案件进行深度介入，履行阅卷、会见、调查证据等辩护律师所行使的职责，意味着在工作程序、工作理念、工作时间、节点等方面将不符合值班律师制度的总体设计，值班律师制度将与传统的辩护律师制度不存在任何差异，这也意味着值班律师独特的制度功能将被取消。

当前，值班律师制度的发展正面临尴尬局面：一方面，立法者将认罪认罚从宽制度中提供法律帮助的职责交由值班律师承担，但是却没有赋予其相应的权利，导致其应有的功能无法发挥，制度功能呈现异化；另一方面，认罪认罚从宽语境下的值班律师制度功能不彰，反而成为否定值班律师制度功能与价值的重要原因，从长远来讲，不利于值班律师制度的发展。应当认识到，值班律师制度的功能发挥不仅限于认罪认罚案件，对所有的刑事案件都可提供初步性、及时性的法律援助。其制度特点是提供一种应急性的法律服务，类似于“急诊科医生”，具有存在的必要性，因为它本身就是一种替代性的、应急性的法律援助制度，能够解决律师辩护的“及时性”问题。[1]立法者之所以选择值班律师在认罪认罚案件中提供法律帮助，是囿于有限的司法资源，在所有认罪认罚案件中提供传统的法律援助律师目前来看并不现实，然而值班律师制度固有的职能定位决定了其无法有效承担这一职责。防止“认假罪”现象的发生，值班律师的法律帮助固然是一个重要措施，除此之外，还需要构建体系性综合配套机制，办案机关也应当主动履行审查核实的义务，值班律师制度是一项选择，但并

---

〔1〕 参见熊秋红：《审判中心视野下的律师有效辩护》，载《当代法学》2017 年第 6 期，第 14-24 页。

不是唯一选择。

三、值班律师制度的应然发展

上文从两个不同的角度阐述了值班律师制度的定位与功能，值班律师不是法律文本中的辩护律师（笔者并不否认值班律师制度是法律援助制度的组成部分，也并不否认值班律师承担广义上的辩护职责，只是认为其并不是狭义的法律文本中的辩护律师），值班律师发挥的作用应当是初步性、及时性的法律咨询与法律帮助，这是值班律师固有的制度定位，同时承担着在认罪认罚从宽制度中提供有效法律帮助的职责。基于此种认识，笔者拟跳出目前关于值班律师究竟是否是辩护人的争论，以一种全新的话语体系从两个方向来论述值班律师制度的发展与完善，一是在法律援助语境下探讨值班律师制度的整体构建，二是在认罪认罚从宽语境下探讨值班律师制度的发展完善，尤其是如何保障认罪认罚的真实性和自愿性。

（一）法律援助制度体系的层次化构建

笔者主张在法律援助体系下，跳出值班律师“法律帮助者”“辩护人”“准辩护人”身份的争论，构建一套新的话语体系，将刑事诉讼程序中的法律援助律师分为“法律援助值班律师”（以下简称法援值班律师）与“法律援助辩护律师”（以下简称法援辩护律师），前者为当事人提供初步性的法律服务，后者提供传统的刑事辩护法律援助。简单无争议案件由法援值班律师提供帮助，合理赋予法援值班律师一定的辩护权利，复杂有争议的案件由法援辩护律师提供辩护，并且完善法援值班律师与法援辩护律师之间的衔接机制，在刑事诉讼各个阶段充分保障犯罪嫌疑人、被告人的合法权益。

1. 法援值班律师适用于认罪认罚的轻罪刑事案件

立法者将认罪认罚案件中提供有效法律帮助的职责交由法援值班律师承担，使其功能有所扩张，并作为认罪认罚的正当性基础而存在。这是因为：一方面，在适用简易程序、速裁程序的认罪认罚案件中，案情往往比较简单，控辩双方对于所指控的罪名无异议，并且在程序上可以“简化庭审程序”，或者“不再进行法庭调查、法庭辩论”，或者“不受法庭调查、法庭辩论等庭审程序限制”，这将不可避免地压缩律师的辩护空间；〔1〕另一方面，更为重要的是，“对公平正义的追求，不能无视其代价”，〔2〕我国目前面临案多人少的压力，为所有认罪认罚案件提供传统的法援辩护律师，可能会给整个法律援助体系甚至刑事司法体系带来难以承受之重，从法律现实主义角度出发，规定认罪认罚案件中由法援值班律师提供法律服务具有一定的合理性和必要性。但是，正如有学者所言，“正义不应是被讨价还价的对象”，认罪认罚从宽制度应保持正当程序的底线。〔3〕目前在绝大多数认罪认罚案件中是由值班律师提供法律帮助，但是在一些重大刑事案件中，仅仅由值班律师提供法律帮助可能无法有效保障犯罪嫌疑人、被告人认罪认罚的自愿性与真实性。因此，笔者主张对适用值班律师制度的认罪认罚案件进行限制，限于可能判处 3 年有期徒刑以下刑罚的案件。不要小觑这一范围，在 2019 年、2020 年、2021 年这三年里，判处 3 年以下有期徒刑刑罚的被告人占总获刑人数的比例分别为 82.52%、82.19%、84.60%，〔4〕可见，当前刑事犯罪呈轻刑化发展趋势，这意味着在认罪认罚的绝大部分刑事案件中将适用值班律师。当然，这也是基于我国当前司法资源有限的现实的考量，如果将来条件成熟，可将值班律师制度回归到提供初步、及时法律帮助的制度定位，在认罪认罚案件中指派法律援助律

---

〔1〕 参见熊秋红：《审判中心视野下的律师有效辩护》，载《当代法学》2017 年第 6 期，第 14-24 页。根据该文有关数据显示，上海市人民法院自 2017 年 1 月至 7 月，共审结认罪认罚从宽案件 768 件 867 人，法院采纳检察机关指控罪名和量刑建议 755 件，占共审结认罪认罚从宽案件的 98.3%，在检察机关的指控罪名和量刑建议被采纳率超过 98% 的情况下，律师在定罪和量刑方面显然无太大的辩护空间。

〔2〕 波斯纳法官的名言“The demand of justice is not independent of its price”，转引自熊秉元：《正义的成本》，东方出版社 2015 年版，第 31 页。

〔3〕 参见胡铭：《认罪协商程序：模式、问题与底线》，载《法学》2017 年第 1 期，第 169-177 页。

〔4〕 该比例是笔者通过中国法学会于 2019—2021 年发布的《中国法律年鉴》中获取的数据计算所得。

师提供辩护。

2. 法援辩护律师适用于不认罪认罚及重罪刑事案件

当前，应当扩大通知法律援助的范围早已成为学界和实务界的共识，分歧在于在何种程度上扩大法律援助的范围。[1]《刑事辩护全覆盖办法》在此基础上规定无论案情轻重均对所有的刑事案件提供法律援助，实现了辩护的“全覆盖”，即在认罪认罚案件中提供值班律师，在不认罪认罚的适用普通程序的一审、二审及再审案件中，犯罪嫌疑人、被告人没有委托辩护人的，法律援助机构应当指派律师为其辩护。然而，在法律援助领域单纯以犯罪嫌疑人、被告人“认罪认罚”进行“一刀切”，凡是认罪认罚的提供值班律师，凡是不认罪认罚的提供辩护律师并不合理，不利于当事人认罪认罚程序的选择，也容易导致一些复杂的认罪认罚案件缺乏有效辩护。除认罪认罚外，笔者主张以增加案件的严重程度即可能判处的刑罚作为考量因素，考虑规定可能判处 3 年有期徒刑以上刑罚的案件，无论认罪认罚与否，均应由法援辩护律师提供辩护；可能判处 3 年有期徒刑以下刑罚的认罪认罚案件，适用速裁程序，由法援值班律师提供援助。

3. 法援值班律师同法援辩护律师的衔接机制

法援值班律师主要适用于轻微的认罪认罚刑事案件，但是并不限于此类案件。根据《刑事辩护全覆盖办法》，所有的刑事案件中，值班律师都可提前介入。但是法援值班律师同法援辩护律师有明显差异：第一，节点差异。法援值班律师发挥的作用主要在审前阶段，即主要在侦查阶段、审查起诉阶段为犯罪嫌疑人、被告人提供法律咨询，保障认罪认罚的自愿性与真实性等。而法援辩护律师不仅在审前阶段而且在审判阶段都发挥作用，但是其职能和法援值班律师各有侧重，应当有所分工并相互衔接。第二，身份差异。法援值班律师不具有辩护人的身份，其不享有阅卷权、调

---

〔1〕 如左卫民教授提出两种主张：对刑罚可能是 10 年以上有期徒刑的严重犯罪在一审中实行普遍的法律援助；或者针对普通程序审理的案件，在一审中设立普遍的法律援助。参见左卫民：《中国应当构建什么样的刑事法律援助制度》，载《中国法学》2013 年第 1 期，第 80-89 页。

查取证权等辩护权利，也无法出庭辩护，仅能为犯罪嫌疑人、被告人提供基本的法律帮助。第三，职责差异。基于不同的身份与定位，法援值班律师主要履行提供解答法律咨询、解释认罪认罚的程序及后果、了解案件基本事实提出量刑建议等职责，在今后改革过程中可能会赋予法援值班律师阅卷权、核实证据权、讯问在场权等职权，而法援辩护律师的职责还是以《刑事诉讼法》规定的内容为限。

在一定情形下，法援值班律师同法援辩护律师需要进行衔接：(1) 法援值班律师介入刑事诉讼后发现犯罪嫌疑人、被告人符合申请法援辩护律师条件的；(2) 认罪认罚案件中犯罪嫌疑人、被告人反悔，否认实施犯罪的；(3) 可能判处3年有期徒刑以上刑罚的案件只存在法援值班律师而没有法援辩护律师的。以上情形需要法援辩护律师深入介入，而法援值班律师无法满足有效辩护的要求，因此，必须由法援值班律师变更为法援辩护律师。这就需要完善两者之间的衔接机制：(1) 适用范围：基于当事人认罪认罚与否以及案件复杂、重大程度，明确由法援值班律师还是法援辩护律师介入，以及明确在哪些情形下，需要由法援值班律师转交给法援辩护律师。(2) 职责分工：法援值班律师主要负责法律咨询、认罪认罚、速裁程序与法律后果的解释以及协助当事人进行程序选择等事项，法援辩护律师负责传统的刑事辩护事项。(3) 工作交接机制：符合法定情形时，法援值班律师负有义务及时通知办案机关及法律援助行政部门，同指派的法援辩护律师交接工作，进行案件事实及证据的交流，协助法援辩护律师快速了解案件事实。

(二) 认罪认罚从宽语境下值班律师制度的完善

认罪认罚从宽语境下的值班律师制度，主要任务是为认罪认罚的犯罪嫌疑人、被告人提供有效的法律帮助，保障其认罪认罚的真实性与自愿性。如前文所述，值班律师制度基本的职能定位决定了其无法有效承担起这一职责，需要从以下几个方面进行完善。

1. 在法庭审理中应当增加对于认罪事实基础的审查，值班律师予以配合

在认罪认罚案件中，办案机关负有一定的告知义务与审查义务。在法

庭审理中，虽然基于被告人的认罪认罚法庭审理程序得以省略或者简化，但是法官仍应当审查认罪认罚的自愿性和认罪认罚具结书内容的真实性、合法性。实践中，有些试点地方法院仅用几分钟时间就审结一起刑事案件，庭审程序完全省略法庭调查和法庭辩论。[1]这种“闪电式”庭审无疑能大幅提高诉讼效率，但是从庭审保障认罪认罚真实性与自愿性的角度来看，在短短几分钟、十几分钟内，法官很难发现认罪认罚中的虚假认罪以及事实、法律认识错误。然而，法院作为中立的审判机关，对认罪认罚案件理应把好最后一道审查关，而不仅仅体现在形式上。笔者建议参考美国辩诉交易制度的经验，根据《美国联邦刑事诉讼规则》第 11 条 b 项的规定，法院在接受被告人的有罪答辩时，还必须确信其存在事实基础，即有罪答辩除了具有自愿性和理智性之外，还必须符合准确性的要求。[2]所以，当检察官和被告方达成辩诉交易后，法官会对于是否存在辩诉交易的事实基础进行审查，当查明检察官所指控犯罪的事实基础确实存在后才认可辩诉交易的内容。具体到我国，在认罪认罚案件法庭审理中，笔者建议除审查被告人认罪真实性和自愿性外，增加对认罪事实基础的审查，法官可以通过讯问被告人、询问证人及被害人、听取值班律师意见、查阅案卷材料等方式查明是否存在认罪认罚的事实基础，以确认被告人是否存在基于事实上或者法律上的认知错误而认罪以及虚假认罪的情形。在这一过程中，值班律师应当积极配合，虽然值班律师不用出庭，但是在法官认为有必要听取值班律师意见的时候，值班律师应当出庭提供法律意见。

---

〔1〕 参见凌越、杨婷、邓凯：《启用速裁程序 5 分钟判一案》，载 http://news.163.com/15/0408/14/AMMEIGO300014AED.html，最后访问日期：2023 年 4 月 2 日；张钊：《广州试点刑事案速裁程序 6 分钟可审结一案》，载 http://news.southcn.com/gd/content/2015-12/28/content_139708325.htm，最后访问日期：2023 年 4 月 2 日；雷欣成、娄辰：《济南试点速裁程序庭审—从开庭到宣判用时仅 20 分钟》，载 http://news.163.com/14/1107/00/AADJ1NAB00014AED.html，最后访问日期：2023 年 4 月 2 日。

〔2〕 参见史立梅：《美国有罪答辩的事实基础制度对我国的启示》，载《国家检察官学院学报》2017 年第 1 期，第 31-42 页。

2. 权利告知机制与值班律师强制在场

根据2018年《刑事诉讼法》第36条规定，法院、检察院、看守所应当告知犯罪嫌疑人、被告人有权约见值班律师，并为约见值班律师提供必要的便利。但是，在司法实践中，据笔者调研了解到，办案机关办理认罪认罚案件时存在权利告知的规避问题。侦查人员在讯问犯罪嫌疑人时会向其出示《权利义务告知书》，上面载明其享有的包括约见值班律师的各项诉讼权利，但是在实践中很多犯罪嫌疑人并不会仔细看，即使看了也并不知道此项权利如何行使。国外很多国家也存在这种情况，几乎所有国家的警察都会采取相应的做法，建立相应的制度以规避其应当履行的权利告知义务。在1990年的布里奇斯案中，加拿大最高法院认为任何人在遭到逮捕或者拘留的时候，都享有被告知权，警察应当告知其法律援助和值班律师服务的可获得性，〔1〕否则就是违反宪法，相关供述将被排除。在我国，为了充分保障犯罪嫌疑人、被告人的辩护权利，有学者提出在侦查阶段构建“强制辩护型辩护人制度”，即对于凡是没有聘请辩护人的犯罪嫌疑人，即使其没有提出申请，也应当为其指定一名值班律师，除非其以书面形式明确表示放弃。〔2〕也有论者对此表示反对，认为我国缺乏引入强制辩护的立法基础，也不具备支撑强制辩护的资源配置。〔3〕对此，笔者主张在认罪认罚案件中，改造现行的“告知—申请”模式为值班律师强制在场模式，以充分保障认罪认罚案件中当事人的合法权益；在其他类型案件中，保留告知模式，但是需要增加办案机关应当告知而没有告知获得值班律师法律帮助权利的法律后果，如对办案人员进行惩戒、排除相关供述等，以保障犯罪嫌疑人、被告人的被告知权。

---

〔1〕 参见朱昆、郭婕：《论加拿大犯罪嫌疑人的律师帮助权》，载《中国刑事法杂志》2012年第10期，第68-75页。

〔2〕 参见韩旭：《辩护律师在认罪认罚从宽制度中的有效参与》，载《南都学坛》2016年第6期，第65-69页。

〔3〕 参见孔冠颖：《认罪认罚自愿性判断标准及其保障》，载《国家检察官学院学报》2017年第1期，第20-30页。

3. 值班律师职务保障与评价机制

试点中存在的值班律师因无法提供有效法律帮助而出现“走过场”的问题，与值班律师职务保障机制以及履职评价机制的不健全有很大关系。在职务保障方面：一方面，应当提高值班律师的补贴待遇水平。如前文所述，2014年，全国财政收入已经达到140 370亿元，但是法律援助财政拨款仅占财政收入的0.012%，[1]这与世界其他法治国家的投入相距甚远。按照我国目前的财政收入，应当加大对法律援助，尤其是刑事法律援助的投入，提高法律援助律师待遇。另一方面，相关机关应当为值班律师履行法律帮助职能提供必要的硬件设施，有条件的可以进行信息化办案，如视频远程会见、电子阅卷等，定期组织值班律师培训，完善相应配套机制。在履职评价方面：首先，有关机关应当制定值班律师法律帮助服务标准，便于对值班律师的法律帮助进行量化考核；其次，构建办案机关、司法行政机关同律师协会三方的协同监管机制，通过当事人回访、定期查询所驻单位等方式了解值班律师履职情况，并向律协通报，将值班律师履职情况纳入律师年度考核及律师诚信服务记录；最后，对在法律帮助工作中存在的违法违纪行为以及不认真履行职责而未达到服务质量标准的值班律师依法依规予以惩处。

第三节 值班律师制度的实践需求与理论来源

一、值班律师实践需求与制度供给的结构性冲突

自2014年《关于在部分地区开展刑事案件速裁程序试点工作的办法》规定，被修正后的2018年《刑事诉讼法》予以吸纳，值班律师制度作为一项法律制度正式确立，引发了理论界与实务界的广泛讨论。其中最受争

[1] 该比例是笔者通过获取数据计算所得，数据来源于中国法律援助网，载 http://www.chinalegalaid.gov.cn，以及中华人民共和国国家统计局官网，载 http://www.stats.gov.cn/tjsj/ndsj/2016/indexch.htm，最后访问日期：2023年1月9日。

议的，莫过于值班律师的角色功能，应定位为“辩护人”，[1]还是“法律帮助者”，[2]抑或“准辩护人”？[3]根据现有较为透彻的研究分析发现，值班律师制度存在的问题集中体现为在认罪认罚案件中值班律师的法律帮助呈“形式化”，而未能有效发挥作用。然而，囿于值班律师作为认罪认罚从宽制度配套措施的研究视角，现有研究忽视了值班律师制度作为一项法律援助制度，在整体上对于中国刑事辩护制度发展的辐射意义。若笔者对值班律师制度理论研究的观察成立，则目前关于值班律师制度的研究陷入一种“应然”层面的逻辑悖论之中，似乎值班律师“辩护人化”就可以解决法律帮助“形式化”问题。但是，值班律师制度作为法律援助制度的组成部分，立法者引入该制度的目的在于提供初步、及时的法律帮助。[4]即使值班律师享有同辩护律师相同的辩护权利，其在认罪认罚案件中是否能够提供有效的法律帮助，也需要进一步实证探讨。《认罪认罚指导意见》已经赋予了值班律师一定的阅卷权利，值班律师“辩护人化”初露端倪。但在未明确值班律师制度的根本症结前，是否“辩护人化”不宜绝对。

值班律师制度的发展呈现悖论：一方面，值班律师制度在认罪认罚从宽制度中无法发挥有效法律帮助的作用，因此有“辩护人化”之趋势，但又与其初步性、及时性的法律帮助职能的立法设计相悖；另一方面，值班律师属于法律援助律师，值班律师能否“辩护人化”，同时受到国家意志、

---

〔1〕参见顾永忠：《追根溯源：再论值班律师的应然定位》，载《法学杂志》2018年第9期，第13-24页；张泽涛：《值班律师制度的源流、现状及其分歧澄清》，载《法学评论》2018年第3期，第70-78页。

〔2〕参见吴宏耀：《我国值班律师制度的法律定位及其制度构建》，载《法学杂志》2018年第9期，第25-32页；熊秋红：《比较法视野下的认罪认罚从宽制度——兼论刑事诉讼“第四范式”》，载《比较法研究》2019年第5期，第80-101页。

〔3〕参见姚莉：《认罪认罚程序中值班律师的角色与功能》，载《法商研究》2017年第6期，第42-49页。

〔4〕司法部就值班律师制度答记者问时表示，“值班律师制度的主要目的是为进入刑事诉讼程序的犯罪嫌疑人或者被告人提供即时初步的服务”。参见朱腾飞：《司法部负责人就开展法律援助值班律师工作答记者问》，载《中国司法》2017年第10期，第93-96页。《刑事诉讼法》及相关法律文件中对于值班律师的职能也限定为提供法律咨询、程序选择建议、申请变更强制措施、对案件处理提出意见等法律帮助。

司法资源、社会影响等诸多因素的制约。实践需求与制度供给因此存在一定程度的结构性冲突。笔者认为，值班律师制度发展问题的根本症结并不在于是否将其“辩护人化”，而在于值班律师供求之间的结构性冲突，导致值班律师的制度供给无法有效满足实践需求。因此，明确实践中值班律师的制度需求，是引导值班律师与法律援助制度改革的前提与基础，关于值班律师角色定位的讨论也应立基于此。受制度经济学启发，笔者采用结构主义分析方法，强调结构要素之间的关联，一方面，在需求侧探讨实践需求及值班律师应发挥的作用，通过实践需求引导供给侧改革；另一方面，拓宽研究视角，将值班律师制度研究与法律援助制度、刑事辩护制度有效串联，探讨值班律师制度对中国刑事辩护制度发展的辐射意义。在此过程中，在对“有权获得辩护”原则进行反思的基础上，笔者拟以“有权获得法律帮助”作为值班律师制度的理论基础，证成值班律师制度的相关理论命题。

二、实践需求：有效法律帮助与刑事辩护全覆盖

实践需求是推动制度变迁的内在力量。随着速裁程序、认罪认罚从宽制度的建构，诉讼程序从简、从快的制度设计，缩减了被追诉人相应的诉讼权利，使得律师参与更为必要。但我国传统刑事辩护制度中，除当事人自行委托律师外，只存在法律援助律师，其适用范围较窄，适用率很低。〔1〕值班律师制度即在此背景下创建，具有覆盖面广、及时性强等特点。但律师参与诉讼不能流于形式。值班律师如何发挥实质作用，在认罪认罚案件与非认罪认罚案件中有无区别，应当基于对实践需求的准确把握。

（一）认罪认罚案件中律师的有效法律帮助

根据学者考证，值班律师制度最早起源于英国，之后其他发达国家诸

〔1〕 据学者统计，我国刑事案件辩护率在20%~30%徘徊，而法律援助案件仅占总体辩护率的20%~30%。参见陈永生：《刑事法律援助的中国问题与域外经验》，载《比较法研究》2014年第1期，第32-45页。

如加拿大、日本、澳大利亚等也都建立了此项制度。〔1〕值班律师制度的立法初衷是为刚刚进入刑事诉讼程序的被追诉人提供初步性、及时性的法律援助，属于一种应急性的法律制度。例如，在英国，值班律师计划由警察局值班律师计划和法庭值班律师计划组成，值班律师的主要职责通过当面面谈或者电话的形式为犯罪嫌疑人提供法律咨询和法律帮助。〔2〕在我国，虽然早在2006年就在河南等地进行了“法律援助值班律师”试点，但是法律规范层面的值班律师制度是在本轮司法体制改革中，在刑事速裁程序与认罪认罚从宽制度试点过程中新设立的。甚至可以说，值班律师制度在最初设立时是作为认罪认罚从宽制度的配置机制而设立的。其中的问题是，值班律师制度功能定位为提供初步性、及时性的法律咨询等法律帮助，无法有效承担认罪认罚案件律师有效参与职责，值班律师制度功能与实践需求存在结构性失衡。〔3〕

具体而言，在认罪认罚从宽制度中，基于被追诉人认罪认罚的前提条件，在实体定罪方面，律师能够发挥的作用减少，但在保障被追诉人认罪认罚的自愿性、帮助进行程序选择、量刑辩护等方面，仍然需要律师提供有效的法律帮助。但参与认罪认罚案件的值班律师存在法律帮助形式化问题，未能在认罪认罚案件中发挥应有的作用，这在实践中表现为：(1) 值班律师不阅卷，对于案件把握流于表面。虽然《认罪认罚指导意见》赋予

〔1〕 参见顾永忠、李逍遥：《论我国值班律师的应然定位》，载《湖南科技大学学报（社会科学版）》2017年第4期，第77-85页。

〔2〕 参见王迎龙：《值班律师制度研究：实然分析与应然发展》，载《法学杂志》2018年第7期，第109-119页。

〔3〕 2018年《刑事诉讼法》第36条规定，值班律师为没有辩护律师的犯罪嫌疑人、被告人提供法律咨询等法律帮助，规定了值班律师提供法律帮助的职能。而第173条、第174条又规定了值班律师在认罪认罚案件中的辩护作用。《关于开展法律援助值班律师工作的意见》第2条规定了值班律师的职责，除法律咨询、引导提交法律援助申请等法律帮助外，还规定了认罪认罚案件中值班律师提出意见、见证具结书签署等职责。可见，目前法律规范从两个方面界定值班律师的职责：一是为所有案件的犯罪嫌疑人、被告人提供初步法律帮助；二是强调为认罪认罚案件中为认罪认罚的犯罪嫌疑人、被告人提供法律帮助。从目前的理论研究与规范文件来看，理论界与实务界更加侧重于强调值班律师作为认罪认罚从宽制度的配套制度应当发挥的作用。

了值班律师阅卷的权利，但目前在司法实践中，很多地区值班律师并不阅卷，仅通过会见犯罪嫌疑人、被告人了解案情，未能结合案卷材料深入发掘有利于被追诉人的事实与情节。（2）值班律师各诉讼阶段衔接机制不畅。实践中，由于法律援助机构在不同诉讼阶段设立辩护律师，值班律师并不全程介入，而只负责某个诉讼阶段的法律帮助，导致各个在诉讼阶段中值班律师工作衔接的不畅通。（3）值班律师不提前会见被告人，沟通有限。实践中，尤其是在审判阶段，值班律师往往并不会提前赴看守所单独会见被告人，与被告人的会见方式往往局限在开庭前几分钟的简单沟通，且有法警等工作人员在场，难以发现问题。（4）值班律师提出意见流于形式。虽然法律规定在认罪认罚案件中律师有权利向办案机关提出意见，但值班律师往往比较消极被动，并不提出意见。尤其是在定罪没有争议的前提下，对于量刑辩护也流于形式，不主动追求量刑上的有利结果。以上关于值班律师在实践中法律帮助形式化问题的观察，凸显了目前值班律师在制度定位与作用需求间的矛盾，即值班律师作为初步性、及时性的法律帮助者无法满足认罪认罚案件中有效法律帮助的需求。

如何弥合值班律师制度功能定位同实践需求间的背离，笔者认为并非将值班律师“辩护人化”就可以一劳永逸，囿于当前有限的司法资源与实定的法律规范，实现值班律师有效的法律帮助才是当务之急。有效法律帮助的实现可以借鉴有效辩护的相关理论。有效辩护理论起源于美国，根植于《美国宪法第六修正案》“获得律师帮助”的宪法权利，美国最高法院在20世纪30年代至50年代经多个判例明确，被告人的律师帮助辩护权即是指有效辩护权。[1]但是，由于美国最高法院并未阐释有效辩护的具体标准，造成上诉法院存在不同的关于有效辩护的适用标准。[2]直到1984年

〔1〕 参见闵春雷：《认罪认罚案件中的有效辩护》，载《当代法学》2017年第4期，第27-37页。

〔2〕 主要有“正义的嘲笑（mockery of justice）”标准与“勤勉合格的辩护人（reasonable competency）”标准。参见熊秋红：《有效辩护、无效辩护的国际标准和本土化思考》，载《中国刑事法杂志》2014年第6期，第129-135页。

在 Strickland v. Washington 案[1]中，美国最高法院才确立了认定无效辩护的两重标准：一是律师的辩护行为低于合理的专业客观标准；二是如果律师不犯非专业性错误，将会有诉讼结果不同的合理可能性。[2]在 1985 年的 Hill v. Lockhart 案[3]中，美国最高法院明确无效辩护双重标准也适用于辩诉交易，被告人若要以律师提供无效辩护来推翻认罪，必须证明律师提供了低于合理的专业要求，并因此选择了认罪答辩而非陪审团审理。我国学者普遍认为对有效辩护理论的探讨与引入有利于促进我国刑事辩护制度与理念的发展，但也认为在我国当前并不具备构建无效辩护制度的空间。[4]对此，有学者将有效辩护分为广义与狭义，广义的有效辩护是较为宏观的理论概念，以实现被指控人的公正审判权为目标，探讨辩护权及其保障体系；狭义的有效辩护是具体的制度概念，关注律师辩护的质量，并确立律师有效辩护的行为标准以及无效辩护的认定标准。[5]目前，学界关于有效辩护的探讨多在广义有效辩护层面，即偏重实现辩护权的制度性保障体系的构建，而在狭义层面对律师提供辩护服务的质量及其评估、控制的研究较少。

认罪认罚从宽制度为我国无效辩护制度的构建创造了契机。一方面，律师的有效法律帮助在认罪认罚案件中至关重要。犯罪嫌疑人、被告人认罪认罚必须以其对涉嫌的罪名及认罪认罚的法律性质与后果有明确的认识为前提，而实践中犯罪嫌疑人、被告人大多不具备法律知识，必须由专业律师为其提供法律帮助，保障认罪认罚的自愿性、进行程序选择及量刑协商等。另一方面，值班律师是认罪认罚案件中律师参与的核心力量。有学

---

〔1〕 Strickland v. Washington, 466 U. S. 668 (1984).

〔2〕 参见熊秋红：《有效辩护、无效辩护的国际标准和本土化思考》，载《中国刑事法杂志》2014 年第 6 期，第 129-135 页。

〔3〕 Hill v. Lockhart, 474 U. S. 52 (1985).

〔4〕 参见陈瑞华：《刑事诉讼中的有效辩护问题》，载《苏州大学学报（哲学社会科学版）》2014 年第 5 期，第 94-105 页。

〔5〕 参见熊秋红：《有效辩护、无效辩护的国际标准和本土化思考》，载《中国刑事法杂志》2014 年第 6 期，第 129-135 页。

者分析刑事案件中80%以上是被告人认罪的案件，[1]结合我国刑事案件20%~30%的辩护率，可以推断大多数认罪认罚案件中只有值班律师提供法律帮助。值班律师属于法律援助律师，由政府委派并提供较少的办案津贴。长期以来因为种种原因，在一定程度上，法律援助律师的辩护已成为“无效辩护”的代名词。[2]因此，确保值班律师提供有效的法律帮助具有紧迫性与必要性。

笔者认为，与其在应然层面鼓吹值班律师“辩护人化”，不如关注实践中如何发挥值班律师有效法律帮助的作用，实现有效辩护从理论话语到制度实践的跨越。可借鉴美国无效辩护认定的双重标准，一方面设定值班律师有效法律帮助的标准，对法律帮助的质量进行评估与把控；另一方面对不符合标准的无效帮助行为设定程序性制裁后果。具体而言：在行为标准方面，值班律师法律帮助存在明显缺陷或者不称职行为。认罪认罚案件中，根据有关法律规范，值班律师主要履行以下职责：（1）全面告知犯罪嫌疑人、被告人涉嫌罪名及认罪认罚从宽制度的有关法律规定，帮助犯罪嫌疑人、被告人明晰认罪认罚的法律性质及后果，保障认罪认罚的自愿性；（2）履行会见与阅卷职责，准确把握案件事实与证据情况，这是值班律师进行有效法律帮助的基础；（3）积极同控诉方就量刑进行交涉、协商，争取有利结果。根据法律规定，办案机关在认罪认罚案件中应当听取律师的意见，在控诉双方对认罪达成一致的前提下，值班律师应当就量刑问题同办案机关进行有效沟通，提出对犯罪嫌疑人、被告人有利的情节，争取量刑上的优惠。若犯罪嫌疑人、被告人提出或法官审查后发现值班律师在履行以上职责时存在明显缺陷，如没有会见、阅卷，或者存在不称职行为，法律帮助流于形式、敷衍，则可能招致一定的程序性制裁；在结果标准方面，因值班律师不称职的法律帮助，导致认罪认罚结果不同。因值

〔1〕 参见闵春雷：《认罪认罚案件中的有效辩护》，载《当代法学》2017年第4期，第27-37页。

〔2〕 参见陈瑞华：《有效辩护问题的再思考》，载《当代法学》2017年第6期，第3-13页。

班律师在认罪认罚案件中主要作用是保障认罪认罚的自愿性，“结果责任”应主要理解为对被告人程序选择权的不利影响，而非单纯的刑罚结果。[1]申言之，因值班律师工作的不称职或明显欠缺，导致了犯罪嫌疑人、被告人没有认清其行为的法律性质，或者没有理解认罪认罚的性质及后果，而做出对其不利的程序选择。

当然，在我国职权主义诉讼模式下，当事人以无效辩护申请程序无效存在一定困难。有学者明确指出，无效辩护制度以对抗式的庭审制度为制度环境，我国的刑事诉讼模式偏重于职权主义，法官在庭审中处于积极仲裁者地位，降低了建立无效辩护制度的必要性。[2]但是，值班律师提供法律帮助有效与否，直接关涉认罪认罚案件的公正性，可以结合我国职权主义诉讼传统中法官查明案件事实的职责，对认罪认罚案件无效辩护制度进行改良。具体而言，并不直接赋予被告人以无效辩护为由申请救济的权利，[3]而将认罪认罚案件中律师提供有效法律帮助纳入法官须履行的查明职责。在一审中，法官经审查认定律师存在无效法律帮助行为，认罪认罚没有充分反映被告人意愿的，可以认定被告人认罪认罚无效，并提供重新认罪认罚机会，如果被告人拒绝认罪认罚，则及时进行程序转换；二审中，经法院审查认定一审中存在律师无效法律帮助行为的，应当裁定撤销原判，将案件发回重审。

认罪认罚案件中值班律师须提供有效法律帮助，为有效辩护制度从理论向实践迈进提供了契机。在认罪认罚案件中明确值班律师有效法律帮助的标准及无效法律帮助的制裁，有助于解决值班律师实践中法律帮助形式化问题。另外，值班律师有效法律帮助体系的构建，需要与法律援助配套

---

〔1〕 参见闵春雷：《认罪认罚案件中的有效辩护》，载《当代法学》2017 年第 4 期，第 27-37 页。

〔2〕 参见熊秋红：《有效辩护、无效辩护的国际标准和本土化思考》，载《中国刑事法杂志》2014 年第 6 期，第 129-135 页。

〔3〕 事实上，美国经验也已表明由被告人承担无效辩护的证明责任难度很大，美国法院很少支持被告人提起的无效辩护。参见陈瑞华：《刑事诉讼中的有效辩护问题》，载《苏州大学学报（哲学社会科学版）》2014 年第 5 期，第 94-105 页。

制度改革同步，如政府购买公共法律服务、法律援助律师待遇、惩戒机制改革等，避免因有效法律帮助的高要求及无效辩护的严惩罚“吓退”法律援助律师。

（二）刑事辩护的全覆盖

2017年10月，最高人民法院、司法部出台《刑事辩护全覆盖办法》，在北京、上海等8省（市）试点刑事案件律师辩护全覆盖，2019年1月最高人民法院、司法部又出台文件将试点扩大至全国32个省、自治区和直辖市。在本轮司法体制改革过程中，刑事辩护全覆盖成为一项重要内容，目前我国也已基本具备了实现这一目标的制度基础。[1]然而，刑事辩护并非《刑事诉讼法》文本中的狭义辩护，而是包含辩护与法律帮助，即刑事辩护全覆盖的律师来源除传统的法律援助律师与委托律师外，还有值班律师。《刑事辩护全覆盖办法》实际上确立了委托律师、法律援助律师与值班律师全覆盖的三个层级：一是被告人自行委托律师；二是突破法律援助律师辩护的案件范围，扩大至所有按照普通程序审理的案件，包含一审、二审和再审程序；三是在适用简易程序或速裁程序且被告人没有辩护人的，以及被告人在委托律师或获得法律援助律师前经申请的，由值班律师提供法律帮助。其中，将传统的法律援助范围扩大至所有按照普通程序审理的案件，及在简易、速裁程序中由值班律师提供法律帮助是刑事辩护全覆盖的重要突破。根据本书表6-2有关数据，被判处3年有期徒刑以下刑罚的罪犯占总获刑人数比例已经超过80%，再结合上述刑事案件中超过80%的认罪率可知，我国实践中适用简易、速裁程序的案件将占绝大比例，适用普通程序案件比例非常小。周强同志在《关于在部分地区开展刑事案件认罪认罚从宽制度试点工作情况的中期报告》中提到，在试点地区适用速裁程序审结的占比68.5%，适用简易程序审结的占比24.9%，适用普通程序

[1] 参见王迎龙：《论刑事法律援助的中国模式——刑事辩护“全覆盖”的实现径路》，载《中国刑事法杂志》2018年第2期，第116-133页。

审结的仅占比6.6%。[1]因此我们可以推断，在普通程序中提供法律援助律师的实践需求增量有限，所谓刑事辩护全覆盖，主要通过值班律师提供法律帮助予以实现。

值班律师“辩护人化”能够实现法律文本意义上的辩护全覆盖，提升司法人权保障程度。然而，在委托律师辩护率要保持一定比例的现实下，意味着传统法律援助将覆盖除委托律师案件外的所有刑事案件，包括适用简易、速裁程序的案件，而且是无条件的适用。笔者认为，即使有足够的司法资源作支撑，这种刑事辩护全覆盖的合理性也值得考量。综观世界范围内的刑事法律援助案件，可以概括为两种模式：一种是“关键案件模式”，即根据案件的复杂、严重程序、被追诉人自行辩护能力等因素决定是否提供律师法律援助。例如，根据《德国刑事诉讼法典》第140条规定，一审在州高等法院或者州法院进行、犯罪嫌疑人被指重罪等9种情形，以及其他案情重大或者因事实、法律情况复杂有辩护人参加的必要，或者犯罪嫌疑人无法自行辩护，应当指定辩护人辩护。还如，日本2018年施行的《日本刑事诉讼法》规定，国选辩护人适用对象为可能判处死刑、无期惩役或法定刑3年以上有期惩役或禁锢的案件，以及被签发逮捕证、被逮捕的犯罪嫌疑人。[2]根据案件重要性或被追诉人自行辩护能力，无委托律师参与的情况下，由国家提供强制性的法律援助，是此类法律援助模式的主要特点。另一种为“按需提供模式”，基于被追诉人经济困难或者处于弱势等因素，国家认为有需要为其提供法律援助。例如，美国最高法院通过1963年吉迪恩案等多个案例，确立了贫穷被告人获得法律援助的权利，并且范围涵盖重罪与轻罪案件。有资料显示，美国大约80%

---

〔1〕 参见周强：《关于在部分地区开展刑事案件认罪认罚从宽制度试点工作情况的中期报告——2017年12月23日在第十二届全国人民代表大会常务委员会第三十一次会议上》，载https://www.chinacourt.org/article/detail/2017/12/id/3138224.shtml，最后访问日期：2023年10月1日。

〔2〕 参见［日］田口守一：《刑事诉讼法》，张凌、于秀峰译，法律出版社2019年版，第178页。

的刑事被告人是由政府出资聘请律师的。[1]在英国，法律援助包括值班律师提供的法律咨询与帮助及辩护律师提供的辩护代理。[2]被追诉人可以在警局或法庭内申请值班律师法律帮助，不受到限制，但申请辩护代理则需要经过司法利益审查和经济状况审查，[3]符合一定条件才提供律师辩护。审视我国传统的刑事法律援助范围，属于“关键案件模式”和“按需提供模式”相结合，在可能判处死刑、无期徒刑及未成年人、精神病人等关键案件中强制提供法律援助，并在被追诉人经济困难案件中按照需要提供法律援助。但该范围过于狭窄，导致实践中法律援助率很低。两种模式中，即便是法律援助经费投入巨大的美国、英国，也并非无条件对所有刑事案件均提供法律援助，尤其是提供律师进行辩护。笔者认为，适当扩大法律援助范围，降低法律援助标准，才是刑事法律援助改革的正确道路。

当然，域外一般经验不能作为中国模式的唯一参考。刑事辩护全覆盖应是法律文本意义上的辩护全覆盖，还是目前推行的刑事辩护结合值班律师法律帮助的模式，还需考察实践中的具体需求，尤其是在认罪认罚案件中律师应发挥的作用。在一些事实清晰、没有争议的轻微刑事案件中，尤其是被追诉人自愿认罪认罚而适用速裁程序的案件，因为可以不再进行法庭调查、法庭辩论，导致律师在定罪量刑上能够发挥作用的空间很小。有学者指出，在适用认罪认罚从宽制度的案件中，在检察机关的指控罪名和

---

[1] 转引自罗海敏：《论无律师帮助被追诉人之弱势处境及改善——以刑事法律援助制度的完善为视角》，载《政法论坛》2014 年第 6 期，第 112-120 页。

[2] 参见顾永忠、李逍遥：《论我国值班律师的应然定位》，载《湖南科技大学学报（社会科学版）》2017 年第 4 期，第 77-85 页。

[3] 审查标准主要包括：(1) 公民是否可能失去自由生计或者遭受名誉上的损害；(2) 诉讼是否包含一个与实体法律有关的权衡；(3) 公民是否无法理解诉讼或无法在诉讼中对自己的行为陈述；(4) 诉讼是否包含对过往情境的追溯、会谈以及那些为维护当事人利益而出庭的证人进行交叉询问；(5) 公民获得代理是否为了维护他人而非被告人自身的利益。转引自顾永忠、李逍遥：《论我国值班律师的应然定位》，载《湖南科技大学学报（社会科学版）》2017 年第 4 期，第 77-85 页。

量刑建议被采纳率超过98%的情况下，律师在定罪和量刑方面显然无太大的辩护空间。[1]但这并不代表认罪认罚案件中律师没有参与的必要，只是律师发挥作用的制度环境发生变化：重点环节由审判阶段转移到审前阶段，重点内容为保障犯罪嫌疑人、被告人认罪认罚的自愿性与真实性，工作方式由控辩对抗向控辩协商、交涉转变，等等。因此，笔者认为，在适用速裁程序的、犯罪嫌疑人或被告人可能判处3年以下有期徒刑的认罪认罚案件中，保障值班律师充分发挥有效的法律帮助作用，即可满足案件的实践需要。适用简易程序的案件，已经属于刑法意义的重罪案件，在条件许可的情况下，笔者赞同由法律援助律师提供辩护，同样应保障发挥有效辩护作用。

就值班律师制度本身而言，其作用之发挥不仅限于认罪认罚案件，还适用于所有刑事案件。从法律规范来看，2018年《刑事诉讼法》第36条、《刑事辩护全覆盖办法》第2条、《法律援助值班律师工作办法》第2条等规定，对值班律师法律帮助职能的界定均是针对所有刑事案件而言的。在探讨认罪认罚案件中值班律师是否"辩护人化"时，还应将研究视角延伸至值班律师制度之于中国辩护制度及法律援助制度的整体意义。即使能够实现普遍提供法律援助辩护律师的理想目标，值班律师制度仍然具有存在的必要性，因为它本身就是一种替代性的、应急性的法律援助制度，能够解决律师辩护的"及时性"问题。[2]应然层面的值班律师"辩护人化"，不仅会导致实定法规范的混乱与冲突，而且回归只有传统法律援助律师的一元法律援助制度。换言之，值班律师的"辩护人化"，意味着值班律师被传统的法律援助辩护律师所"吸纳"，值班律师制度功能会渐渐泯灭，进而丧失作为制度体系而存在的独立价值。[3]因此，笔者主张，维持与发

---

〔1〕 参见熊秋红：《审判中心视野下的律师有效辩护》，载《当代法学》2017年第6期，第14-24页。

〔2〕 参见熊秋红：《审判中心视野下的律师有效辩护》，载《当代法学》2017年第6期，第14-24页。

〔3〕 参见詹建红：《刑事案件律师辩护何以全覆盖——以值班律师角色定位为中心的思考》，载《法学论坛》2019年第4期，第20-30页。

展法律援助值班律师与传统法律援助律师并存的二元法律援助体系，一方面完善值班律师提供初步性、及时性的法律帮助的功能，另一方面在认罪认罚案件中，探索律师有效法律帮助实现机制，保障值班律师确实发挥有效法律帮助作用。

三、理论话语：从“有权获得辩护”到“有权获得法律帮助”

目前，关于值班律师的理论认识存在分歧，一些理论认识陷入狭义的文本理解（辩护仅指刑事诉讼法规定的辩护），而无法从更为宏观的体系与目的视角合理看待值班律师制度。在理论认识上应当明确：值班律师法律帮助虽具有初步性特征，不具有刑事诉讼法中的辩护人身份，但仍履行广义的辩护或法律帮助职能；值班律师属于法律援助律师，其理论基础来源于被追诉人有权获得法律帮助，是被追诉人有权获得辩护的重要保障。笔者拟以“有权获得法律帮助”为理论线索，论证以上命题。

(一)“有权获得辩护”原则的理论发展

被追诉人有权获得辩护是我国刑事诉讼的一项基本原则，《宪法》与《刑事诉讼法》均规定了“被告人有权获得辩护”。基于这一基本原则，有学者认为获得辩护权是公民的一项基本权利，是指被告人（主要由辩护人尤其是律师代理）针对指控，根据事实和法律，在实体上进行反驳，以及在程序上主张其所拥有的合法的诉讼权利，防止其受到不公正的待遇和不应有的侵犯，从而维护其合法权益和人格尊严的诉讼权利。[1]“有权获得辩护”作为一项刑事司法准则，对于被追诉人的权利保障发挥了重要作用。但是，随着刑事辩护制度的不断发展与完善，尤其是本轮司法体制改革中认罪认罚从宽制度的构建，值班律师的参与与刑事辩护全覆盖的要求，有权获得辩护原则理论应随之发展。

---

〔1〕 参见尹晓红：《获得辩护权是被追诉人的基本权利——对〈宪法〉第125条“获得辩护”规定的法解释》，载《法学》2012年第3期，第63-69页。

一方面，“有权获得辩护”的内涵亟待扩展。根据文义解释，有权获得即有权得到，一是被追诉人得以自行辩护，这是辩护权的基本要求，二是有权得到律师的辩护，这是辩护权行使的衍生要求。由于被追诉人自我保护条件及能力的不足，获得律师的帮助因而成为刑事辩护制度中的关键内容。[1] 因此，“有权获得辩护”只能被视为一种法律宣示，而“获得律师的法律帮助”才是被告人辩护权的基本保障。[2] 然而，我国实践中辩护率极低，加之认罪认罚从宽制度改革的现实需要，改革者试图从法律援助层面实现刑事辩护全覆盖。而我国传统的法律援助仅覆盖可能判处死刑、无期徒刑、未成年人案件等很小的案件范围。获得法律援助应是有权获得辩护的应有之义，而且随着我国司法体制改革的推进，其重要性更加凸显。除此之外，随着认罪认罚从宽制度的构建，实践中对于律师，尤其是值班律师发挥作用的有效性提出了更高要求。学界以往对于有效辩护的讨论仅仅限于理论层面，而认罪认罚案件对于律师帮助的有效性提出了现实需要。因此，有权获得辩护具有向获得有效辩护迈进之可能性。陈瑞华教授认为，从“被告人有权获得辩护”到“被告人有权获得律师帮助”，再到“被告人有权获得律师的有效帮助”，代表了刑事辩护发展的三个重要阶段，[3] 也一定程度上代表了“有权获得辩护”原则的理论嬗变与发展。

另一方面，国家法律援助的职责与理念亟须强调。关于被追诉人有权获得辩护的传统研究，更加关注辩护制度本身的完善，有关辩护权利的保障、辩护律师介入的阶段、辩护类型的划分等。当前，辩护权运行规范体系已相对完善，应强调“有权获得辩护”原则法律帮助的内涵与品性，在“有权获得辩护”理念已经公认与普及的背景下，发展国家的法律帮助理念与体系，使律师在诉讼中成为“必需品”，而非“奢侈品”。世界范围

---

〔1〕 参见熊秋红：《刑事辩护的规范体系及其运行环境》，载《政法论坛》2012 年第 5 期，第 47-58 页。

〔2〕 参见陈瑞华：《刑事辩护制度四十年来的回顾与展望》，载《政法论坛》2019 年第 6 期，第 3-17 页。

〔3〕 参见陈瑞华：《刑事辩护的理念》，北京大学出版社 2016 年版，第 101 页。

内，法律援助的政府责任理念已被广泛认同。政府发动了针对公民个人的刑事追诉，使其人身、财产具处于危险状态。因此，政府有责任保障诉讼程序的正当性以及诉讼结果的公正性。富裕者聘请律师，贫穷者则由政府提供法律援助。〔1〕《联合国公民权利及政治权利国际公约》第 14 条第 3 项关于“审判被控刑事罪时，被告一律有权平等享受下列最低限度之保障”中（卯）项规定“到庭受审，及亲自答辩或由其选任辩护人答辩；未经选任辩护人者，应告以有此权利；法院认为审判有此必要时，应为其指定公设辩护人，如被告无资力酬偿，得免付之”。《美国宪法第六修正案》规定：“在一切刑事诉讼中，被告人有权……获得律师帮助为辩护。”为保障公民这一宪法权利，如前文所述，美国通过吉迪恩案等一系列案件确立了贫穷被告人有权获得国家法律援助，有超过 80%的刑事被告人接受了律师法律帮助。在英国，从 1903 年颁布《贫困被告人辩护法》开始，经过一个多世纪的发展，刑事法律援助的范围也从最初仅限于涉嫌谋杀罪等严重犯罪的被告人逐步扩大至所有被卷入刑事调查或刑事程序的人。〔2〕为此，英国财政投入了大量法律援助经费。法国于 1991 年颁布《法国法律援助法》，规定由国家财政保障贫困公民享受免费的法律援助服务。每年有超过 100 万人获得法律援助，法律经费也大幅度增长。〔3〕域外经验表明，在一个法治建设较为完备的国家，国家提供法律援助是实现与保障被追诉人辩护权的重要甚至是核心内容。

我国经过长期发展，相对完善的辩护制度与辩护权运行规范体系已基本成形。自 1979 年首部《刑事诉讼法》实施以来，经历了 1996 年、2012 年和 2018 年三次不同程度的修正。中国刑事辩护制度在历次修正中逐渐完

〔1〕 See Ellery E. Cuff, “Public Defender System: The Los Angeles Story”, *45 Minn. L. Rev.* 725, 733 (1960—1961).

〔2〕 参见罗海敏：《论无律师帮助被追诉人之弱势处境及改善——以刑事法律援助制度的完善为视角》，载《政法论坛》2014 年第 6 期，第 112-120 页。

〔3〕 转引自罗海敏：《论无律师帮助被追诉人之弱势处境及改善——以刑事法律援助制度的完善为视角》，载《政法论坛》2014 年第 6 期，第 112-120 页。

善、成型，同时受到《宪法》《律师法》的修正，司法制度的改革与理念更新的影响。在1979年《刑事诉讼法》中，刑事辩护制度与法律援助制度规定简陋，犯罪嫌疑人、被告人的辩护权利不彰，1982年《宪法》将被告人有权获得辩护确立为一项宪法原则，受此影响，1996年《刑事诉讼法》修正对辩护制度作了较大调整，律师介入刑事诉讼的时间提前至审前阶段，但此时律师身份并不是辩护人。同时将经济困难作为获得指定辩护的情形。虽然《刑事诉讼法》对辩护制度作了一定完善，但实践中律师行使辩护权仍受到阻碍，存在会见难、阅卷难、调查取证难的“三难”问题。为此，2007年《律师法》对律师会见、阅卷及调查取证进行了专门规定，明确律师凭“三证”即可会见，侦查机关不限制等内容。直到2012年《刑事诉讼法》再次修正，将侦查阶段律师定位为“辩护人”，吸收了《律师法》关于律师会见、阅卷的相关规定，“三难”问题才得以有效的解决。〔1〕同时，将法律援助的阶段提前至审前侦查与起诉阶段，范围扩大至可能判处无期徒刑、死刑的案件及精神病人。随着2014年刑事速裁程序、2016年认罪认罚从宽制度试点的展开，值班律师制度得以建立，在2018年《刑事诉讼法》中正式作为一项法律制度予以规定。

通过对我国刑事辩护制度发展的脉络梳理可知，对有权获得辩护原则的保障与实现，法律规范重在健全与完善辩护权利的运行规范体系，包含辩护人介入的阶段，会见权、阅卷权等辩护权利的行使，公检法对于辩护权利的保障等内容。虽然法律援助内容也在扩展，但范围覆盖仍然狭窄，至多是实现辩护权利的配套保障。因此，“有权获得辩护”理论应当将重心从辩护权利运行规范体系的完善，转移至律师法律援助供给的保障，将律师辩护权利行使的“质量”与“数量”等量齐观。国家法律援助职责的履行直接关涉有权获得辩护原则的实现与否。纵然刑事辩护制度与辩护权运行体系再为完善，实践中不足30%的辩护率与法律援助率，在一定程度

---

〔1〕 参见顾永忠：《我国刑事辩护制度的重要发展、进步与实施——以新<刑事诉讼法>为背景的考察分析》，载《法学杂志》2012年第6期，第56-65页。

上消解了我国在刑事辩护制度建设方面的努力与成绩，使我国“有权获得辩护”原则同国际准则之间存在一定差距。在本轮司法体制改革中，认罪认罚案件对于律师参与的现实需求，及值班律师制度覆盖面广的初步性、及时性法律帮助职能，为扭转这种现状提供了契机。因此，笔者主张在理论层面，我国“有权获得辩护”原则应适时同“有权获得法律帮助”的国际准则接轨，不仅强调了辩护制度本身的完善，而且更加强调了国家切实履行提供律师帮助的职责与义务。

（二）值班律师制度理论来源于“有权获得法律帮助”

值班律师制度属于法律援助制度的组成部分，其理论来源于被追诉人“有权获得法律帮助”。在理论上应当明确，被追诉人获得辩护与获得法律帮助具有不同的权利来源。被追诉人有权获得律师辩护来源于其自身所享有的辩护权，而获得法律帮助是源于国家有义务保障的公民的法律帮助权，是实现辩护权的重要保障。刑事辩护与法律援助虽然相关，法律援助甚至是实现刑事辩护的重要力量，但就制度本身而言，两者具有相互独立的叙事结构，在理论基础、权利来源、实现途径等方面均存在区别。

强调国家与政府为被追诉人提供法律援助，是当前国际刑事司法的发展趋势。我国刑事辩护全覆盖试点工作，正是因应此发展趋势与需要，在保障辩护权利规范运行的基础上，尽可能扩大律师法律帮助的范围。“有权获得法律帮助”理论为值班律师进行初步性、及时性的法律帮助提供了理论正当性。被追诉人委托律师是依据其享有的辩护权，而值班律师参与诉讼，是依据被追诉人享有的法律帮助权，要求国家与政府履行法律援助的职责与义务。

作为法律援助律师，值班律师提供法律帮助是否属于履行辩护职能呢？笔者认为，值班律师提供的初步性、及时性的法律帮助仍然属于辩护职能，但与目前刑事诉讼法文本意义上的辩护存在一定区别。我国实务界对于“辩护”相关概念的理解一直囿于刑事诉讼法文本的规定。在1996年《刑事诉讼法》中，规定了只有审查起诉阶段开始聘请的律师才是辩护人，而律师在侦查阶段提供的是法律帮助。有学者称当时在侦查阶段介入的律师为“法律帮助者”。[1]这主要由于刑事诉讼文本刻意限制了“辩护”的概念，将其仅限于审查起诉与审判阶段。2012年《刑事诉讼法》赋予了侦查阶段辩护人的身份，明确了辩护人享有会见权、阅卷权、调查取证权等权利。因此，辩护权、辩护人等概念在我国刑事诉讼中是相对封闭的，具有特定性。但是，如前文所述，作为一项原则，“有权获得辩护”应当作广义理解，辩护内容应当具有开放性，而不是仅限于狭义的法律文本中的辩护。易言之，广义的辩护或法律帮助，不仅包含被追诉人自行辩护，也包含辩护律师辩护，还包含值班律师法律帮助等内容。在此意义上，值班律师所提供的法律帮助仍属于辩护范畴，只是与传统的辩护人相比，值班律师的职权限于“提供法律咨询、程序选择建议、申请变更强制措施、对案件处理提出意见”等方面，范围较小。[2]

综上，值班律师作为法律援助律师，其理论与权利来源于法律援助的国家义务与被追诉人的法律帮助权，而并不受制于辩护制度与辩护权的传统内涵。因此，关于值班律师属于辩护律师，所享有与履行的权利必须是法律文本中的辩护权的逻辑并不成立。另外，对“有权获得辩护”原则应当作广义解释，而不应将其限定在刑事诉讼文本中的狭义辩护。可以将其解释为“有权获得法律帮助”，突出刑事辩护体系中法律援助的重要地位。在“有权获得法律帮助”理论指导下，值班律师提供初步性、及时性的法律帮助同样属于履行辩护职能，应融入辩护概念，形成层次化的辩护体系。

四、完善值班律师与法律援助律师二元法律援助体系

基于实践中认罪认罚案件与“刑事辩护”全覆盖的现实需要，笔者主

〔1〕参见姚莉：《认罪认罚程序中值班律师的角色与功能》，载《法商研究》2017年第6期，第42-49页。

〔2〕参见汪海燕：《三重悖离：认罪认罚从宽程序中值班律师制度的困境》，载《法学杂志》2019年第12期，第12-23页。

张应保留值班律师制度初步性、及时性的法律帮助的功能特性，保障律师需求侧与供给侧的结构性平衡。值班律师制度的发展进路，一方面在认罪认罚案件中，可以考虑构建有效法律帮助机制，弥合值班律师法律帮助职能与律师有效参与需求间的背离，另一方面逐步扩大传统法律援助律师的适用范围，在条件具备时也可以考虑适用于认罪认罚案件，仅保留全覆盖意义层面的值班律师法律帮助功能，完善法律援助律师与值班律师并存的二元法律援助体系。

构建二元法律援助体系的前提，应明确法律帮助功能的合法性。2018年《刑事诉讼法》明确规定了"值班律师为犯罪嫌疑人、被告人提供法律咨询、程序选择建议、申请变更强制措施、对案件处理提出意见等法律帮助"。《关于开展法律援助值班律师工作的意见》及《刑事辩护全覆盖办法》也有类似规定。因此，值班律师"法律帮助"以提供法律咨询等初步法律服务工作为主，具有区别于刑事诉讼法律文本中"辩护"的特点，体现在以下三个方面：一是法律帮助的初步性。值班律师仅提供法律咨询、程序选择建议等初步法律帮助，不履行出庭职责，享有的诉讼权利相对较少。相较于值班律师，辩护律师则享有会见权、阅卷权、调查取证权等诸多辩护权利，履行实体辩护与程序辩护职能。二是法律帮助内容、对象的独特性。值班律师履行法律帮助的对象是犯罪嫌疑人、被告人，使其对涉嫌或指控的罪名、相关法律规定及认罪认罚的性质和法律后果明确知悉，而辩护律师交涉之对象主要是公安司法机关，目的在于从实体或程序层面为犯罪嫌疑人、被告人获取利益。三是值班律师履行法律帮助职能来源于被追诉人"有权获得法律帮助"，国家与政府有义务提供法律援助。而辩护律师履行辩护职能则主要是因为被追诉人辩护权的要求与实现。

学界有观点认为"法律帮助"概念是1996年《刑事诉讼法》修正时遗留的历史问题，应当予以否定。笔者认为，对此应结合其历史背景，对"法律帮助"进行客观目的解读：首先，"法律帮助者"与"辩护人"的二元对立，是1996年《刑事诉讼法》修正时立法者有意为之，即刻意将辩护人限于审查起诉和审判阶段，但不能因此否定当时侦查阶段介入的律师履行的不是辩护职能。其次，受制于当时特殊历史条件，律师存在会见难、阅卷难、调查取证难的“三难”问题，犯罪嫌疑人、被告人辩护权无法得到有效保障。如今，“三难”问题已经得以妥善解决，相对完善的辩护权运行规范体系已经建立，否定法律帮助职能的制度环境不复存在。最后，目前对于值班律师功能定位的探讨，已经从实现被追诉人辩护权的语境发展到保障被追诉人法律帮助权的语境。在刑事辩护全覆盖的需求下，值班律师法律帮助具有独特的功能与作用，不能仅因认罪认罚案件中值班律师无法有效发挥作用，而在整体上否定该制度。因此，应当肯定值班律师法律帮助职能的合法性与正当性。

在明确值班律师履行初步性、及时性的法律帮助的基础上，由值班律师为所有刑事案件中有需要的犯罪嫌疑人、被告人提供法律帮助，由传统法律援助律师在关键案件中提供辩护，从而形塑二元化的法律援助构造体系。在此体系下，应系统完善值班律师相应的配套机制，包括权利告知机制、履职保障机制、与辩护律师的衔接机制等，使值班律师真正成为除法律援助律师、委托律师外，保障犯罪嫌疑人、被告人合法权益的第三支力量。

第八章

自媒体时代律师庭外言论规制的模式转型

艾伦·德肖维茨在《最好的辩护》中曾言："在不违背任何法律或职业道德规范下，为了委托人的利益，运用新闻媒体是很适当的；但是为了自身的名声而牺牲了当事人的利益，就完全是另一回事了。"[1]律师在法庭之外发表的辩护言论，如果运用得当，对于维护当事人的合法权益具有重要作用。但是，在自媒体工具高度发达的当今社会，律师发表庭外言论并非如传统媒体受到较为严格的审查，若规制不当，易产生律师发表庭外言论的乱象，甚至导致舆论影响司法的极端现象。近年来，许多律师因通过自媒体发布案件相关信息而受到惩戒。在这些惩戒案例中又不乏争议，核心问题在于言论自由的保障与是否损害司法公正之间的权衡。虽然我国《律师法》《律师执业管理办法》《律师和律师事务所违法行为处罚办法》等法律法规对于律师行为规范作了初步规定，但对于律师庭外言论的规定较为原则、笼统。因此，律师庭外言论如何规范，评判的具体标准为何，是亟待厘清的重要问题。在进入正式讨论之前，需要明确本章所谓"律师庭外言论"主要是指律师庭外的辩护言论，即与律师所代理案件相关的实体性与程序性辩护言论，而不包括律师在庭外发表的与其所代理案件无关的言论。

---

〔1〕［美］艾伦·德肖维茨：《最好的辩护》，李贞莹、郭静美译，南海出版公司 2002 年版，第 445 页。

第一节　律师庭外言论的保障与规制

一、律师庭外言论的重要性

(一) 律师庭外言论是法庭辩护的必要延伸

辩护律师作为专门维护被追诉人合法权益的代言人，在诉讼过程中享有充分表达辩护意见的权利，该权利受到法律的保障，律师在法庭上发表辩护意见享有不受法律追究的职业特权。[1]辩护律师对刑事诉讼程序的参与度也日益加深，甚至成为程序运行正当性的基本保障。[2]而律师在庭外发表的辩护言论也是刑事辩护的重要内容，与法庭内发表的辩护意见同样重要，对于实现司法公正具有重要意义。这种重要意义体现在以下三个方面：一是对不利于当事人的言论进行必要的回应与说明。律师在法庭外应当保持克制，对在执业活动中获悉的案件信息应当予以保密。但是，在社会舆论不利于当事人的情况下，律师应当在庭外发表必要的辩护言论以维护当事人的合法权益。例如，社会舆论信息不真实且不利于当事人的情况时，律师应当作出回应予以澄清，以维护当事人合法权利。二是对当事人合法权益进行必要的维护。在刑事诉讼过程中，被追诉人的合法权益受到诸多权利的保障，但是也存在公安司法机关侵犯被追诉人合法权益的情况。在此情形下，辩护律师应当首先通过法律途径寻求救济，如诉诸非法证据排除，对相关责任人员进行申诉、控告等。当对当事人的不法侵害确实存在，且通过合法途径无法得到有效救济时，律师也可以通过发表庭外辩护意见的方式维护其合法权益。三是为取得有利于当事人的裁判结果进

---

〔1〕 2017年《律师法》第37条第1款和第2款规定：“律师在执业活动中的人身权利不受侵犯。律师在法庭上发表的代理、辩护意见不受法律追究。但是，发表危害国家安全、恶意诽谤他人、严重扰乱法庭秩序的言论除外。”

〔2〕 参见韩旭：《认罪认罚从宽案件中有效法律帮助问题研究》，载《法学杂志》2021年第3期，第3页。

行必要的宣传。律师代理刑事案件可以进行一定的宣传，但宣传并不等于炒作。“因为律师通过证据开示和与当事人交流掌握了案件的信息，人们可能认为律师的言论是‘特别权威’的”，[1]所以律师是媒体竞相采访的对象。为了当事人的合法利益，律师可以在庭外发表适当的辩护言论，但是必须受到一定的规制，以不影响案件的实质审理为基本原则。

（二）律师发表庭外言论是律师的言论自由

我国《宪法》第35条规定“中华人民共和国公民有言论、出版、集会、结社、游行、示威的自由”。因此，言论自由是普通公民的宪法权利，不得随意剥夺。而相较于普通公民的言论自由，律师的言论自由则更加重要。这是因为，国家公权力发动了针对公民的刑事诉讼，作为私权利的主体处于先天弱势地位，易受到公权力的不法侵害。而辩护律师精通法律知识，是被刑事追诉的公民合法利益的专门维护者，其辩护言论受到法律的保障。虽然我国《律师法》第37条第2款规定的律师言论豁免权仅限于律师在法庭上发表的言论。但是，律师进行辩护的场域不仅限于法庭之上，在某些庭外场合律师也必须履行辩护职责，如上文所指出的案件不实信息流出，或者舆论不利于当事人，抑或当事人合法权益受到侵害无法得到有效救济，等等。此时，律师在法庭之外发表辩护言论同样具有正当性，其庭外言论亦应当受到责任豁免原则之保障。但是，辩护律师作为具有专门知识的法律从业者，发表庭外言论同样应当体现专业性。因此，律师庭外言论并非漫不经心的，而应当具备专业性与目的性，并且受到律师职业规范的规制。

（三）自媒体时代的必然发展

我国已经进入了自媒体时代。微博、微信、抖音、播客等新型自媒体形态的出现，使传统大众媒介所构建的舆论环境和舆论格局发生了深刻的

---

〔1〕 See Justice O'Connor concurred in Gentile v. State Bar of Nevada, 501 U. S. 1030, 1082, 111 S. Ct. 2720, 115 L. Ed. 2d 888 (1991).

变化。互联网时代网络舆情所具有的自由性、交互性、匿名性、开放性和无限性等特点，使在传统媒体上无法实现的个人表达言论的自由在网络上得到空前的展现。[1]在自媒体时代，律师善于借助媒体影响司法，往往通过微博、微信等自媒体工具向社会大众传达案件有关信息，进而获取社会关注度并在一定程度上影响社会舆论。传统诉讼理论认为，律师发表意见的场合应限定在诉讼过程之中，律师在法庭外发表言论应当审慎，奉行“沉默是金”之原则。[2]但在自媒体时代，要求律师仅在诉讼过程中发表意见，在庭外必须保持沉默，既不合法也不合理。一方面，在如今自媒体科技高度发达的社会环境里，律师通过自媒体发声是其行使言论自由的权利，不应“一刀切”予以禁止；另一方面，律师庭外言论在法治轨道内运用得当，能够有效保障当事人的合法权益，促进司法公正的实现。

二、规制律师庭外言论的必要性

庭外言论是法庭辩护的延伸，是律师有效行使辩护权的重要手段。但显然，律师发表的庭外言论与法庭上的辩护意见，无论是在发布言论的方式还是内容上，都存在一定差异。尤其是在当前自媒体时代，相较于传统媒介，律师通过自媒体发布庭外辩护言论，更易于形成舆情影响司法公正。因此，有必要对自媒体时代律师庭外言论的特点进行归纳：

一是即时性。律师通过自媒体，如微博、微信公众号等发布信息，不需要严格核实、审批，没有“把关控制”，也没有播发时间和版面空间的限制。任何信息都可以在第一时间发布，引发的连锁反应也很快，使其时效性很强。由于自媒体具有可以实时更新的特点，一旦有重大事件发生，尤其是一些突发性事件或者重要新闻，网络媒体都会在第一时间予以及时跟踪、滚动报道，捕捉最新动态。在事件成为关注焦点的同时，也迅速成

〔1〕 参见谢新洲等：《互联网等新媒体对社会舆论影响与利用研究》，经济科学出版社2013年版，第1页。

〔2〕 参见胡田野：《新媒体时代律师庭外言论的规制》，载《法学》2014年第1期，第9页。

为舆论热点。另外，自媒体打破了空间与时间的界限，网民可以通过发帖或跟帖表明自己的立场观点，交流思想。一旦有代表性的言论，就会迅速引起社会关注，公众号的文章阅读量快速增涨并扩散开来被反复转帖或跟帖，形成一个主导性意见，进而产生雪崩式的效果，把舆论推向高潮，形成网络舆情。

二是渲染性。律师通过自媒体发布的信息往往具有一定主观性，是对案件有关信息的单方意志表达。从代理一方的利益出发，律师会选择性地根据其主观理解去解读并释放有关案件信息。如在“药家鑫案”中，被害人代理律师在其微博上通过描述被害人惨死，博取社会同情，并针对药家鑫及其家庭背景进行负面引导，促使激发强烈民愤。例如，其在微博上发布“在房价高企的西安，药家在市区内居然有 4 处房产，结合药家鑫平时生活之奢华，买五千块手机，花巨资整容，开 14 万私家车，药家资产超出药父母收入水平数倍”[1]律师擅于叙事，在自媒体上往往使用夸张、共情等方法，突出对方的罪恶多端或者己方的弱小无助，以赢得舆论的支持与同情。因此，律师通过自媒体发布庭外言论的客观真实性往往有待查证，需持理性审慎的态度予以对待。

三是内容复杂性。律师在自媒体发布的庭外言论主要是对案件实体或程序相关的信息，但又不限于此类信息。常见的律师庭外言论可以大致划分为以下几类：首先是事实陈述。事实陈述是律师关于案件客观情况与状态的表述，如案件诉讼流程、当事人的客观状态、有关的证据材料等。事实陈述不包含律师的主观性评判，是律师依据其对案件了解所作的事实方面的表述。但律师的事实陈述并非一定就是客观真实的，律师也可能因理解错误或者接触信息不够全面，导致事实陈述出现偏差。其次是意见陈述。意见陈述多为评论性言语，是律师经过主观加工过的信息，体现为律师的观点、态度、解释与判断等。在实践中，律师经常会在自媒体发表对于某个热点案件的观点或判断，或者对于司法机关行为的赞许或反对，等

---

〔1〕 陈磊：《“激情”代理人张显》，载《南方人物周刊》2011 年第 20 期，第 74-79 页。

等。最后是混合陈述，即律师庭外言论混合了事实陈述与意见陈述。常见的律师庭外言论是在陈述一般案件事实的基础上，给予自己的评判与态度。

四是目的性。律师通过自媒体发布庭外言论具有极强的目的性。律师庭外言论是律师为赢得诉讼或在刑事司法中占据优势而采取的一种诉讼策略。[1]在自媒体时代，律师深谙舆论影响司法之道。而自媒体是律师发表庭外言论的最佳工具，如今律师热衷于开辟自媒体工具，如微信公众号、抖音、微博等。自媒体经过营销后粉丝数若能达到一定数量，不仅能够给律师带来案源收入，还能成为律师重要的意见表达阵地。律师通过自媒体发布庭外言论，经过众多粉丝或网络大 V 的评论、转发后，能够带动舆论甚至形成舆情，从而对刑事司法运作产生影响。

自媒体时代律师庭外言论的上述特点，决定了传统庭审中适用的律师职业豁免权不能无限制地延伸到法庭之外。虽然律师庭外言论是法庭抗辩的延伸，但是，自媒体场域不同于诉讼场域，律师言论不仅要受到律师职业道德的自我规制，更需要接受法律的规制。

第二节　律师庭外言论的两种规制模式

基于律师庭外言论不同于庭内言论的特点，域外法治国家及地区普遍对律师庭外言论进行规制。正如《联合国关于律师作用的基本准则》第 23 条在肯定律师言论自由权的同时明确指出，律师在行使这些权利时，应始终遵照法律和公认准则以及按照律师的职业道德行事。我国学者基于域外国家对于律师庭外言论限制与否，对庭外言论的规制模式进行了划分。例如，有学者将律师庭外言论的规制模式分为“通过禁止媒体报道隔绝律师言论模式”“不限制媒体但限制律师言论模式”及“不限制媒体报道和律

[1] 参见陈实：《论刑事司法中律师庭外言论的规制》，载《中国法学》2014 年第 1 期，第 51 页。

师言论模式”;〔1〕还有学者则将其区分为“严格禁止模式”与“底线标准模式”。〔2〕笔者认为，以限制与不限制或者是否严格禁止作为规制律师庭外言论的划分标准，其区别仅在于允许律师发表庭外言论的程度不同，而非不同规制模式的本质区别。申言之，是否严格限制律师庭外言论仅仅是外在形式特征，而规制的核心目的才是决定不同律师庭外言论规制模式的实质标准。基于规制律师庭外言论的不同逻辑标准，本章将其区分为审理公正模式与司法秩序模式两种规制模式。

一、审理公正模式

所谓审理公正模式，是指对于律师庭外言论的规制以维护审理公正为底线，防止庭外言论实质性地影响到法庭的公正审理。该模式注重维护辩护律师言论自由，在言论自由与司法公正之间较为注重保障前者，但同时辅之以规制措施来维护司法公正的底线。该模式具有以下几个特点。

(1) 规制律师庭外言论的目的在于预防审理者产生预断。审理者审理案件应当且仅应当基于案件事实本身，而不受任何审前信息的干扰，以防在未宣判之前对案件形成预断。而律师在庭外发表的庭外言论，尤其是在案件正式审理之前或者审理过程中的庭外言论，能够起到先声夺人的作用，极易对审理者产生影响。英美法系国家以陪审团为基础构建了刑事审判体系，因此更加注重对于审判预断的防范。例如，《美国律师执业行为示范规则》第3.6条“审判宣传”规则明确规定：正在参与或者曾经参加关于某事务的调查或者诉讼的律师，包括与其合作的律师事务所或者政府机构中的任何律师，如果知道或者合理地应当知道其所作的程序外言论会被公共媒体传播，并对裁判程序有产生严重损害的重大可能，则不得发表

〔1〕 参见高一飞、潘基俊:《论律师媒体宣传的规则》，载《政法学刊》2010年第2期，第5-13页。

〔2〕 参见陈实:《论刑事司法中律师庭外言论的规制》，载《中国法学》2014年第1期，第50页。

这种程序外言论。《加拿大律师协会联合会示范守则》第 7.5-2 条规定律师不得在“明知或应当知道”的情况下发布有“实质的可能性”对审判公正或听证造成“严重损害”的言论。[1]在该模式下，对于律师庭外言论规制的目的在于防范对审判程序造成严重的损害。

（2）对律师庭外言论设定了较为宽松的底线标准。审理公正模式对于律师庭外言论具有比较高的包容度，在原则上保障律师的言论自由。这表现为：一是设置了较为宽松的底线标准。例如，根据《美国律师执业行为示范规则》，美国对律师庭外言论设定了一个原则或者边界，即“对裁判程序有产生严重损害的重大可能”（substantial likelihood of material prejudicing an adjudicative proceeding）。该原则为律师在发表庭外言论时划定了一条底线，即律师庭外言论不得严重损害公正审判。英国律师协会标准委员会颁布的《媒体评论指引》，对律师庭外言论规则具有指引性，原则上保障律师庭外言论自由，只是要求律师发表庭外言论时遵守职业伦理。澳大利亚的规则和美国、英国都有相似之处，原则上允许律师发表庭外言论，但是要符合职业伦理，保证真实准确，不违反禁止性规定等。二是为了提供明确的庭外言论指引，设置了若干明确的肯定性与否定性的律师庭外言论。例如，《美国律师执业行为示范规则》在规定了实质损害标准后，明确规定了如“有关的诉讼请求、违法行为或者辩护”“公共档案中包含的信息”等多个肯定性情形。[2]《澳大利亚律师协会律师行为规则》第 75 条禁止律师发表三类言论：第一类是明知是不准确的信息；第二类是违反保密义务；第三类是言论“看起来”或“确实”表达了律师对正在进行或可能发生的法律程序或程序中出现的任何问题的意见，但是，教育或学术讨论不在此列。[3]

总体上，审理公正模式对律师庭外言论设置了宽松的环境。例如，美

[1] See The Federation of Law Societies (FLSC) of Canada's Model Code of Professional Conduct (As amended March 14, 2017), Rule 7.5-2.

[2] See ABA Model Rules of Professional Conduct (2004).

[3] Australian Bar Association Barristers Conduct Rules, Rule 75.

国所采取的损害司法公正的衡量标准（实质损害标准）是以律师庭外言论的实质后果为导向的，在分析律师庭外言论是否正当时，以该言论在后果上是否会导致公正审判受到损害，包含已经受到的损害或者可能将会导致的损害。换言之，只要律师庭外言论有可能导致审判公正受到损害，那么其言论就是不正当的。如果律师发表庭外言论的目的是维护司法公正，如揭露对方或者司法人员的违法行为，包括行贿受贿、刑讯逼供等，其行为就具有了正当性。因此，美国的实质损害标准为律师庭外言论提供了相对宽松的规范环境，最大限度地保障了律师的言论自由。

（3）规制对象仅限于律师庭外言论的实质内容。在对律师庭外言论的规制上，审理公正模式不仅设置了宽松的底线标准，而且规制对象仅限于言论内容本身，对于言论表达的方式则没有明确限制。例如，欧洲律师协会理事会发布的《欧洲法律职业原则规范宪章和欧洲律师行为准则》规定，律师享有发表庭外言论的自由，对言论的内容进行了规制，但明文指出言论的表达方式并无限制，包括通过媒体、广播、电视、网络平台等。[1]还如，《意大利律师行为准则》第17条明确规定，律师有权在职业责任范围内发表庭外言论，表达方式没有特别限制。[2]对特定表达形式的禁止有可能侵犯公民的言论自由，规制内容而非形式的做法有利于保障律师的言论自由。

（4）律师惩戒程序的司法化。在审理公正模式下，律师因发表不当庭外言论而受到惩戒时，一般享有比较充分的权利保障与救济，惩戒权力由不同机构分别享有，具有司法化的程序构造。例如，在美国，律师惩戒权由律师协会和法院共同行使，州律师协会享有惩戒受理权和惩戒建议权，而州最高法院享有惩戒权；但在华盛顿和其他一些州，由律师协会行使完全的惩戒权。即使由律师协会完全行使，在律师惩戒委员会中也分别设立

〔1〕 See CCBE Charter of Code Principles of The European legal Profession and Code of Conduct for European Lawyers (2013), Article 2. 6.

〔2〕 See NBC Code of Conduct for Italian Lawyers (2014), Article 17.

监控委员会和听讯委员会，负责对律师进行指控与审理，并采用“准刑事诉讼程序”。[1]在德国，除轻微违规行为外，律师协会对其他行为既不享有调查权也不享有决定权，但是德国律师协会具有律师纪律法庭法官的提名权，而且地方纪律法庭的法官全部由执业律师担任。可以说德国律师行业与法院分享律师惩戒决定权。[2]在这种司法化的惩戒模式下，即使律师因庭外言论受到追究，也能够充分保障自己的合法权益。

二、司法秩序模式

所谓司法秩序模式，是指对律师庭外言论的规制以维护司法秩序与司法公信力为主要目的，通过行政手段对律师庭外言论进行规制，防止因庭外言论而干扰司法机关正常办案。该模式注重维护司法秩序，对律师庭外言论采取较为严格的规制态度。我国对律师庭外言论的规制即属于典型的司法秩序模式。该模式具有以下特点。

（1）规制律师庭外言论的目的在于维护司法秩序与司法公信力。相对于审理公正模式，虽然司法秩序模式也具有防止审理者产生审前预断的类似目的，但是更侧重于防范因律师庭外言论形成舆情，从而导致“舆论审判”，对司法公信力产生损害。尤其是在我国司法与媒体关系尚未理顺的司法环境之下，有时律师的庭外言论会导致汹涌舆情，对司法秩序与司法公正产生巨大损害。而有些律师发表庭外言论的目的指向也并非使裁判者形成审前预断，而是通过在社群中形成具有巨大合力的倾向性意见，迫使裁判者妥协于强大的舆论高压。因此，审理公正模式规制的是影响裁判者固有的心理特征和认识惯习的律师庭外言论，而我国司法秩序模式则是防范律师通过庭外言论利用当前特殊的司法体制和环境而形成“舆论审判”。

〔1〕 参见郭志媛、焦语晨：《对律师职业道德弱化的规范与反思——以律师惩戒制度为视角》，载《中国司法》2015年第1期，第56页。

〔2〕 参见朱德堂：《新时代律师惩戒体系与行业惩戒的完善》，载《中国司法》2018年第7期，第63页。

（2）对律师庭外言论设置了较为严格的标准，并且明确了禁止性行为。基于维护司法秩序的目的，该模式对律师庭外言论设置了较为严格的标准。例如，我国《律师执业管理办法》第 38 条规定，律师“不得以下列不正当方式影响依法办理案件：……（二）对本人或者其他律师正在办理的案件进行歪曲、有误导性的宣传和评论，恶意炒作案件；……（四）违反规定披露、散布不公开审理案件的信息、材料，或者本人、其他律师在办案过程中获悉的有关案件重要信息、证据材料”。《中华全国律师协会关于禁止违规炒作案件的规则（试行）》第 5 条第 1 款规定：“公开审理的案件，承办律师不得披露、散布通过会见、阅卷、调查取证等执业活动获取的可能影响案件依法办理的重要信息、证据材料。不公开审理的案件，承办律师不得披露、散布案件信息、材料，但法律准许公开的除外。”根据上述规定，首先，律师庭外言论不能恶意炒作，发表歪曲、有误导性的宣传和评论；其次，对不公开审理的案件，除法律许可的有关信息外不能进行披露；最后，对于公开审理的案件，对于可能影响案件依法办理的相关信息也不能够进行披露。可见，我国对于律师庭外言论设置了较为严格的规制标准。此外，法律规范还对律师庭外言论设置了若干明确的禁止性规定，如《律师职业管理办法》《律师和律师事务所违法行为处罚办法》《中华全国律师协会关于禁止违规炒作案件的规则（试行）》等均规定了律师不得发表哪些言论，但是对于律师可以发表哪些言论，即律师庭外言论的免责条款却未作规定。

（3）规制对象不仅限于言论内容，还包括表达形式。司法秩序模式侧重于防范律师庭外言论对司法秩序与司法公信力的损害，因此无论是庭外言论的内容，还是表达言论的形式，只要存在危害司法秩序的潜在可能，都纳入法律规制的范围。例如，我国《律师执业管理办法》第 38 条第 3 项和《律师办理刑事案件规范》第 252 条第 3 项规定，律师不得“以串联组团、联署签名、发表公开信、组织网上聚集、声援等方式或者借个案研讨之名，制造舆论压力，攻击、诋毁司法机关和司法制度”。此外，法律还规定律师“不得采取煽动、教唆和组织当事人或者其他人员到司法机关或者其他国家机关静坐、举牌、打横幅、喊口号、声援、围观等扰乱公共秩序、危害公共安全的非法手段，聚众滋事，制造影响，向有关部门施加压力”。[1]法律将诸如“公开信、个案研讨、静坐、举牌、打横幅”等形式明确予以禁止，而不论此类“庭外言论”在实质上是否真实，目的即在于防止形成舆情，维护司法秩序与社会稳定。但从另一角度而言，对于庭外言论形式的过度限制，也在一定程度上削弱了律师的辩护能力，限制了律师的言论自由。

（4）律师惩戒程序的行政化。在司法秩序模式下，律师因庭外言论受到惩戒时，因惩戒措施属于行政处罚，惩戒程序也具有行政化，不享有充分的司法化救济。我国目前对于律师惩戒采取行政惩戒与行业惩戒相结合的模式。而无论是行政惩戒抑或行业惩戒，惩戒程序均具有浓厚的行政化色彩，律师因庭外言论受到责任追究无法获得有效的司法救济。

三、小结

上述两种律师庭外言论的规制模式，原则上均保障律师的庭外言论自由，但是规制的内在逻辑存在不同。审理公正模式对于律师庭外言论的规制在于防范因庭外言论影响审理者形成预断，对公正审理产生损害。司法秩序模式虽然也有防范审理者受到庭外言论干扰的目的，但是更加侧重于防止庭外言论煽动社会舆论从而导致“舆论审判”，以维护司法秩序的稳定与保障司法公信力的权威。在言论自由的保障层面，审理公正模式相较于司法秩序模式，更加有利于律师言论自由的保障，对律师庭外言论的规制更加宽松，且有明确的律师庭外言论免责的“安全港”。此外，审理公正模式规制的是对于审理公正可能产生危害的律师庭外言论，而允许促进审理公正实现的庭外言论，因而更能发挥庭外言论对司法的监督作用，促进审理公正目标的实现。而司法秩序模式注重于维护司法秩序的稳定，因

---

〔1〕 参见《律师执业管理办法》第 37 条、《律师办理刑事案件规范》第 251 条第 2 款。

此律师庭外言论受到更多的限制。当然，我国当前对于律师庭外言论的管控模式也注重对审理公正的保障，只是更加具有行政性色彩。

第三节　我国律师庭外言论规制的模式转型

我国对于律师庭外言论的规范属于司法秩序模式，以司法秩序的维护为价值导向。改革完善的方向应当在确保律师恪守职业伦理原则的前提下，由行政管控逻辑向维护审理公正逻辑转变，以审理公正的追求为导向对律师庭外言论进行规范。具体而言，笔者认为应当从三个层面推动我国律师庭外言论规制的模式转型。

一、行政管控向审理公正的逻辑转换

法的价值是极其广泛的，包括自由、平等、秩序、效率、公正等，当价值出现冲突时，公平正义应当是法的首要价值。[1]我国目前对律师庭外言论所采取的司法秩序模式同时维护多种法律价值，但当价值出现冲突时，显然将秩序置于公正之前，并不利于审理公正的实现。因此，本章主张调整我国律师庭外言论的规制逻辑，将维护审理公正确立为规制律师庭外言论的首要价值。具体而言，应当确立实质损害标准作为考量律师庭外言论是否正当的衡量标准。原因在于，以实质损害标准为取向体现的是对案件本身公平正义的追求，即以律师庭外言论是否有损于案件公平正义的实现为价值取向。当前，无论律师庭外言论是否实质上有损审理公正，只要是庭外言论干扰到办案机关正常办案，就构成不正当的庭外言论，继而可能招致惩戒。《律师法》第 49 条规定律师不得以不正当方式影响依法办理案件，强调的是律师要依法办案，不得干扰公安司法机关正常办案。《律师执业管理办法》第 38 条明确禁止律师发表煽动性、误导性庭外言

〔1〕 参见周灵方：《法的价值冲突与选择——兼论法的正义价值之优先性》，载《伦理学研究》2011 年第 6 期，第 110 页。

论，制造舆论压力，攻击、诋毁司法机关和司法制度，违规披露案件信息。可以看出，该规定同样强调律师庭外言论不得扰乱司法秩序，而不论该言论是否有助于维护审理公正。实践中，许多“因言获罪”的律师并非因为庭外言论损害了审理公正。相反，有些律师在自媒体所披露的相关案件信息反而有助于审理公正的实现。当前对于律师庭外言论的司法秩序模式虽然有助于维护司法秩序的稳定，但不利于保障律师的诉讼权利，有打压言论自由与媒体监督之虞。因此，应当采取实质损害标准，以律师庭外言论是否实质损害审理公正为重要衡量标准，以裁量庭外言论是否正当。

但是，以实质损害审理公正并非衡量律师庭外言论是否正当的唯一标准。这是因为，实质损害标准是以结果为导向的，是非正当庭外言论的形式特征。该标准忽视了律师作为行为人在主观上的态度，因此是不全面的。尤其是，当律师庭外言论并没有出现实质损害审理公正的情形下，还应当考察律师发表庭外言论的主观动机。例如，某些律师通过自媒体炒作自己代理的案件，目的也并非利用舆论影响司法机关办案，很难将其行为认定为损害审理公正的行为。但是，此类以牺牲当事人合法利益而谋取个人利益的庭外言论很难说是正当的。因此，律师庭外言论的边界，除应具备客观的实质损害标准外，还应当具有衡量律师主观心理之标准，下文将对此重点探讨。

二、以道德性作为律师言论规制的价值内核

我国当代律师法律职业伦理正面临着困境。《律师法》等法律法规确定了律师维护当事人合法权益、维护法律的正确实施、维护社会的公平正义三大责任。[1]但在实践中，基于辩护律师角色伦理的立场与商业主义的驱动，辩护律师更倾向于当事人的利益至上，选择性地忽略或无视社会大众的道德评价。因此，刑辩律师也越来越被社会大众打上“替坏人说话”

---

〔1〕 参见2017年《律师法》第2条第2款规定：“律师应当维护当事人合法权益，维护法律正确实施，维护社会公平和正义。”

"明目张胆地维护不公正现象"的标签。在这种职业伦理困境中，有学者提出律师职业伦理越来越呈现"非道德性"。所谓职业伦理的"非道德性"，是指职业伦理逐渐脱离大众道德评价和个体道德体验的轨道，变得与道德的差距越来越大，甚至成为与大众道德体验毫无关联的执业行为规范。[1]按照鲁邦的说法，职业伦理的非道德化，导致律师"一心想着维护委托人的利益，毫不关心正义的实现"。而确立法律职业行为规范的意义正是在于，将含糊的、不确定的责任，缩小为一张有限义务或者责任清单，免除了法律人"非道德性"的忧虑。换句话说，职业行为的规范，免除了司法人员面对职业伦理困境时所产生的焦虑、彷徨，罪过从选择中即被排除了。价值权衡与道德衡量体现在了规范制定的过程中，而非执业过程之中，从而减轻甚至消除了非道德的困境。

然而，在律师法律职业伦理领域，尤其是庭外言论领域，此种执业困境仍然存在。关于律师庭外言论的执业行为规范过于原则，律师在履行法律职责时仍然要面对与克服道德性的困境。更重要的是，法律职业伦理的"非道德性"困境，是以律师究竟是以当事人利益为中心还是以社会大众与司法公正利益为中心而提出的，其价值预设是两者呈截然对立的状态，即律师以当事人利益为中心与社会大众的道德取向完全背离。但是，将法律职业伦理具象到刑事诉讼场域，律师行为是否具有道德性应当个案权衡。具体而言，当律师所实施的执业行为包括其庭外言论是为了维护当事人的合法权益时，其执业行为即具有了"道德性"，如揭露侦查人员对被追诉人刑讯逼供，要求排除非法证据。此时，律师保障当事人合法利益的行为与维护司法公正的要求目标是一致的，其行为即具有了"道德性"。律师为十恶不赦的"坏人"辩护在职业伦理上确实面临困境，但是在诉讼程序中，律师与公权力的傲慢与滥用进行对抗，维护当事人合法权益不受非法侵害，难道此类律师的行为不具有"道德性"吗？显而易见，律师与

[1] 参见李学尧：《非道德性：现代法律职业伦理的困境》，载《中国法学》2010年第1期，第31页。

当事人之间的关系，不应当简单地套用世俗的善恶观念进行界定。刑事被追诉人可能确实犯有严重罪行，但作为其辩护人，律师在刑事诉讼过程中勤勉地为其谋取合法利益，尤其是抵御公权力的不法侵害，符合“道德性”之要求。

因此，笔者主张以“道德性”作为评断律师庭外言论的价值标准，即律师为了维护当事人的合法权益，所采取的执业行为不应脱离大众道德评价和个体道德体验的轨道。律师执业行为应当为当事人谋取合法利益，不能为了非法利益，也不能为了当事人以外的其他人的利益。律师庭外言论的“道德性”，要求律师通过自媒体发布的庭外言论必须从当事人利益出发，或者对损害当事人合法利益的行为进行揭露，或者促使案件的公正处理。而“非道德性”的庭外言论将受到禁止，律师可能招致惩戒。律师执业行为的“道德性”价值内核是对律师主观内在的一种道德要求，也是律师庭外言论的内在边界，同时可以成为判定律师庭外言论是否正当的价值标准。前文已述，实质损害标准以结果为导向，强调对律师客观行为的审查，而“道德性”的价值标准则是对律师主观意志的考察，强调律师行为“善”的因素。这种“善”基于律师职业伦理角色定位，是对律师执业行为较高的道德要求，律师出于“善”发布的庭外言论，在维护当事人合法权益与司法公正的实现目标上是一致的。

在评断律师通过自媒体发布的庭外言论是否正当时，应当综合该言论内容是否实质损害司法公正与律师的道德性进行考量。应当明确，维护当事人合法权益与司法公正目标的实现往往是一致的，律师发布庭外言论以维护当事人合法权益为目的时，其最终结果也必然是维护司法的公正（包括实体公正与程序公正）。若律师发布庭外言论的目的在于追求非法利益，主观上即具有“非道德性”，即使不存在损害司法公正的实质危险，其言论也不应当认定为正当的。

三、禁止性与肯定性庭外言论的明确界定

目前规范律师庭外言论的法律法规，主要是《律师法》第49条、《律

师和律师事务所违法行为处罚办法》第 14 条，《律师执业管理办法》第 38 条，《律师执业行为规范》第 14 条、第 74 条等规定。总体来看，这些规定较为原则，并没有对庭外言论的边界作出具体规定。如《律师法》第 49 条第 1 项规定，违反规定会见法官、检察官、仲裁员以及其他有关工作人员，或者以其他不正当方式影响依法办理案件的。《律师执业管理办法》第 38 条规定："……（二）对本人或者其他律师正在办理的案件进行歪曲、有误导性的宣传和评论，恶意炒作案件；……（四）违反规定披露、散布不公开审理案件的信息、材料，或者本人、其他律师在办案过程中获悉的有关案件重要信息、证据材料；……"这些规定均属于禁止性规定，如果律师触犯，则会招致相应的处分。然而，根据这些法律规定，立法者所要禁止的庭外言论仍然没有明确清晰的判定标准。例如，何谓不正当的方式？何谓歪曲、有误导性的宣判和评论？怎么界定恶意炒作与正常宣传？违反规定披露、散布案件信息或证据材料是指违反的哪些规定？正当性庭外言论与禁止性庭外言论之间缺乏明确的界分。这些规定要么笼统地强调律师应当"维护委托人的合法权益"，要么武断地要求律师"以事实为根据""维护国家法律的正确实施""维护社会公平正义"，而没有为律师确立一些可操作的行为准则。[1]

举例而言，某律师将从公安机关提供的审讯视频中截取的三幅图片披露在其微博上，以控诉办案机关在讯问过程存在刑讯逼供行为。北京市朝阳区司法局基于此对该律师作出了停止执业一年的行政处罚。[2]根据北京市朝阳区司法局作出的《行政处罚决定书》，该律师在微博披露案件信息的行为违反了《律师执业管理办法》第 38 条第 4 项的规定，属于以不正当方式影响依法办理案件的行为。问题在于，该律师通过其微博披露办案机关刑讯逼供图片的行为，是否应当属于法律规定禁止的行为呢？《律师

---

〔1〕 参见陈瑞华：《辩护律师职业伦理的模式转型》，载《华东政法大学学报》2020 年第 3 期，第 7 页。

〔2〕 参见陆火：《著名刑事律师周泽被停业一年》，载 http://www.defenselawyer.cn/Article/lawnews/23707.html，最后访问日期：2023 年 8 月 1 日。

执业管理办法》第38条第4项规定，“违反规定披露、散布……本人、其他律师在办案过程中获悉的有关案件重要信息、证据材料”。显然，法律规定并非绝对禁止律师披露任何与案件相关的信息。律师通过自媒体发布的公民可以任意获取的信息，如在裁判文书网、庭审公开网等获取的裁判文书或者庭审视频、片段等，或者讨论已经审结的案件，发表与案件有关的学术观点等，均属于正当性的律师庭外言论。此外，在决定律师庭外言论是否为法律所禁止时，法条表述的字面意思具有很大的解释空间，必须确立衡量与评判的基本原则与价值因素。[1]否则，律师的任何庭外言论都有可能被认定为“以不正当方式影响依法办理案件”，继而“因言获罪”。

律师庭外言论的具体规范应当采取概括规定加一般列举的形式。笔者建议，可以考虑将现有典型的律师不当言论加以列举，而对于未加以列举的律师言论，如果确有干扰司法公正之嫌，可以通过概括性条款加以规范。当然，在适用概括性规定时，应本着从严解释的原则，以免规制范围过宽。

在概括性规定中，应当明确道德性与实质损害两个判定标准，并在一般性列举中设置“禁止区”与“安全区”。在“禁止区”中明确禁止比较常见且典型的不正当律师庭外言论，在“安全区”中罗列应当明确受到保护的律师庭外言论。在两者之外没有明确规定的庭外言论，则根据概括性规定中的两个判定标准进行综合判定、考量。

“禁止区”是律师庭外言论的禁止性内容，主要包含禁止虚假、歪曲、误导性及诱导性言论。经考察世界各主要国家对律师庭外言论的限制，除了遵守职业伦理规范之外，都明确要求言论内容的真实性。西班牙和意大利是通过明文规则禁止虚假、歪曲、误导性言论。英国、美国、加拿大则

〔1〕 例如，该律师处罚听证的委托代理人何海波教授在其代理意见中指出，对该律师“拟作处罚的主要依据是《律师法》第49条第1项的规定，即‘违反规定会见法官、检察官、仲裁员以及其他有关工作人员，或者以其他不正当方式影响依法办理案件的；’这里，到底什么是‘以其他不正当方式影响依法办理案件’?”，参见何海波：《律师庭外言论的法律边界——为周泽申辩》，载 https://new.qq.com/omn/20210112/20210112A03Y5500.html，最后访问日期：2023年8月1日。

通过指引性说明、规则评注、职业伦理规范的方式禁止虚假、歪曲等言论。[1]因此，应当在我国关于律师庭外言论的法律规定中明确，律师或诉讼代理人不得发表具有煽动性、仇恨性、诽谤性或者误导性、虚假性、猜测性等任何可能被合理地认为损害司法公正的言论，律师也不得支持、帮助或诱导他人发布上述言论。

"安全区"是指律师正当庭外言论的范围。为了保障律师的辩护权与言论自由，应当明确辩护律师庭外言论不受责任追究的正当范围。"安全区"可以包括三类：(1) 公开性事实。如政府公开性信息、案件事实、诉求、辩护策略，等等。(2) 评论性内容。评论性内容是带有价值判断的意见性内容，在司法实践中主要表现为律师发表对案件有关的司法工作人员、司法程序、司法制度的评论。由于此类律师评论性的庭外言论具有较强的煽动性，容易形成舆情，甚至导致"舆论审判"，笔者认为律师庭外言论适用"安全区"条款必须符合一定条件：一是评论性言论必须具有道德性，即出于维护当事人的合法权益而非非法利益，符合社会大众一般的道德要求；二是评论性言论中所涉及的案件事实必须客观真实，不能虚构或者篡改，否则很容易形成误导性的庭外舆情；三是律师在庭外发布具有控告、申诉性质的庭外言论，应当是在穷尽法律规定的控告、申诉途径之后，控告、申诉请求没有得到有效的回应且当事人的合法权益没有得到有效的保障的情况下。(3) 回应性内容。回应性言论是指在他人作出了可能影响案件依法办理的行为的情况下，律师可以进行为纠正视听所合理必需的宣传。他人可以包括新闻媒体，侦办本案的侦查、检察人员，对方当事人和律师等。[2]律师发布回应性的庭外言论也应当有一定限度，内容应当具有针对性，不得超过对应事项的范围，但并不限于事实性或评价性内容。

---

〔1〕 参见易延友、马勤：《律师庭外辩护言论的自由与边界》，载《苏州大学学报（法学版）》2021 年第 2 期，第 29-32 页。

〔2〕 参见王进喜：《律师言论的界限》，载《中国律师》2013 年第 11 期，第 54 页。

实践中，律师庭外言论内容多种多样，发布庭外言论的目的也各异，法律无法事先穷尽正当与非正当言论之范围。正因如此，《律师法》第49条通过“以其他不正当方式影响依法办理案件”此类概括性规定予以兜底。此种立法逻辑没有问题，但对于何谓“不正当方式”必须确立明确的评判标准，否则裁判者易受各种因素影响而有失客观，这也正是本章提倡确立律师庭外言论主客观判定标准目的之所在。

在自媒体时代，以沉默是金苛求律师在庭外保持缄默，不仅不符合时代发展的潮流，也不利于言论自由的保障与司法公正的维护。然而，目前我国律师行业受到市场化与商业主义的驱动，在自媒体领域的律师庭外言论存在失范现象。这种失范现象实质源于当代律师面临的法律职业伦理困境，而律师执业行为规范的不完善则加剧了这种困境。针对律师庭外言论，本章首先总结归纳了审理公正模式与司法秩序模式两种规制模式，继而提出应当改革我国律师庭外言论的规制逻辑，实现由行政管控向审理公正的模式转型。具体而言，本章提出以道德性与实质损害双重判定标准来廓清其边界，前者强调律师庭外言论必须以维护当事人的合法利益为目的，符合社会大众的道德评价与个体的道德体验，是对律师的主观要求，后者则是以维护审理公正为价值取向，考量律师庭外言论是否对审理公正造成损害，是对律师庭外言论的客观评价。此外，还应当明确律师庭外言论的“禁止区”与“安全区”，为律师发表庭外言论提供清晰明确的规范指引。处于法律明确禁止或许可之外的律师庭外言论，应当综合权衡上述两个标准，在此基础上决定是否动用公权力对律师进行惩戒。江平先生曾经说过，“律师兴，则法治兴”。[1]律师能够根据辩护权利发表正当合法的辩护言论，在法律范围内最大限度地保障当事人的合法权益，是建设法治国家与法治社会的关键所在。

---

〔1〕 参见江平：《律师兴则法治兴，法治兴则国家兴》，载 https://china.caixin.com/2014-12-24/100767277.html，最后访问日期：2023年6月2日。

参考文献

一、中文著作

[1] 梁治平编:《国家、市场、社会:当代中国的法律与发展》,中国政法大学出版社2006年版。

[2] 陈瑞华:《刑事诉讼的前沿问题》(上册),中国人民大学出版社2016年版。

[3] 顾永忠主编:《刑事法律援助的中国实践与国际视野》,北京大学出版社2013年版。

[4] 何家弘:《亡者归来——刑事司法十大误区》,北京大学出版社2014年版。

[5] 郭烁主编:《刑事诉讼法案例进阶》,法律出版社2023年版。

[6] 陈瑞华:《程序正义理论》,商务印书馆2022年版。

[7]《刑事诉讼法学》编写组编:《刑事诉讼法学》,高等教育出版社2019年版。

[8] 陈光中主编:《刑事诉讼法学》,北京大学出版社2021年版。

[9] 蔡墩铭:《刑事诉讼法论》,五南图书出版公司1993年版。

[10] 陈瑞华:《刑事程序的法理》(上卷),商务印书馆2021年版。

[11] 林钰雄:《刑事诉讼法》(上册总论编),中国人民大学出版社2005年版。

[12] 邵建东主编:《德国司法制度》,厦门大学出版社2010年版。

[13] 汪海燕:《刑事诉讼模式的演进》,中国人民公安大学出版社2004年版。

[14] 林钰雄:《干预处分与刑事证据》,北京大学出版社2010年版。

[15] 陈瑞华:《刑事辩护的艺术》,北京大学出版社2018年版。

[16] 陈瑞华:《刑事辩护的理念》,北京大学出版社2016年版

[17] 熊秉元:《正义的成本》,东方出版社2015年版。

[18] 孙谦、卞建林、陈卫东主编:《世界各国刑事诉讼法·欧洲卷(上)》,中国检

察出版社 2016 年版。

[19] 孙谦、卞建林、陈卫东主编：《世界各国刑事诉讼法 · 亚洲卷》，中国检察出版社 2016 年版。

[20] 顾永忠：《刑事辩护：国际标准与中国实践》，北京大学出版社 2013 年版。

[21] 谢新洲等：《互联网等新媒体对社会舆论影响与利用研究》，经济科学出版社 2013 年版。

[22] 刘思达：《割据的逻辑：中国法律服务市场的生态分析》，上海三联书店 2011 年版。

[23] 刘思达：《失落的城邦：当代中国法律职业变迁》，北京大学出版社 2008 年版。

二、中文论文

[1] 程金华、李学尧：《法律变迁的结构性制约：国家、市场与社会互动中的中国律师职业》，载《中国社会科学》2012 年第 7 期。

[2] 陈瑞华：《论侦查中心主义》，载《政法论坛》2017 年第 2 期。

[3] 顾永忠：《以审判为中心背景下的刑事辩护突出问题研究》，载《中国法学》2016 年第 2 期。

[4] 魏晓娜：《完善认罪认罚从宽制度：中国语境下的关键词展开》，载《法学研究》2016 年第 4 期。

[5] 龙宗智：《完善认罪认罚从宽制度的关键是控辩平衡》，载《环球法律评论》2020 年第 2 期。

[6] 谭世贵：《论刑事诉讼中国模式及其转型》，载《法制与社会发展》2016 年第 3 期。

[7] 卢建平：《轻罪时代的犯罪治理方略》，载《政治与法律》2022 年第 1 期。

[8] 卢建平：《犯罪统计与犯罪治理的优化》，载《中国社会科学》2021 年第 10 期。

[9] 马静华：《指定辩护律师作用之实证研究——以委托辩护为参照》，载《现代法学》2010 年第 6 期。

[10] 顾永忠、陈效：《中国刑事法律援助制度发展研究报告（上）》，载《中国司法》2013 年第 1 期。

[11] 顾永忠、陈效：《中国刑事法律援助制度发展研究报告（1949-2011）》，载顾永

忠主编:《刑事法律援助的中国实践与国际视野　刑事法律援助国际研讨会论文集》, 北京大学出版社 2013 年版。

[12] 胡铭、王廷婷:《法律援助的中国模式及其改革》, 载《浙江大学学报 (人文社会科学版)》2017 年第 2 期。

[13] 熊秋红:《刑事辩护的规范体系及其运行环境》, 载《政法论坛》2012 年第 5 期。

[14] 陈瑞华:《刑事辩护制度四十年来的回顾与展望》, 载《政法论坛》2019 年第 6 期。

[15] 姚莉:《认罪认罚程序中值班律师的角色与功能》, 载《法商研究》2017 年第 6 期。

[16] 熊秋红:《有效辩护、无效辩护的国际标准和本土化思考》, 载《中国刑事法杂志》2014 年第 6 期。

[17] 陈瑞华:《刑事诉讼中的有效辩护问题》, 载《苏州大学学报 (哲学社会科学版)》2014 年第 5 期。

[18] 樊崇义:《"以审判为中心"的概念、目标和实现路径》, 载《人民法院报》2015 年 1 月 14 日第 5 版。

[19] 陈卫东:《以审判为中心: 解读、实现与展望》, 载《当代法学》2016 年第 4 期。

[20] 魏晓娜:《以审判为中心的刑事诉讼制度改革》, 载《法学研究》2015 年第 4 期。

[21] 陈国庆、周颖:《"以审判为中心"与检察工作》, 载胡卫列、韩大元主编:《以审判为中心的诉讼制度改革与检察工作发展——第十一届国家高级检察官论坛论文集》, 中国检察出版社 2015 年版, 第 3-27 页。

[22] 樊传明:《审判中心论的话语体系分歧及其解决》, 载《法学研究》2017 年第 5 期。

[23] 汪海燕:《论刑事庭审实质化》, 载《中国社会科学》2015 年第 2 期。

[24] 王迎龙:《认罪认罚案件坚持律师独立辩护、法律恪守实质审查》, 载郭烁主编:《刑事诉讼法案例进阶》, 法律出版社 2023 年版。

[25] 陈瑞华:《刑事诉讼的公力合作模式——量刑协商制度在中国的兴起》, 载《法学论坛》2019 年第 4 期。

[26] 樊崇义:《认罪认罚从宽协商程序的独立地位与制度保障机制》, 载《国家检察官学院学报》2018 年第 1 期。

[27] 杨立新:《认罪认罚从宽制度理解与适用》, 载《国家检察官学院学报》, 2019 年

第 1 期。
[28] 万毅：《认罪认罚从宽程序解释和适用中的若干问题》，载《中国刑事法杂志》2019 年第 3 期。
[29] 左卫民：《认罪认罚何以从宽：误区与正解——反思效率优先的改革主张》，载《法学研究》2017 年第 3 期。
[30] 陈卫东：《认罪认罚从宽制度的理论问题再探讨》，载《环球法律评论》2020 年第 2 期。
[31] 陈瑞华：《企业合规不起诉制度研究》，载《中国刑事法杂志》2021 年第 1 期。
[32] 张先明：《切实规范刑事诉讼涉案财物处置工作——中央司改办负责人就〈关于进一步规范刑事诉讼涉案财物处置工作的意见〉答记者问》，载《人民法院报》2015 年 3 月 5 日第 4 版。
[33] 陈瑞华：《刑事对物之诉的初步研究》，载《中国法学》2019 年第 1 期。
[34] 熊选国：《提高站位　深化认识　进一步推动刑事案件律师辩护全覆盖向纵深发展》，载《中国司法》2022 年第 12 期。
[35] 陈瑞华：《有效辩护问题的再思考》，载《当代法学》2017 年第 6 期。
[36] 汪海燕：《三重悖离：认罪认罚从宽程序中值班律师制度的困境》，载《法学杂志》2019 年第 12 期。
[37] 马明亮：《论值班律师的勤勉尽责义务》，载《华东政法大学学报》2020 年第 3 期。
[38] 左卫民：《有效辩护还是有效果辩护?》，载《法学评论》2019 年第 1 期。
[39] 吴雨豪：《指定辩护范围扩张之实效性考察——基于试点城市抢劫罪的实证研究》，载《法学家》2023 年第 1 期。
[40] 董坤：《〈刑事诉讼法〉第一条评注》，载《求是学刊》2023 年第 5 期。
[41] 陈永生：《我国刑事误判问题透视——以 20 起震惊全国的刑事冤案为样本的分析》，载《中国法学》2007 年第 3 期，第 54 页。
[42] 刘译矾：《辩护律师忠诚义务的三种模式》，载《当代法学》2021 年第 3 期。
[43] 蔡元培：《当事人中心主义与法庭中心主义的调和：论我国辩护律师职业伦理》，载《法制与社会发展》2020 年第 4 期。
[44] 樊崇义：《证明标准：相对实体真实——〈刑事诉讼法〉第 53 条的理解和适用》，载《国家检察官学院学报》2013 年第 5 期。

［45］夏红：《实体真实与人权保障》，载《国家检察官学院学报》2013 年 5 期。

［46］陈瑞华：《程序价值理论的四个模式》，载《中外法学》1996 年第 2 期。

［47］熊秋红：《刑事辩护制度之诉讼价值分析》，载《法学研究》1997 年第 6 期。

［48］陈瑞华：《论程序正义的自主性价值——程序正义对裁判结果的塑造作用》，载《江淮论坛》2022 年第 1 期。

［49］张文显、孙妍：《中国特色社会主义司法理论体系初论》，载《法制与社会发展》2012 年第 6 期。

［50］习近平：《坚定不移走中国特色社会主义法治道路 为全面建设社会主义现代化国家提供有力法治保障》，载《求是》2021 年第 5 期。

［51］顾永忠：《刑事辩护制度改革实证研究》，载《中国刑事法杂志》2019 年第 5 期。

［52］王迎龙：《值班律师制度的结构性分析——以“有权获得法律帮助”为理论线索》，载《内蒙古社会科学（汉文版）》2020 年第 5 期。

［53］刘仁琦：《回顾、问题与展望：我国刑事法律援助制度发展四十年》，载《人权研究（辑刊）》2020 年第 1 期。

［54］王迎龙：《论刑事法律援助的中国模式——刑事辩护“全覆盖”之实现径路》，载《中国刑事法杂志》2018 年第 2 期。

［55］何荣功：《我国轻罪立法的体系思考》，载《中外法学》2018 年第 5 期。

［56］周光权：《论刑事一体化视角的危险驾驶罪》，载《政治与法律》2022 年第 1 期。

［57］熊秋红：《审判中心视野下的律师有效辩护》，载《当代法学》2017 年第 6 期。

［58］王迎龙：《值班律师制度研究：实然分析与应然发展》，载《法学杂志》2018 年第 7 期。

［59］熊秋红：《新中国律师制度的发展历程及展望》，载《中国法学》1999 年第 5 期。

［60］李学尧：《非道德性：现代法律职业伦理的困境》，载《中国法学》2010 年第 1 期。

［61］刘坤轮：《法律职业伦理教育必要性之比较研究——以美国、澳大利亚、加拿大和韩国为比较》，载《中国法学教育研究》2014 年第 4 期。

［62］郑永流：《知行合一　经世致用——德国法学教育再述》，载《比较法研究》2007 年第 1 期。

［63］陈瑞华：《辩护律师职业伦理的模式转型》，载《华东政法大学学报》2020 年第 3 期。

[64] 季卫东:《律师的重新定位与职业伦理》，载《中国律师》2008 年第 1 期，第 20 页。

[65] 苗生明:《新时代检察权的定位、特征与发展趋向》，载《中国法学》2019 年第 6 期。

[66] 赵恒:《论检察机关的刑事诉讼主导地位》，载《政治与法律》2020 年第 1 期。

[67] 曹东:《论检察机关在认罪认罚从宽制度中的主导作用》，载《中国刑事法杂志》2019 年第 3 期。

[68] 陈卫东:《刑诉中检察官主导地位：形成、发展与未来　评〈美国和欧洲的检察官〉》，载《检察日报》2019 年 8 月 21 日第 3 版。

[69] 张建伟:《审判中心主义的实质内涵与实现途径》，载《中外法学》2015 年第 4 期。

[70] 李奋飞:《论“交涉性辩护”——以认罪认罚从宽作为切入镜像》，载《法学论坛》2019 年第 4 期。

[71] 陈瑞华:《司法过程中的对抗与合作——一种新的刑事诉讼模式理论》，载《法学研究》2007 年第 3 期。

[72] 向燕:《我国认罪认罚从宽制度的两难困境及其破解》，载《法制与社会发展》2018 年第 4 期。

[73] 杜磊:《认罪认罚从宽制度适用中的职权性逻辑和协商性逻辑》，载《中国法学》2020 年第 4 期。

[74] 蒋安杰:《认罪认罚从宽制度若干争议问题解析（下）——专访最高人民检察院副检察长陈国庆》，载《法治日报》2020 年 5 月 13 日第 9 版。

[75] 李奋飞:《论“确认式庭审”——以认罪认罚从宽制度的入法为契机》，载《国家检察官学院学报》2020 年第 3 期。

[76] 汪海燕:《认罪认罚从宽制度中的检察机关主导责任》，载《中国刑事法杂志》2019 年第 6 期。

[77] 张建伟:《认罪认罚从宽处理：中国式辩诉交易?》，载《探索与争鸣》2017 年第 1 期。

[78] 郭松:《被追诉人的权利处分：基础规范与制度构建》，载《法学研究》2019 年第 1 期。

[79] 闫召华:《听取意见式司法的理性建构——以认罪认罚从宽制度为中心》，载

《法制与社会发展》2019 年第 4 期。
[80] 陈国庆:《刑事诉讼法修改与刑事检察工作的新发展》，载《国家检察官学院学报》2019 年第 1 期。
[81] 曾亚:《认罪认罚从宽制度中的控辩平衡问题研究》，载《中国刑事法杂志》2018 年第 3 期。
[82] 魏晓娜:《结构视角下的认罪认罚从宽制度》，载《法学家》2019 年第 2 期。
[83] 郭烁:《认罪认罚从宽背景下屈从型自愿的防范——以确立供述失权规则为例》，载《法商研究》2020 年第 4 期。
[84] 闵春雷:《认罪认罚案件中的有效辩护》，载《当代法学》2017 年第 4 期。
[85] 李辞:《认罪认罚从宽制度下的辩护形态》，载《理论月刊》2021 年第 10 期。
[86] 郭烁:《控辩主导下的“一般应当”：量刑建议的效力转型 》，载《国家检察官学院学报》2020 年第 3 期。
[87] 尹晓红:《获得辩护权是被追诉人的基本权利——对〈宪法〉第 125 条“获得辩护”规定的法解释》，载《法学》2012 年第 3 期。
[88] 贾志强:《回归法律规范：刑事值班律师制度适用问题再反思》，载《法学研究》2022 年第 1 期。
[89] 刘仁琦:《我国刑事法律援助案件质量评估体系研究》，载《中国刑事法杂志》2020 年第 3 期。
[90] 郑曦:《法院信息化与公民刑事诉讼权利的冲突与协调》，载《暨南学报（哲学社会科学版）》2020 年第 7 期。
[91] 顾永忠、杨剑炜:《我国刑事法律援助的实施现状与对策建议——基于 2013 年〈刑事诉讼法〉施行以来的考察与思考》，载《法学杂志》2015 年第 4 期。
[92] 顾永忠:《法律援助机构的设立、职能及人员构成之立法讨论》，载《江西社会科学》2021 年第 6 期。
[93] 左卫民:《中国应当构建什么样的刑事法律援助制度》，载《中国法学》2013 年第 1 期。
[94] 刘方权:《刑事法律援助实证研究》，载《国家检察官学院学报》2016 年第 1 期。
[95] 陈光中:《如何理顺刑事司法中的法检公关系》，载《环球法律评论》2014 年第 1 期。
[96] 陈卫东:《认罪认罚从宽制度研究》，载《中国法学》2016 年第 2 期。

[97] 陈光中、葛琳:《刑事和解初探》，载《中国法学》2006年第5期。
[98] 陈永生:《刑事法律援助的中国问题与域外经验》，载《比较法研究》2014年第1期。
[99] 甘权仕:《法律援助律师值班制度调研报告——以厦门市法律援助中心为蓝本》，载《中国司法》2015年第11期。
[100] 顾永忠:《刑事诉讼律师辩护全覆盖的挑战及实现路径初探》，载《中国司法》2017第7期。
[101] 王军益:《美国法律援助制度简况及启示》，载《中国司法》2011年第2期。
[102] 朱昆、郭婕:《论加拿大犯罪嫌疑人的律师帮助权》，载《中国刑事法杂志》2012年第10期。
[103] 罗海敏:《论律师帮助被追诉人之弱势处境及改善——以刑事法律援助制度的完善为视角》，载《政法论坛》2014年第6期。
[104] 黄斌、李辉东:《英国法律援助制度改革及其借鉴意义——以〈1999年接近正义法〉为中心》，载《诉讼法论丛》2005年第10卷。
[105] 吴宏耀、郭勇:《完善我国刑事法律援助制度的思考》，载《中国司法》2016年第2期。
[106] 郭婕:《法律援助值班律师制度比较研究》，载《中国司法》2008年第2期。
[107] 汪海燕:《贫穷者如何获得正义——论我国公设辩护人制度的构建》，载《中国刑事法杂志》2008年第3期。
[108] 谢澍:《刑事法律援助之社会向度——从"政府主导"转向"政府扶持"》，载《环球法律评论》2016年第2期。
[109] 王正航等:《法律援助政府购买服务机制研究》，载《中国司法》2016年第5期。
[110] 司法部法律援助中心:《法律援助案件质量评估试点工作报告》，载《中国司法》2015年第5期。
[111] 顾永忠、李逍遥:《论我国值班律师的应然定位》，载《湖南科技大学学报（社会科学版）》2017年第4期。
[112] 谭世贵、赖建平:《"刑事诉讼制度改革背景下值班律师制度的构建"研讨会综述》，载《中国司法》2017年第6期。
[113] 白斌:《论法教义学：源流、特征及其功能》，载《环球法律评论》2010年第

3 期。

[114] 易延友:《非法证据排除规则的立法表述与意义空间——〈刑事诉讼法〉第 54 条第 1 款的法教义学分析》，载《当代法学》2017 年第 1 期。

[115] 陈瑞华:《程序性辩护的理论反思》，载《法学家》2017 年第 1 期。

[116] 强世功:《文本、结构与立法原意——“人大释法”的法律技艺”》，载《中国社会科学》2007 年第 5 期。

[117] 陈光中、肖沛权、王迎龙:《我国刑事审判制度改革若干问题之探讨——以〈刑事诉讼法〉再修改为视角》，载《法学杂志》2011 年第 9 期。

[118] 顾永忠:《我国刑事辩护制度的重要发展、进步与实施——以新〈刑事诉讼法〉为背景的考察分析》，载《法学杂志》2012 年第 6 期。

[119] 刘翀:《论目的主义的制定法解释方法：以美国法律过程学派的目的主义版本为中心的分析》，载《法律科学（西北政法大学学报）》2013 年第 2 期。

[120] 顾永忠、肖沛权:《“完善认罪认罚从宽制度”的亲历观察与思考、建议——基于福清市等地刑事速裁程序中认罪认罚从宽制度的调研》，载《法治研究》2017 年第 1 期。

[121] 陈瑞华:《认罪认罚从宽制度的若干争议问题》，载《中国法学》2017 年第 1 期。

[122] 王淑华、张艳红:《探索建立中国法律援助值班律师制度》，载《中国司法》2009 年第 5 期。

[123] 李洪杰:《认罪自愿性的实证考察》，载《国家检察官学院学报》2017 年第 6 期。

[124] 贾志强:《论“认罪认罚案件”中的有效辩护——以诉讼合意为视角》，载《政法论坛》2018 年第 2 期。

[125] 许世兰、陈思:《认罪认罚从宽制度的基层实践及思考》，载胡卫列、董桂文、韩大元主编:《认罪认罚从宽制度的理论与实践——第十三届国家高级检察官论坛论文集》，中国检察出版社 2017 年版。

[126] 胡铭:《认罪协商程序：模式、问题与底线》，载《法学》2017 年第 1 期。

[127] 史立梅:《美国有罪答辩的事实基础制度对我国的启示》，载《国家检察官学院学报》2017 年第 1 期。

[128] 韩旭:《辩护律师在认罪认罚从宽制度中的有效参与》，载《南都学坛（人文社

会科学学报）》2016 年第 6 期。
[129] 孔冠颖：《认罪认罚自愿性判断标准及其保障》，载《国家检察官学院学报》2017 年第 1 期。
[130] 顾永忠：《追根溯源：再论值班律师的应然地位》，载《法学杂志》2018 年第 9 期。
[131] 张泽涛：《值班律师制度的源流、现状及其分歧澄清》，载《法学评论》2018 年第 3 期。
[132] 吴宏耀：《我国值班律师制度的法律定位及其制度构建》，载《法学杂志》2018 年第 9 期。
[133] 熊秋红：《比较法视野下的认罪认罚从宽制度——兼论刑事诉讼“第四范式”》，载《比较法研究》2019 年第 5 期。
[134] 朱腾飞：《司法部负责人就开展法律援助值班律师工作答记者问》，载《中国司法》2017 年第 10 期。
[135] 詹建红：《刑事案件律师辩护何以全覆盖——以值班律师角色定位为中心的思考》，载《法学论坛》2019 年第 4 期。
[136] 韩旭：《认罪认罚从宽案件中有效法律帮助问题研究》，载《法学杂志》2021 年第 3 期。
[137] 陈磊：《“激情”代理人张显》，载《南方人物周刊》2011 年第 20 期。
[138] 陈实：《论刑事司法中律师庭外言论的规制》，载《中国法学》2014 年第 1 期。
[139] 高一飞、潘基俊：《论律师媒体宣传的规则》，载《政法学刊》2010 年第 2 期。
[140] 陈实：《论刑事司法中律师庭外言论的规制》，载《中国法学》2014 年第 1 期。
[141] 郭志媛、焦语晨：《对律师职业道德弱化的规范与反思——以律师惩戒为视角》，载《中国司法》2015 年第 1 期。
[142] 朱德堂：《新时代律师惩戒体系与行业惩戒的完善》，载《中国司法》2018 年第 7 期。
[143] 周灵方：《法的价值冲突与选择——兼论法的正义价值之优先性》，载《伦理学研究》2011 年第 6 期。
[144] 易延友、马勤：《律师庭外辩护言论的自由与边界》，载《苏州大学学报（法学版）》2021 年第 2 期。
[145] 王进喜：《律师言论的界限》，载《中国律师》2013 年第 11 期。

三、外国著作

[1]［英］杰拉尔德·汉隆:《律师、国家与市场：职业主义再探》，程朝阳译，北京大学出版社 2009 年版。

[2]［美］P. 诺内特、P. 塞尔兹尼克:《转变中的法律与社会：迈向回应型法》，张志铭译，中国政法大学出版社 2004 年版。

[3]［美］E. 博登海默:《法理学：法律哲学与法律方法》，邓正来译，中国政法大学出版社 1999 年版。

[4]［古希腊］柏拉图:《理想国》，郭斌和、张竹明译，商务印书馆 1986 年版。

[5]［美］约翰·罗尔斯:《正义论》，何怀宏、何包钢、廖申白译，中国社会科学出版社 1988 年版。

[6]［美］米尔伊安·R. 达玛什卡:《司法和国家权力的多种面孔》，郑戈译，中国政法大学出版社 2015 年版。

[7]［美］艾伦·德肖维茨:《最好的辩护》，唐交东译，法律出版社 2014 年版。

[8]［法］勒内·达维德:《当代主要法律体系》，漆竹生译，上海译文出版社 1982 年版。

[9]［美］艾伦·林德、汤姆·泰勒:《程序正义的社会心理学》，冯健鹏译，法律出版社 2017 年版。

[10]［日］谷口安平:《程序的正义与诉讼》，王亚新、刘荣军译，中国政法大学出版社 1992 年版。

[11]［日］佐藤博史:《刑事辩护的技术与伦理——刑事辩护的心境、技巧和体魄》，于秀峰、张凌译，法律出版社 2012 年版。

[12]［德］托马斯·魏根特:《德国刑事诉讼程序》，岳礼玲、温小洁译，中国政法大学出版社 2004 年版。

[13]［德］克劳思·罗科信:《刑事诉讼法》，吴丽琪译，法律出版社 2003 年版。

[14]［美］迪特里希·鲁施迈耶:《律师与社会：美德两国法律职业比较研究》，于霄译，上海三联书店 2014 年版。

[15]［美］德沃金:《法律帝国》，李常青译，中国大百科全书出版社 1996 年版。

[16]［日］西原春夫主编:《日本刑事法的形成与特色》，李海东等译，法律出版社、

成文堂 1997 年版。
[17] [日] 田口守一：《刑事诉讼法》，刘迪、张凌、穆津译，法律出版社 2000 年版。
[18] [英] 边沁：《政府论》，北京大学出版社 1983 年版。
[19]《德国刑事诉讼法》，岳礼玲、林静译，中国检察出版社 2016 年版。
[20] [日] 田口守一：《刑事诉讼法》，张凌、于秀峰译，法律出版社 2019 年版。

四、外国文献

[1] Herbert L. Packer, "Two Models of the Criminal Process", *113 University of Pennsylvania Law Review*, 1 (1964).

[2] John Griffith, "Ideology in Criminal Procedure or a Third 'Model' of the Criminal Process", *79 Yale Law Journal*, 359 (1970).

[3] Abraham S. Goldstein, "Reflection on Two Models: Inquisitorial Themes in American Criminal Procedure", *26 Stanford Law Review*, 1009 (1974).

[4] John Thibaut and Laurens Walker, *Procedural Justice: A Psychological Analysis*, Hillsdale, Lawrence Erlbaum Associates, 1975.

[5] Michele Taruffo, "The Lawyer's Role and the Models of Civil Process", *16 Israel Law Review* 5, 6 (1981).

[6] Thomas Ehrlich, "Charles H. Miller, Lecture-Lawyers and Their Public Responsibilities", *46 Tennessee Law Review* 4, 717 (1979).

[7] Albert W. Alschuler, "Plea Bargaining and Its History", *79 Column. L. Rev* 1, 10 (1979).

[8] AndrewHessick Ⅲ, Reshma M. Saujani, "Plea Bargaining and Convicting the Innocent: the Role of the Prosecutor, the Defense Counsel, and the Judge", *16 BYU L. Pub. L.* 189, 217 (2002).

[9] Ellery E. Cuff, "Public Defender System: The Los Angeles Story", *45 Minn. L. Rev*, 725, 733 (1960-1961).

[10] Lauren D. Sudeall, "Effectively Ineffective: The Failure of Courts to Address Underfunded Indigent Defense Systems", *118 HARV. L. REV.* 1731 (2005).

[11] M. Harry Jr. Lease, "Legal Aid in England and Wales", *71 Judicature*, 345 (1988).

[12] George A. Jr. Pelletier, "Legal Aid in France", *42 Notre Dame Law*, 627 (1967).

[13] Karl August Klauser and Robert A. Riegert, "Legal Assistance in the Federal Republic of Germany", *20 Buff. L. Rev*, 583 (1971).

[14] Simon Verdun-Jones and Adamira Tijerino, A Review of Brydges Duty Counsel Services in Canada, Government of Canada Public Works & Government Services Canda, 2002.

[15] Norman Lefstein, "In Search of Gedion's Promise: Lessons From England and the Need for Federal Help", *55 Hastings L. J.*, 835 (2004).

[16] Stephen B. Bright, "Neither EqualNor Just: The Rationing and Denial of Legal Services to the Poor When Life and Liberty are at Stake", *Ann. Surv. Am. L.*, 783 (1997).

[17] Matthew J. Fogelman, "Justice Asleep Is Justice Denied: Why Dozing Defense Attorneys Demean the Sixth Amendment and Should Be Deemed Per Se Prejudicial", *26 J. Legal Prof.*, 67 (2002).

[18] John Gibeaut, "Halls of Injustice?", *A. B. A. J.*, 35 (2001).

[19] Kelly A. Hardy, "Contracting for Indigent Defense: Providing Another Forum for Skeptics to Question Attorney's Tactics", *80 Marq. L. Rev.*, 1053 (1997).

[20] Justice O'Connor concurred in Gentile v. State Bar of Nevada, 501 U. S. 1030, 1082, 111 S. Ct. 2720, 115 L. Ed. 2d 888 (1991).

[21] [美] John H. Blume、Rebecca K. Helm:《"认假罪":那些事实无罪的有罪答辩者》,郭烁、刘欢译,载《中国刑事法杂志》2017 年第 5 期。

[22] [英] 埃德·开普:《欧洲刑事法律援助》,载《中国法律援助》2015 年第 5 期。

后 记

这本书是我的第二本专著，收录了过去几年我就刑事辩护相关问题写的一些文章。文章写作的时间跨度有六七年之久，但讨论的主题却相对集中，聚焦于近年来刑事司法体制改革当中的刑事辩护问题。我对刑事辩护领域的研究兴趣始于博士毕业工作后作为兼职律师办理了一些刑事案件，得以亲身体验司法实践同法学理论与规范之间的张力。又时值中央大力推动司法体制改革，刑事辩护程序机制推陈出新，为学术研究提供了一座富矿。法学是一门实践性很强的学科，相较于之前从文本到文本的研究方法与写作方式，从实践到理论的研究范式，也许更能造就具有生命力的学术成果。当然，本书的研究方法仍然限于传统的规范研究，近年来我也一直在反思并运用社科法学研究方法，试图借助法学之外的学科知识来解释与回应法学领域的问题，促进刑事诉讼法学知识的增量。希望能在我的下一本著作中，出现更多有关于刑事辩护与律师法律职业的实证研究内容。

我曾经读过一篇文章，说一个人的学术生涯有三次积累，分别是读博、副教授以及教授期间。十年前，遵从恩师陈光中先生的教诲，我选定了刑事诉讼特别程序之一的强制医疗程序作为博士毕业论文题目，并在博士毕业参加工作后，继续该领域的研究工作。得益于恩师的教诲与对该领域的持续关注，我在 2016 年出版了第一本专著《刑事强制医疗制度研究》，并于 2017 年以“强制医疗的解除程序”为主题获批了教育部人文社科青年项目。作为该项目的成果，我撰写的《刑事强制医疗解除程序实证研究》发表在了法学权威期刊《中国法学》之上。可以说，读博期间的第一次积累支撑到了我评上副教授。但是，反思这一阶段的学术科研，在我读博到刚参加工作期间，无论是在研究领域的选择抑或研究方法的应用上，学术研究的自觉性是不足的。参加工作一段时间，尤其是在独立开展学术研究后，我开始反思自己的学术研究路径，思考如何开展体系化的且富有理论深度的学术研究。彼时，正值2018年《刑事诉讼法》第三次修改，司法体制改革也如火如荼，学界围绕改革热点产出了大量学术成果，其中涉及如认罪认罚从宽制度、值班律师制度等引发了我的研究兴趣。但是，刑事司法体制改革引领了刑事诉讼理论研究的现状，也引起了我关于刑事诉讼法学研究范式等刑事诉讼基础理论的反思。因此，在此阶段，聚焦刑事司法体制改革热点问题，我将刑事诉讼基础理论研究作为自己研究旨趣之一。可以说，在第二个学术积累阶段，结合司法改革热点，我将刑事辩护相关问题与刑事诉讼基础理论研究作为主要研究领域，这也正是我当下及未来所努力的方向。这样一种学术路径的选择与限定可以说不太符合“主流”，也并不“讨巧”。因为，时下无论从学术热度，还是从发表难易程度上来说，人工智能、大数据、区块链、网络犯罪等数字法学研究主题可能是更优的选择，选择一个传统而冷门的研究领域面临如何超越传统既有研究的难题，意味着如果不能作出创新性研究则只是在重复前人的道路，这无疑加大了研究的难度，也延长了“青椒”的成长期。但我觉得学术研究不分“贵贱”，贵在坚持长期主义，既然对某一领域感兴趣，就要投入时间精力并且坚持，只有这样才能产出具有持久生命力的学术成果。

本书可以说是我第二个学术积累期的阶段性成果总结。巧合的是，我于2022年从北京工商大学法学院调回母校中国政法大学工作，我所在的法律职业伦理研究所前身正是中国政法大学的律师法学教研室。博士毕业至今已过十年，兜兜转转又回到母校任教，冥冥之中似乎已有安排。2008年，我考入中国政法大学刑事诉讼法学专业，攻读硕士学位，师从汪海燕老师，毕业后经汪海燕老师推荐，又师从陈光中先生，攻读博士学位。虽然博士不是汪海燕老师带的，但是汪老师引领我进入了学术研究的殿堂，一窥刑事诉讼法学研究的魅力。不仅如此，汪老师在我日后求学以及参加工作后，都给予了我巨大的支持与鼓励。本书收录的很多文章，都交给汪老师审阅过，并反馈了很多有益的修改意见。我也一直铭记汪老师的教诲，做学术要潜心、踏实，多写一些“立得住”的文章。陈光中先生是我的博士生导师，最初的研究领域与研究方法都得益于陈先生。犹记得，八十多岁的先生带着我逐字逐句修改论文的场景，“好文章是改出来的”依然是我现在认真遵循的教诲。参加工作后，虽然不经常在先生身边，但每逢节假日都会去先生家里向先生汇报工作，向他请教一些问题，先生每每都会反馈一些建议，对我帮助很大。近几年，陈先生因年事已高脱离了教学科研一线，但仍以九十多岁的高龄发表学术文章，甚至作为首席专家承担国家社科基金重大项目，切实践行了其“伏生九旬传经学，法治前行终身求”的宏伟志愿。在某种意义上，正是在陈先生这种为学术甘于奉献的精神感染下，让我在学术研究的领域坚持下去。何其有幸，在学术的研究的道路上能够遇见两位恩师。

本书所收录的部分文章是我在北京工商大学工作期间完成，也有部分文章是在回到中国政法大学后所撰写的。我是较为幸运的，两个工作单位都有轻松自由的氛围，才能让我安心地进行学术写作，在此要感谢两所院校法学院的领导与同事。特别要感谢中国政法大学法律职业伦理研究所的王进喜老师和程滔老师，我调入研究所后，因教学科研工作尚不熟悉，两位老师给予了我无微不至的关照。此外，由于我是刑事诉讼法学专业出身，研究旨趣不仅在于刑事辩护与律师法律职业，还关注刑事司法体制改革热点与刑事诉讼基础理论，调入后也发表了一些关于刑事诉讼制度与理论方面的研究成果，感谢研究所的领导与同事对我研究兴趣泛滥的宽容与理解。在写作过程中，顾永忠教授、陈瑞华教授、熊秋红教授、韩旭教授等师长前辈在刑事辩护领域发表的诸多学术成果，也使我受益匪浅。另外，还要特别感谢北京紫华律师事务所钱列阳主任、北京市隆安律师事务所李长青主任、司法部律师管理局杜玉卓师妹以及朝阳区法律援助中心黄军主任，为我调研与了解刑事辩护相关实践问题提供过莫大的帮助，以及北京市尚权律师事务所与毛立新主任对这本专著出版的慷慨资助。

本书的部分章节曾先后发表于《中国刑事法杂志》《法学杂志》《暨南学报（哲学社会科学版）》《内蒙古社会科学》《中国法治》等期刊。感谢这些杂志编辑对于一名青年研究者的厚爱。在当下“不发表就出局”的学术环境中，某种意义上来说正是这些刊物及其编辑对拙文的发表，才使我能够坚持在学术研究的道路上一直走下去。中国政法大学出版社牛洁颖主任以及李缙漪编辑为本书的出版付出了大量的心血，她们的辛勤编辑确保了本书以最佳的面貌呈现在学界面前。

最后，我想感谢一下我的家人。自2014年博士毕业参加工作至今，在学术研究的道路上兀自前行已近十年。不得不说，学术研究必须守得住寂寞耐得住孤独，得有“两耳不闻窗外事”的心境与状态，才能免受嘈杂的外部环境干扰。在此过程中，我要感谢我的家人对我的包容与支持。我的父母白发见多，慢慢步入老年，身体也多少有些毛病，但是却从不会因为我不在身边照顾而唠叨、抱怨，反而一直叮嘱我保重身体、专心工作，一如既往支持着我。妻子徐晔一直相伴我左右，忍受着我因研究写作带来的种种不便，帮我分担家庭琐碎，在生活与精神上均给予了我最重要的支持。我知道，他们才是我努力坚持的意义所在。这十年间，我也经历成长了许多，组建了家庭，工作逐渐步入正轨，心态也不像刚工作时那么浮躁。回望十年，初心未改。流水不争先，而在于滔滔不绝，希望下一个十年，在学术道路上继续坚守。

王迎龙

2024年2月于北京